集人文社科之思 刊专业学术之声

集 刊 名：法律和政治科学
主　　管：西南政法大学
指　　导：西南政法大学期刊社
主　　办：西南政法大学行政法学院　政治与公共管理学院
主　　编：周尚君

LAW AND POLITICAL SCIENCE Vol.1 2019 No.1

2019年第1辑·总第1辑

集刊序列号：PIJ-2018-334
中国集刊网：www.jikan.com.cn
集刊投约稿平台：www.iedol.cn

法律和政治科學

LAW AND POLITICAL SCIENCE

国家治理中的地方逻辑

2019 年第 1 辑 · 总第 1 辑

Vol.1 2019 No.1

周尚君　主编

社会科学文献出版社

SOCIAL SCIENCES ACADEMIC PRESS (CHINA)

发刊词

法律必须面向社会事实，以促成"人民联合的内在秩序"，否则其合法性将自我耗竭。正是在这个特别而严格的意义上，面向社会事实就意味着面向真正的政治。

法律与政治一道创造并维系着规范世界及其活动，二者在事实和逻辑上的密切联系是客观存在而非人为构建的。没有脱离政治的法律，"每一种法治形态背后都有一套政治理论，每一种法治模式当中都有一种政治逻辑，每一条法治道路底下都有一种政治立场"（习近平）。特别是在公法领域，"公法并不是一个具备自身独特法律研究方法的自治和客观的领域，相反，我们最好是把它看作一种相当特殊的政治话语形态"（洛克林）。同样的，从法律作为惯例到法律作为命令，再到法律作为权利，法律为政治提供了预设性的条件、框架和边界，使政治过程中潜在的不确定性、危险的盲目与狂热得到消除或者缓和。

可是，长期以来，中国法学研究一直未能认真对待政治。或者把法律与政治混同，将法律问题政治化，最终导致法律附庸屈从于政治话语；或者把法律与政治割裂，将法律"去政治化"，使得法律疏离拒斥于政治范畴。法律附庸屈从于政治的后果是，法律蜕化成"政治的晚礼服"，只剩下了装点门面的形式功能而失却了其规范功能；法律疏离拒斥于政治的结果是，法律下降成为"使用说明书"，像鸵鸟将头埋在沙里，乐此不疲地把玩着封闭逻辑和修辞游戏。如果法学家们不善于调和社会事实与政治话语之间的深刻张力，不能从人民团结出发为国家和民众达成相互妥协提供一种高超的智慧，那就只能像英国哲学家霍布斯所警告的那样，正当性话语权将从法学家们的手中被夺回。

基于这些共识，我们决定编辑出版学术集刊《法律和政治科学》（*Law and Political Science*）。该刊由西南政法大学主管，西南政法大学期刊社指导，行政法学院和政治与公共管理学院共同主办。《法律和政治科学》旨在推动法律与政治研究领域的日益精进，在内容上倡导将法学研究纳入政治的维度，在方法上鼓励法学与政治学等相关学科的交叉融合。

法学研究中吸纳政治维度，要求我们不能仅在法律这种人自己创造的尺度内工作，而必须面向政治社会本身，面向政治社会并非对现实的完全肯认，它要求以现实所展示出的问题为中心展开学术，而非以语言和逻辑构建的学术为中心比附社会。《法律和政治科学》希冀作者能够将眼光往返于事实与规范之间，不止步于形而上的假定，并且致力于用科学方法来解释政治、法律中的难题，对于"人民联合的内在秩序"，给出经验的、阐释的、批判的或历史的回答。

当法律面向社会事实本身时，它已经脱离了任何学科，因为社会问题本身没有学科。"由于人类生命和智力的严峻局限，我们为方便起见，只能把研究领域圈得愈来愈窄，把专门学科分得愈来愈细。此外没有办法。所以，成为某一门学问的专家，虽在主观上是得意的事，而在客观上是不得已的事。"（钱锺书）《法律和政治科学》的交叉学科属性和论域开放结构意味着必须知其不可而为之，打破单一学科的视域局限和知识壁垒，推动法学与政治学、社会学、公共政策学等跨学科、跨领域深度交流，通过视域融合让过去看不见的事物被看见。

"可能之事皆不可得，除非你执着地寻觅这个世界上的不可能之事。"（韦伯）我们热切期盼学术界的广泛参与和深层互动，真诚欢迎严格的学术监督和严肃的学术批评，并期待以此为平台建构起来的无形学术共同体能够让不可能之事成为可能。

本刊编辑部

2019 年 5 月 8 日

目 录
CONTENTS

思 想

2019年第1辑·总第1辑

法律和政治科学

LAW AND POLITICAL SCIENCE

Vol.1, 2019 No.1

专 论

《法律和政治科学》（2019 年第 1 辑·总第 1 辑）
第 3~18 页
© SSAP，2019

"合奏"的中国司法过程[*]

——兼论中国法律社会学的建构使命

程金华^{**}

【摘　要】当代中国法官裁判案件的司法过程，大体上可以说是游离在"独唱"与"合奏"之间。然而，虽然法官的"独唱"已经是当前中国法院司法运作的常态，但是"合奏曲"是更能代表当代中国法院司法属性的夺目乐章。对于中国"合奏性"的司法过程，法律社会学大有作为的空间，并在中国独特的政法语境中，具有很强的实践性，并因此而具有建构性。继而，法律社会学致力于建构能够规范司法"合奏"的程序机制，避免为了一味追求社会效果而导致司法过程成为"脱缰的野马"。而且，承认法律效果与社会效果相统一，并在学理上建构一整套诸如"议论的法社会学"这样的知识体系去规范中国司法过程的不规范性，是当前中国法学研究的最大

---

* 基金项目：国家社科基金重大项目"大数据与审判体系和审判能力现代化研究"（17ZDA130）。

** 程金华，法学博士，上海交通大学凯原法学院特聘教授、上海交通大学中国法与社会研究院研究员，博士生导师。

学问之一，也是中国法律社会学的重大使命之一。

【**关键词**】 司法过程；"合奏"；法律社会学；建构性

一 引论

案件进入司法程序之后，在理论上，法官是案件的"独裁者"——以事实为依据，以法律为准绳，对案件进行独自裁断。如果把司法过程比喻成一个乐曲的演奏①，那么法官应该是"独唱家"（或者至少是"主唱"），依照已有的乐谱，充分发挥自己的技艺，把歌曲最好地诠释出来，征服所有的听众，也就是，"努力让人民群众在每一个司法案件中感受到公平正义"。

然而，实际的司法过程并非如此单纯。在经典名著《社会学视野中的司法》（*Sociological Justice*）的导论中，法律社会学家唐·布莱克开宗明义地指出："除了法律的技术特征——法律准则具体应用于实际案件中的过程之外，每一个案件还有其社会特征：谁控告谁？谁处理这一案件？还有谁与案件有关？每一案件至少包括对立的双方（原告或受害人，以及被告），并且可能还包括一方或双方的支持者（如律师和友好的证人）以及第三方（如法官或陪审团）。这些人的社会性质构成了案件的社会结构。……我们已经发现，案件的社会结构可以预测和解释案件的处理方法。"②布莱克的观点是法律社会学家对司法过程的经典描述。不同于传统的法学观点（或者法教义学的观点），法律社会学者把司法过程视为开放的过程，并认为司法过程无时无刻不受到案件里外诸

---

① 学术界也经常把司法过程类比为戏剧的演出。参见舒国滢《从司法的广场化到司法的剧场化——一个符号学的视角》，《政法论坛》1999 年第 3 期。

② 〔美〕唐·布莱克：《社会学视野中的司法》，郭星华等译，法律出版社，2002，第 5~6 页。

多社会因素的影响。这种看法，已经得到越来越多的认同，也在世界各国的司法实践得到普遍的体现。

再以乐曲演奏类比：法槌虽然只在审判大厅敲响，法官虽然只在法院里"高唱"，但社会的嘈杂声早已穿透法院的厚墙，在审判大厅里与法槌声形成共鸣，与法官的"歌唱"形成"交响"；并且，法院里的"交响乐"在法庭回荡之后，又进一步返回社会这个大广场，并最终形成绵绵不断的社会"回音"。简言之，至少在部分案件中，司法的过程并非法官在法院里的"独唱"，而是案里的法官、当事人、代理人与证人，以及案外的领导、专家、记者、"吃瓜群众"等诸多角色在更大"舞台"上的"合奏"。

探究诉讼案件里里外外的各种声音是否以及如何渗入司法过程，法官的"独唱"是怎样变成了"合奏"，以及"合奏"的效果是否比"独唱"更加美妙，为了达到和谐的"合奏"效果而如何对"乐谱"进行改造等这些关于从"独唱"到"合奏"问题的答案，是法律社会学者的学术使命——一些更有抱负的研究者甚至称其为"司法社会学"。①

本文在法律社会学的视野中，结合已有的理论研究，分析中国司法过程的"合奏性"，帮助读者更加全面地理解中国司法过程的独特一面，尤其是理解法官为了实现案件裁判的法律效果与社会效果相统一所作出的诸多努力，这些努力的成功与失败，以及探索优化中国司法过程的思想空间。

二 理解中国司法过程的"合奏"性质

当代中国法官裁判案件的司法过程，大体上可以说是游离

---

① 也有学者把布莱克的《社会学视野中的司法》翻译成《司法社会学》。中国的学者也有关于建设"司法社会学"的主张，例如，参见姚小林《司法社会学引论》，厦门大学出版社，2014；汤唯《司法社会学的原理与方法》，法律出版社，2015。

在"独唱"与"合奏"之间。一方面，多轮的司法改革——尤其是近年来关于法官司法责任制和职业保障的改革——的目标是把众多法官改造成合格甚至优秀的"歌唱家"。这种努力很显然是与世界潮流接轨的。然而，在另一方面，更能体现中国法院司法过程独特属性的却往往是司法过程的"合奏"。甚至可以说，虽然法官的"独唱"已经是当前中国法院司法运作的常态，但是"合奏曲"是更能代表当代中国法院司法属性的夺目乐章。

在案件的裁判过程中，法律规则是法官的"乐谱"。一名优秀的法官，是一个"乐谱"的优秀诠释者。在诠释同一个"乐谱"的时候，优秀的法官们尽管会呈现自己的独特"嗓音"，但是其效果大同小异。改革开放 40 多年来的司法改革与进步，基本上是朝着同一个目标奔去的，也就是让中国的法官们成为一流的"歌唱家"，能够依赖自身的专业技艺，在各个方面有保障的前提下，对案件进行独立自主、责任自负的裁判。这个已经成为中国司法改革的普遍共识，至少是努力的方向。

当然，承认司法过程中法官的"独唱"角色，并不意味着——即便在封闭的司法过程中——法官一定是机械的"乐谱"诠释者。事实上，哪怕在法治相对发达的国家，也从来都没有办法完全回避法官在演奏过程中的"作曲者"角色。在经典名著《司法过程的性质》中，卡多佐大法官主张，法官既是适法者，也是立法者，并且后者的工作更加令人期待，更具有智识上的挑战："几乎毫无例外，法官第一步就是考察和比较先例。如果先例清楚明了并且契合案件，那么法官就无需做更多的事了。遵循先例至少是我们普通法系每天工作的规则。……这是一个寻求和比较的过程，很少有其他的工作。有些法官甚至在任何案件中都很少超出这一过程。他们对自身职责的理解是，将自己手上的案件的色彩与摊在他们桌上的许多'样品案件'的色彩加以对比。色彩最接近的样品案件提供了可以适用的规则。但是，当然了，没有一个富有生机的法律制度可以通过这样的一个过程得以演进，也没有一个名副其实的高级法院的法官——只要还配得上他的职务——会如此狭隘地看待他任务的功能。如果这就是我们的全部天职，那么我们对它就不会有什么智识的兴趣，而那些对案件卡片有最佳索引的人也就成为最睿智的法官了。正是在色彩不相配时，正是在参看索引失败时，正是在没有决定性的先例时，严肃的法官工作才刚刚开始。"① 并且，作为资深法官的卡多佐也坦白："我已经渐渐懂得：司法过程的最高境界并不是发现法律，而是创造法律。"② 虽然卡多佐关于法官角色和司法过程性质的观察，更多体现了一个判例法国家法律人的立场，但是在诸如德国和法国这样的成熟成文法国家里，法官也绝无可能是"司法裁判的自动售货机"。简言之，在所有的司法体系中，法官除了——应该——是出色的"歌唱家"，他还是一个"作曲者"，甚至是"作曲家"。

而在中国法院的司法过程中，除此之外，法官还有另外的角色，即乐曲的"合奏者"——在一些案件裁判中，主审法官要聆听案件以外的声音，甚至遵从那些声音，配合那些声音，以便裁判结果不仅要实现针对当事人的公平正义，还要实现更大范围的社会和谐。这就是"法律效果与社会效果相统一"的话语与政策。目前比较一致的说法是，最高人民法院原副院长李国光最早提出了这个观点。1999 年，李国光副院长以《坚持办案的法律效果与社会效果相统一》为题，在《党建研究》上发文，明确指出，司法裁判中坚持法律效果和社会效果的统一"是有中国特色的社会主义审判工作的基本要求，是人民法院讲政治的集中体现，是衡量办

① 〔美〕本杰明·卡多佐：《司法过程的性质》，苏力译，商务印书馆，2010，第 8~9 页。

② 〔美〕本杰明·卡多佐：《司法过程的性质》，苏力译，商务印书馆，2010，第 105 页。

案质量好坏的重要标准"。① 此后，两个效果相统一，成了中国的一项"基本司法政策"。②

当然，关于法律效果和社会效果是否需要统一，似乎并没有太多的争议。即便欧美的那些法治成熟国家，也并不排斥在个案裁判中实现最优社会效果的诉求。事实上，在判例法国家中，每一次新的司法原则的确立，都体现了法官的与时俱进，像是在"新时代"的语境中通过个案裁判来追求最优社会效果的努力。在《司法过程的性质》中，卡多佐大法官引用了芒罗·史密斯的如下一段话："判例法的规则和原则从来也没有被当作终极真理，而只是作为可资用的假说，他们在那些重大的法律实验室——司法法院——中被不断地重复检测。每个新案件都是一个实验。如果人们感到某个看上去可以适用的、已被接受的规则所产生的结果不公正，就会重新考虑这个规则。也许不是立刻就修改，因为试图使每个案件都达到绝对的公正就不可能发展和保持一般规则；但是如果一个规则不断造成不公正的结果，那么它就最终将被重新塑造。"③ 美国历史上的一些重大司法判例，诸如反对种族隔离的"布朗诉托皮卡教育委员会案"（Brown v. Board of Education of Topeka）、确认堕胎权的"罗伊诉韦德案"（Roe v. Wade）以及更为新近的赋予同性婚姻合法权利的"奥博法尔诉霍奇斯案"（Obergefell v. Hodges），无不如此。

从某种意义上讲，任何一个司法的个案裁判都具有外部性影响：每个案件不仅仅有当事人（法律意义上的利害关系人），还有当事人的亲朋好友（事实意义上的利害关系人），以及一个有

---

① 李国光：《坚持办案的法律效果与社会效果相统一》，《党建研究》1999 年第12 期。

② 参见孔祥俊《论法律效果与社会效果的统一——一项基本司法政策的法理分析》，《法律适用》2005 年第 1 期。

③ 〔美〕本杰明·卡多佐：《司法过程的性质》，苏力译，商务印书馆，2010，第10 页。

潜在类似纠纷的利益相关者群体！相比较而言，判例法国家的司法过程更具有开放性和外部性——波斯纳法官更是断言，正因为英美法系的司法过程更加开放，所以其更能够"与时俱进"，适时地改变那些"不断造成不公正的结果"的规则，确立与"新时代"更加契合的法律规则。当然，在成文法国家，个案裁判结果所溢出的规则外部性，整体上比判例法国家的更弱。但是，即便如此，在成文法国家中，每个诉讼案件的司法过程都会围绕案件当事人形成一个利害关系强弱不一、范围不一的"小社会"。如何让这些大小不一的"小社会"服判息诉，是所有司法过程的固有目标。

因此，问题的关键不在于是否需要法律效果和社会效果相统一，而是如何实现两者的统一。理想的情况是，在坚持正当的司法程序前提下，以法教义学的指引来适用法律，通过法律效果来实现社会效果。这是一种皆大欢喜的局面。孔祥俊教授认为："社会效果不过是法律效果的一部分，即在法律适用时进行社会需求、社会价值和社会变化的衡量，将这些社会因素纳入考虑范围，成为法律适用的组成部分，而一旦纳入这些考量，法律适用的社会效果也就与法律效果融为一体了。"[①] 最高人民法院副院长江必新认为："司法的社会效果和法律效果具有统一的一面，也有矛盾的一面，司法活动追求社会效果可以在特殊情形下，在严格的规则和程序导向下，可以变通适用法律，但主要应当在法律之内或通过法律实现社会效果的最大化。"[②] 可以说，在大部分诉讼案件中，通过法律效果来实现社会效果是大体上可以实现的。

但是，在部分更为复杂、社会更加关注的诉讼案件中，两个效果的统一并不会很轻松。在这些案件中，法庭的门刚刚开启，

---

① 孔祥俊：《论法律效果与社会效果的统一——一项基本司法政策的法理分析》，《法律适用》2005 年第 1 期。

② 江必新：《在法律之内寻求社会效果》，《中国法学》2009 年第 3 期。

"杂音"就已经涌入，立案的法院注定不能清静，主审的法官注定无法"独唱"。就案件的法律效果而言，社会效果自始至终就是"东风压倒西风"，并形成了贯穿案件始终的对抗张力。张文显教授和李光宇博士认为，两个效果相统一蕴含了六对矛盾，包括法条主义（判决）与民意之间的矛盾、法官职业化与司法民主化之间的矛盾、严格规则与法官自由裁量之间的矛盾、形式正义与实质正义之间的矛盾、正式制度（国家法）与非正式制度（民间法）之间的矛盾以及机械司法（被动司法）与能动司法之间的矛盾。① 在实践中，妥善处理上述任何一对矛盾都不容易！

当一个中国法官必须在一个案件的审理过程中考量民意、司法民主化、实质正义、非正式制度时，通过自由裁量的手段来"变通适用法律"就变成了必然。此时，法官很难是司法过程中的"主唱"，更不是"独唱"，而一定是和其他角色在一起合作完成司法过程。在这个过程中，法院不再是唯一的舞台，主审法官不再是主导过程的"独裁者"：案件是否进入诉讼程序可能受到领导意见的影响，诉讼适用哪种程序可能是舆论压力使然，事实认定和证据采信也可能要兼顾社会效果的实现，审判过程可能为了民主化的诉求而做过度的公开，法律推理的逻辑可能深受某些"专家意见"的影响，判决书的撰写又可能为迎合大众的口味而张扬文采（同时牺牲逻辑严谨），等等。在这些情形下，司法过程已经不再是封闭的，法官不再是自主的，法律规则不再是被依赖的"乐谱"。换句话说，舞台是大家的，乐谱是流变的。这是中国式的司法"合奏曲"，这虽然并非当下中国司法的日常写照，却是中国司法过程中不容忽视的"乐章"。

在这样讲的同时，本文也希望读者一定要明白一个道理，"好事不出门，坏事传千里"：在一年审理几千万个诉讼案件的中国法

---

① 参见张文显、李光宇《司法：法律效果与社会效果的衡平分析》，《社会科学战线》2011 年第 7 期。

院的司法过程中，法官们在绝大多数时候是"独唱"或者"主唱"。在理论上经常被剖析，甚至在一定程度上被批判的诸多案件，虽然是我们经常说的"典型案例"（即在学理上有丰富的内涵），但不是统计学意义上的"典型案例"（即并不构成中国司法的常态或者多数）。①

在实然层面，在中国的政法传统和司法实践中，司法过程的"合奏性"是可以被描述并且被解释的。季卫东教授认为，中国的司法具有"综合治理"的属性："在现代中国，所谓司法是指包括（1）国家层面的法律（刚性规范）和政策（柔性规范）；（2）社会层面的人际关系以及相应的秩序（各个合意事实的累积以及从中生成的规范）；（3）国家与社会这两个层面之间的反复互动（规范与诉求的组合）；（4）作为通过交涉和试错达成的均衡点的纠纷解决方案等在内的整体机制，构成一种综合治理的系统，以达成动态均衡为目标。"② 他还特别指出，在具有综合治理性质的中国司法过程中，"法官的基本行为是调整不同组成部分之间的衔接方式，寻找适当的均衡点"。③ 从这个意义上讲，中国的法官——至少在部分案件中——是"司法剧场"中的"合奏者"。

当然，更具有挑战性的问题是：在应然层面，司法过程的"合奏性"是否具有正当性与合理性，或者至少在部分案件中是否有正当性与合理性？本文的立场是，不应该对这个问题贸然下定论，认为司法的"合奏性"一定就是合理或者不合理的。主张法官应当独立，并在司法过程中充分发挥"独裁者"作用的观点，在现有的文献中并不罕见，但也有"唱反调"的。比如，顾培东教授最近认为，部分学者试图从技术角度佐证法官独立在中

---

① 参见程金华主编《中国式司法"合奏曲"——法律社会学视角中的案例研究》，人民法院出版社，2019，第143~150页。
② 季卫东：《法治构图》，法律出版社，2012，第72页。也参见本书第三章关于环境抗争如何进法庭的相关分析。
③ 季卫东：《法治构图》，法律出版社，2012，第72~73页。

国司法中的合理性，特别是通过赋予"判断权""亲历性"等
"司法客观规律"的意义，淡化甚至回避法官独立固有的政治属
性，是不科学的；相反，中国法院司法改革的方向，不应该是从
法院整体本位转向法官个体本位，而应该是从以院庭长为主导的
法院整体本位转向以法官为主导的法院整体本位。[①] 且不论这个观
点是否有说服力，单是提出这样的观点，顾培东教授至少是勇敢
的。与本文主题相关的是，他的观点至少敦促我们去思考：在中
国法院的司法过程中，法官或许不应该是法院里的"独唱者"，
而更应该是"领唱者"？！

三 法律社会学对司法过程的建构功能

那么，如何面对具有"合奏"性质的中国司法过程？首先，
当然是要把这个过程描述清楚，说明白这个过程中诸多行动者的
角色，各自行动的逻辑；以及，如果司法过程的"合奏"形成了
一定的法律效果和社会效果，那么效果形成的机制怎样，效果如
何。其次，更为关键的是，即使在司法过程中，法官与其他行动
者一起合作来追求社会效果具有一定的合理性，但还要通过设置
一定的程序机制，避免司法过程成为"脱缰的野马"。对于这些
工作，坦诚讲，做得还不够多，主流的法教义学很难胜任。法教
义学虽然并不排斥司法过程追求社会效果，但是会视司法过程是
封闭的，主张法官在封闭的法律系统里面适用法律、填补法律，
并进行适当的"创作"。法教义学并没有储备太多关于法律与社
会互动的知识，在学理层面也不能接受社会因素对司法过程的
渗入。

相反，对于中国"合奏性"的司法过程，法律社会学大有作

---

① 参见顾培东《法官个体本位抑或法院整体本位——我国法院建构与运行的基
本模式选择》，《法学研究》2019 年第 1 期。

为的空间，并在中国独特的政法语境中，具有很强的实践性，即为社会因素进入司法过程提供合理的知识指引，为法官在司法过程中与其他角色更好互动建构合理的程序机制，防范司法过程的"合奏"颓变成"乱弹琴"，并因此而具有建构性。

当然，法律社会学的实践性和建构性来自它的学术旨趣与知识积累。法律社会学是一门研究法律与社会之间关系的学科，其重点不在于从规范上分析法律本身，而在于研究法律是怎样受到社会关系制约的，在于研究国家制定的法律在什么程度上能够改变社会，在于研究法律的运作过程受到哪些因素的制约，法律运行的结果在多大程度上符合立法者要达到的目的。① 简言之，法律社会学者利用社会科学（主要是社会学）的理论武器，基于实证获得的经验资料，研究法律系统是否与社会因素互动，社会因素如何影响法律系统，以及法律系统如何影响并改造社会。法律社会学推动法律发展的功用在于"揭开法律形式主义的面纱，并使法律制度对经验性探索敞开大门，一方面为研究提供了丰富的基础，另一方面为重塑法律基本思想提供了机会"。② 就像前辈沈宗灵教授所言，法律社会学的研究"有助于在法学研究中贯彻理论与实际联系的原则"。③

近年来，中国的法律社会学者把司法系统当作最主要的研究领域之一，并取得了不少的成果。④ 比如，基于对大量检察人员的问卷调查，我们对中国司法改革的"利益相关者"进行了系统的分析。在自上而下推动的司法改革中，如果顶层的改革者不能系统、全面、深入地厘清改革的利益相关者并平衡这些利

① 参见朱景文主编《法社会学》（第3版），中国人民大学出版社，2013，第5页。
② 〔美〕奥斯汀·萨拉特编《布莱克维尔法律与社会指南》，高鸿钧等译，北京大学出版社，2011，第3页。
③ 沈宗灵：《法律社会学的几个基本理论问题》，《法学杂志》1988年第1期。
④ 参见郭星华、郑日强《中国法律社会学研究的进程与展望（2006~2015）》，《社会学评论》2016年第2期。

益，尤其是如果不能很好地权衡司法人员的核心利益，那么，再好的司法改革方案在执行中也会大打折扣。因此，为了更好地落实一些已经达成共识的司法理念，必须在改革之初的决策以及在动态的执行过程中，更多地把利益相关者的声音（尤其是司法人员的声音）纳入改革方案中。尽管把利益相关者的诉求纳入改革的决策中，未必确保改革的成功，但是如果不这样做的话，改革在还没有开始的时候，就注定走向失败。因此，关注并纳入司法改革的利益相关者诉求，并不必然形成一个最优的司法改革方案，但一定比"闭门造车"所形成的方案更加完善。简言之，关注改革的利益相关者，并不一定得到"取法其上，得乎其上"的效果，但可以避免"取法其上，得乎其下，甚至无所得"的失败局面。① 再如，最近几年，有越来越多的学者对中国法院审判委员会的组织构造和运作机制进行了实证研究，慢慢地打开了这个神秘组织的"黑箱子"，帮助我们更好地理解中国法院的司法运作。②

这些都是对各种力量如何"合奏"以影响司法裁判与司法改革走向进行研究的好例子。它们不仅对中国司法体系进行了生动而真实的事实描述，还基于事实进行了机制的分析，并在这个基础上提出了优化审判运作和司法改革的建议。因此，这些研究不仅仅有学理性，还有明显的建构性。

当然，法律社会学研究对于优化中国司法体系的建构性是多方面的。而与本文主题密切相关的一个重大学术努力是季卫东教授关于"议论的法社会学"的主张。为了解决法律的不确定性，

---

① 程金华：《中国司法改革的利益相关者：理论、实证与政策分析》，《北大法律评论》第 15 卷·第 2 辑，北京大学出版社，2014，第 450~489 页。

② 参见左卫民《审判委员会运行状况的实证研究》，《法学研究》2016 年第 3 期；王伦刚、刘思达《基层法院审判委员会压力案件决策的实证研究》，《法学研究》2017 年第 1 期；徐向华课题组《审判委员会改革路径实证研究》，《中国法学》2018 年第 2 期。

借鉴哈贝马斯关于价值与事实之间建构的商谈理论，季卫东教授提出了"议论的法社会学"（或者"法律的社会解释学"），主张跳出法律与社会的二元论窠臼，把社会理解为法律运作的场域，把法律理解为社会生活的编码，从而扬弃以法律/社会的分离格局为前提的法律工具主义观点。并认为，围绕案件审判的沟通需要把法院之外的公民议论以及相应的互动关系也嵌入其中，使得法院内部的议论与法院外部的议论都能成为法律判断的参照材料；与此同时，还应确保这些议论属于论证性对话的范畴，而不是某种情绪化的倾向舆论，参加议论的任何人都必须有在被说服之后修改或放弃自己主张的思想准备，这是法律议论的基本共识，也是通过选项减少的方式实现法律关系确定性的人格保证。① 此外，他还提到，"法律与社会的关系，归根到底就是通过议论反复寻找权利共识的动态"，并且"深入研究法律议论具有非常重要的学术价值和实践价值"。② 虽然关于"议论的法社会学"的研究还在发展之中，并需要经过更多的"议论"才具有更强的可操作性，但是对于运作中的"合奏性"司法过程，其具有很强的阐释力和指导性。

总之，对于法官和其他力量进行"合奏"的中国司法过程，法律社会学研究不仅有很强的知识性，通过深描中国司法过程的运作逻辑，分析发生效果的机制，帮助我们更好地了解"中国特色"的司法体系，同时，在这个基础上，法律社会学——以法律与社会互动为知识前提——也致力于建构能够规范司法"合奏"的程序机制，避免为了一味追求社会效果而导致司法过程成为"脱缰的野马"。承认法律效果与社会效果相统一，并在学理上建构一整套诸如"议论的法社会学"这样的知识体系去规范中国司法过程的不规范性，是当前中国法学研究的最大学问之一，也是

---

① 参见季卫东《法律议论的社会科学研究新范式》，《中国法学》2015 年第 6 期。
② 季卫东：《中国式法律议论与相互承认的原理》，《法学家》2018 年第 6 期。

中国法律社会学的重大使命之一。

从这个意义上讲，中国的法律社会学应当是实践的、建构的、有用的，并超越现有学科发展的困境。刘思达教授认为，经过多年的发展，中国的法律社会学"依然没有形成一个具有可持续发展能力的学术传统，更没能像 1980 年代的前辈学者所期待的那样，对我国的法律实践产生有效的推动作用"。①

强世功教授认为，最近一些年来，中国的法律社会学研究陷入了双重困局：一方面，法理专业领域中的法律社会学研究出现了"对象化"的倾向，并因为这种对象化而日趋僵化或教条化，从而丧失了法律社会学思考乃至批判的活力与吸引力；另一方面，一些真正有创见的法律社会学研究往往出自部门法专业的学者，这些研究由于缺乏法律社会学的问题自觉或理论自觉，难以在理论上取得重大突破。② 泮伟江教授则指出了一个更具普适性的法律社会学的科学发展问题，即多数的法律社会学理论仅以揭示与批判实践中规范与事实的断裂与偏离为己任，掉入了"错误法社会学"的陷阱，致使无法观察以"认知"与"规范"形式存在的社会事实。③ 当然，法律社会学的学科建设问题，不仅仅在中国，也不仅仅是这些。④

毫无疑问，针对司法过程的研究，已然是法律社会学的主要阵地，也将继续是重要阵地。对于中国的学者而言，这个学术阵地也是一个宝矿：中国的政法传统与现实环境，司法制度的动态

---

① 刘思达：《中国法律社会学的历史与反思》，《法律和社会科学》第 7 卷，法律出版社，2010，第 25 ~ 37 页。

② 参见强世功《中国法律社会学的困境与出路》，《文化纵横》2013 年第 5 期。

③ 参见泮伟江《超越"错误法社会学"——卢曼法社会学理论的贡献与启示》，《中外法学》2019 年第 1 期。

④ 参见 Richard A. Posner, "The Sociology of the Sociology of Law: A View From Economics", *European Journal of Law and Economics*, vol. 2, 1995, pp. 265 - 284；刘思达《美国"法律与社会运动"的兴起与批判——兼议中国社科法学的未来走向》，《交大法学》2016 年第 1 期；何勤华、李琴《英国法社会学研究 70 年——以"社会—法律"研究的变迁为重点》，《法学》2017 年第 12 期。

建构，新思想与新技术不断涌入当代司法体系，这些原因都使得法律社会学在中国的司法研究过程中有很大的用武之地，具有很强的实践性和建构性，并为突破学科发展的困境"杀出一条血路"。当然，本文重点讨论法律社会学对司法过程的建构功能，并不应当被读者误解为它只有或者主要有这种实践性的技能，相反它只是法律社会学发现社会、反思社会和重构社会诸多功能的一个面向而已。[①]

The "Ensemble" of the Chinese Judicial Process: On the Construction Mission of Chinese Legal Sociology

Cheng Jinhua

Abstract: Generally speaking, the judicial process of contemporary Chinese judges' referee cases runs between "solo" and "ensemble". Although the judge's "solo" is the normal state of the current judicial operation of Chinese courts, the "ensemble" is a more representative attribute of contemporary Chinese court justice. For the judicial process of China's "ensemble", legal sociology has great research potential and is highly practical and constructive in China's unique political context. Legal sociology is committed to constructing a procedural mechanism that can regulate the judicial "ensemble", avoiding the blind pursuit of social effects and making the judicial process a "dislocated wild horse." Moreover, recognizing the unity of legal effects and social effects, and constructing a set of knowledge such as "consulting legal sociology" to

①　参见周尚君《论法律社会学的知识传统——以关键人物为线索》，《金陵法律评论》2010 年第 1 期。

regulate the irregularity of China's judicial process is one of the most important missions of current Chinese legal studies.

Keywords：Judicial Process；" Ensemble"；Legal Sociology；Constructive

（责任编辑：母睿）

《法律和政治科学》（2019 年第 1 辑·总第 1 辑）

第 19~55 页

© SSAP，2019

法治社会建设的主要力量及其整合[*]

陈柏峰^{**}

【摘　要】 "法治社会建设"是中国法治建设的三大核心任务之一，其作为一项系统工程，涉及范围广，要素关系杂，规划贯彻难，成效待期长，需要党的坚强领导和全社会的共同努力。法治社会建设之成果最终体现为全民法治观念的增强，规则意识和法治意识与公民血液的深融，懂法守法成为公民的日常生活习惯。而这一理想结果的达成，有赖于建设过程中各种社会主体和力量的共同参与、调整优化、协同补益，着重发挥政府、社会组织、企业、律师等主体作用。各建设主体在其原有角色分工、职能定位的基础上，于合法行动空间内，根据基层场域的现有势态，灵活转变角色，整合新型

---

　*　基金项目：中信改革发展研究基金项目"当代中国的法治社会建设"（A180702）。本文有 12% 的内容曾在《中国法治社会的结构及其运行机制》（《中国社会科学》2019 年第 1 期）中先行发表。
　**　陈柏峰，法学博士，中南财经政法大学法学院教授，博士生导师。

优势，齐助法治社会建设。

【关键词】法治社会；政府；社会组织；企业；律师

一　政府在法治社会建设中的角色、职能和方式

（一）法治社会中的政府角色定位

法治社会中的政府，不再是传统意义的社会管理中的控制者。现代社会治理中对合作、多元的强调，使得政府的角色必然发生改变。在传统的行政视角下，政府行为被认为是对立法机构体现出来的国家意志的执行，因此政府更像是一个控制者。后来，由于政府面临效率低下、腐败等问题，人们逐渐认识到，政府对社会和市场的管制不应该过死，强调市场和社会的积极作用，主张政府下放权力，将有些公共事务交给市场和社会。在此背景下，政府扮演着多种不同的角色，在不同的场景下，可以是法治社会建设的执行者、合作者、服务者、监管者等。

1. 执行者

政府是国家行政机关，需要执行国家立法机关通过立法体现出来的国家意志。在中国的党政体制中，基于以党领政的党政关系，政府也需要贯彻党的方针、政策，执行党的路线，引导社会向党的法治社会目标靠拢。在法治建设过程中，政府应注意全面合理实施有关法律法规，实现法律法规的精准落实，积极行使好法律赋予的权力，承担法律法规中的责任，保障行政相对人的权利与利益。

2. 合作者

法治社会建设中，政府只是众多主体中的一个。政府常常会作为协作者与法治社会建设中的其他社会主体相处，与其他

社会组织共同进行法治社会推进。法治社会建设不是政府单独建设，社会治理多元化、社会建设主体多元化才是法治社会的发展趋势。法治社会建设的任务是全面的、多元的，因此建设主体也需要是多元的，各主体各负其责，互相合作，才能完成法治社会建设任务。在此进程中，政府特别需要正确处理与其他社会主体之间的关系，并与之一起进行科学的建设，共同推进法治社会建设进程。

3. 服务者

法治社会建设需要多元主体、多元参与格局，但在多元主体和多元格局中，政府与其他主体并不具有完全相同的地位，而是责任更多。除了承担自身在法律和政策执行方面的责任外，还有责任对其他法治社会建设的主体给予引导、帮助和服务。法治社会建设需要多元主体和多元参与，但在此过程中，需要政府作为支持者、服务者帮助、引导其他各方开展法治社会建设。对于企业、社会组织、基层自治组织等在参与法治社会建设过程中遇到困难的，应当依法予以充分的帮助与支持，引导它们按照法治社会的需求参与，承担起服务者角色。在政府引导、支持、帮助、服务下，多元参与可以更好地服务于法治社会建设，满足和实现民众多层次的现实需求和利益。

4. 监管者

政府的更多责任，还包括监管。在法治社会建设中，主体多元化、参与多元化要求多方参与，但在此过程中，政府应当承担监管责任，对其他参与方的行为和活动进行监管。在市场经济条件下，企业、社会组织等多种主体都会有自身的利益，也会有自身的价值观和政治倾向。如果缺乏监管，这些主体的经济和政治利益就可能无限膨胀，逾越职业伦理、行业规则、法律的范围。因此，法治社会建设过程中，政府在其他角色之外，还应当充当监管者，以将企业、社会组织等多种主体的参与限制在合法范围内，从而保证法治社会建设的有效性。

（二）法治社会中的政府职能

法治社会中政府职能的定位，实质上涉及的是如何定位政府与社会、公民之间的关系。在法治社会中，政府不是法治社会建设的唯一主体，政府、企业、社会组织和民众都是参与主体，多元主体共同参与法治社会建设，治理工具也是多元的。各主体之间的职责如何分担衔接是非常重要的。如果不能解决各参与主体的职责界限模糊问题，其结果是可能导致职能不清，最终导致多元参与合作的失败。对政府而言，在多元主体中明确职责，其实就是定位政府与企业、社会组织、民众之间的关系。在与市场、社会的关系中，政府充当何种角色，履行何种职能，这是重要问题。

1. 管理社会组织和个人

在法治社会建设中，虽然政府服务与引导社会的比重呈上升之势，但依然脱离不了对社会的必要管理，行政管理依然是政府的最核心职能，政府要对社会中存在的各种组织和个人进行有效的管理。这种治理要将政府的意志转化为行政管理的具体措施并付诸实践，这些具体措施包括行政登记、行政许可、行政命令、行政处罚、行政强制、行政监督。法治社会建设过程中，政府与各种社会组织和个人之间形成的社会管理与被管理的关系，自然也应当是法治社会的重要内容。调整这些关系也已形成体系化的法律规范。就普遍适用于各管理领域的法律而言，有《行政许可法》《行政处罚法》《治安管理处罚法》《行政强制法》《行政监察法》等。调整某种行业性的事务的法律就更多了，如《食品安全法》《城乡规划法》《道路交通安全法》《禁毒法》《突发事件应对法》等。虽然这些法律中存在大量管理性的法律规范，但调控、引导性的法律规范也普遍存在。

2. 调控公共服务供给

现代法治社会的发展，标志之一就是政府放松管制，发展调控职能。放松管制意味着，政府直接管理的领域和手段减少，给社会其他主体创造更大的自由活动空间；发展调控意味着，政府不再只通过直接命令、控制、管理的方式来达到目的，而是在法律范围内，发挥创意，以更加弹性、"糅合"、便捷的方式完成任务、达到目标。① 其中最为关键的就是对公共服务进行调控，包括公共教育服务、公共就业服务、公共医疗卫生服务、社会保障服务、科技服务等。在政府调控公共服务供给过程中，政府与社会主体之间会形成一系列的权利义务关系，因此需要对政府有一系列的职权赋予和责任配置。在调控公共服务领域，目前所形成的法律规范，无论从广度还是深度上都已成规模。例如，在公共教育服务领域，调控性的法律至少包括《教育法》《义务教育法》《民办教育促进法》《教师法》《职业教育法》《高等教育法》等，国务院还制定了《教学成果奖励条例》《残疾人教育条例》等行政法规。在科技服务供给方面，调控性的法律至少包括《科学技术进步法》《促进科技成果转化法》《科学技术普及法》《国家科学技术奖励条例》等。这些法律法规，一方面明确政府提供公共服务的义务和职权，另一方面提供企业、社会组织提供公共服务产品的依据和规范，确保其公共服务供给符合国家宏观调控政策，确保市场竞争关系的有序公平，保障政府与社会的良性合作关系。

3. 引导社会健康发展

在法治社会建设过程中，随着利益多元化的加剧，传统的直接管理模式在信息收集、行政成本、政府责任等方面都遭遇挑战，对社会健康发展的引导也不充分。政府以教育、指导、激励等方式引导社会健康发展，越来越获得广泛的认同，收到明显的成效，能够明显提升社会主体的主观能动性，同时也提高治理效率。政府引导甚至已经成为一种理想的治理方式，包括行政指导、行政

---

① 参见石佑启《论公共行政变革与行政行为理论的完善》，《中国法学》2005 年第 2 期。

奖励、政府采购、行政公示、行政资助等一系列具体工具。宪法中就存在不少指导、引导、提倡、帮助、鼓励、奖励等表述，它们就是对政府引导社会健康发展的原则性规定。各具体部门法中更是有各种具体规定。例如，《农业法》第28条规定："国家鼓励和支持发展多种形式的农产品流通活动。"《人民警察法》第34条规定："对协助人民警察执行职务有显著成绩的，给予表彰和奖励。"《城乡规划法》第8条规定："城乡规划组织编制机关应当及时公布经依法批准的城乡规划。"行政指导、行政奖励、政府采购、行政公示、行政资助等方式，通过对参与法治社会建设的各种主体的鼓励、支持和指引，从各自不同的具体途径着手，引导社会健康发展。

（三）政府建设法治社会的方式

1. 设定目标、标准和检验方法

法治社会是指社会生活的法治化，但政府又是法治社会建设的重要参与主体。政府参与法治社会建设，有两种方式：一是直接参与，即政府直接参与法治社会建设的具体过程，直接向社会提供产品和服务；二是间接参与，即政府通过某种制度安排，激励企业、社会组织或个人提供产品或服务。直接参与方式中政府直接充当当事人，可以直接实现意图，但也存在不少弊端，间接参与模式越来越成为主流。在间接参与模式中，政府主要是借助企业、社会组织等的参与来实现目标、提高效率，此过程中政府并不是撒手不管，无所作为，放任企业和社会组织任意作为。总的来说，政府主要是在设定目标、标准和检验方法方面起作用，从这些方面推动企业、社会组织参与法治社会建设，提供公共产品和服务。

具体包括两个方面。第一，制定公共产品和服务的目标、标准和准入门槛。若公共产品和服务没有相应的标准，完全交由市

场或社会组织，企业可能出于利润最大化而降低产品和服务的标准，其结果必然是效率虽然提高了，但产品和服务质量降低，从而最终损害民众利益；社会组织则可能将自身的理念绝对化，其结果必然是将个别群体的观念和标准强加给其他群体，从而招致不满。因此，在法治社会建设中，政府必须主动为企业和社会组织设定目标、标准，敦促企业和社会组织等遵循目标和标准运转，或者按照目标和标准选择参与法治社会建设的企业和社会组织等。第二，政府还应该运用一定的检验方法来评价、评估法治社会建设主体。按照设定的目标和标准，用一定的方法对参与法治社会建设的企业、社会组织等社会主体，监督其运转和参与，评估其法治社会建设绩效。政府将法治社会建设中的公共产品、服务的任务交给企业或社会组织后，按照要求检查其成效、服务水平、产品质量等，督查其执行标准的情况，对违反标准和目标的行为予以处罚，对促进目标的行为予以奖励。

2. 推动合作治理、协商治理

合作治理是指多种治理主体如政府、企业、社会组织等在平等、主动、自愿的原则下合作参与社会公共事务的治理方式。协商治理，是多种治理主体以协商和对话的程序和形式达成共识或者协调分歧，以实现公共治理和利益目标的机制。合作治理、协商治理都强调治理主体的多元化，容许多元价值的存在，强调合作与协商对话，以协商解决分歧，通过对话来凝聚共识。凝聚治理共识是合作治理、协商治理的前提。不同治理主体合作治理、协商治理，有助于保持社会凝聚力与向心力，提升社会治理的有效性。在当今利益主体的多元化背景下，合作治理、协商治理尤其必要，合作治理、协商治理是社会力量成长的必然要求。合作治理、协商治理是对行政管理型治理模式的扬弃，政府与其他社会主体的关系趋向于分权、和谐共治。与传统的行政管理相比，合作治理、协商治理有着不同的特点，它打破了权力的单一性，在合作治理、协商治理下，行政权力的唯一性遭到削弱，治理主体不再依靠权力去直接作用于治理对象，权力在某种意义上遭到了削弱。因此，合作治理、协商治理的发展，实际上需要政府主动为之，主动削减自身的权力。

对于政府而言，推动合作治理、协商治理的发展，首先就要摆脱传统行政思维方式的桎梏，切实转变过去那种全面撒网型统管的行政作风，为更有效适应时代发展的创新思想开掘适宜土壤。其次应当对旧有意识作出及时更新，树立有利于新型政府建设、国家平稳健康发展的合作、协商意识，重置政府与社会组织、企业之关系，从地位不等的上下属关系，至合作伙伴间协商共处关系，实现从政府派任务和强制要求到社会组织与企业获得独立地位，自愿参与法治社会建设，双方合作共进的良性变革。最后政府还应当增强推动合作治理、协商治理的能力。合作治理、协商治理以社会主体广泛参与和合作治理为核心，要求政府有相应的能力。合作治理、协商治理牵涉多元主体的相互依赖、持续互动的网络，需要政府有维系这个网络的能力，这对政府的制度、工作人员的能力都提出了要求。推动合作治理、协商治理是政府建设法治社会的基本方式，其目的和任务就是动员多元社会主体参与治理，这需要政府有意愿去做，并有能力做到。

3. 培养公众法治素养、培育社会主体能力

培养公众法治素养、培育社会主体能力，是政府推进法治社会建设的另一重要方式。法治社会之建设离不开法律制度的健全完善和人民的共同参与，法为民生，民为法正，民需法护，法需民信，只有当人民真心拥护、尊崇、敬畏和信仰法律，方能以法之威平乱抑邪，共促社会和谐。在迈向法治社会过程中，需要提升全民族的法治素养，形成尊法的氛围和习惯，形成运用法律的意识和风气。这需要政府积极作为，尽力推进。对政府而言，应既抓"关键少数"的党员干部，出台有力责任措施予以约束，又应引领"绝大多数"的群众尊法、学法、守法、用法。对不同的群体探索使用各种不同的传播手段,让他们自觉做法律知识、法治精神、法治信仰潜在有力的施用者和传播者。这些都需要政府积极推动。运用党政体制内的组织载体(例如各地的法治办公室),更好地协调普法宣传和国民教育,协调普法工作和各个行业规范要求,使普法工作能够有明确的工作要求,有具体的考核标准。

同时,对于企业、社会组织等主体,政府采取鼓励、支持、引导、奖励、帮扶等方式培育其发展能力,也是法治社会建设的方式。具体方式包括:一是政府对企业、社会组织等主体进行能力帮扶;二是通过服务购买对企业、社会组织等进行经济资助。具体而言,一方面,强调资源到位,从资金、信息、政策等各方面为社会主体提供诸如场地设备、补贴资助、项目信息、法律咨询、财务评估、注册协调等资源,帮助社会主体存续;另一方面,强调专业能力支持,通过培训规范社会主体运作,提升社会主体在链接资源、获取项目、开展活动、提供服务等方面的专业能力。当然,政府还需要履行一些基本保障的职责。例如完善社会主体发展所需要的基础设施,维护有序的市场秩序,创造公平竞争的市场环境,解决社会主体与各方面之间的冲突,保障其正当利益。只有培育了社会主体的能力,社会主体才能真正意义上参与法治社会建设过程,政府的负担才可能真正减轻,其肩负的责任才能在真正意义上实现向其他社会主体的转移。

(四)政府对社会的管理责任

1. 制度供给责任

强化政府在法治社会建设中的责任,需要形成比较健全的法治社会制度体系,对法治社会的总体规划、目标、体制、机制予以明确,规范和协调各社会主体之间的关系,对各社会主体的权力、权利、义务、职责等加以明确规定。制度供给是法治社会建设的前提和基础，法治社会的建设过程必然伴随着相关制度的完善。纵观各国法治社会的发展历程，它们都是以法律和各项制度的建立为法治社会建设的基础，并在实践过程中不断完善制度来建成法治社会的。在法治社会建设过程中，最重要的法律制度当然是由立法机关供给的。但是，在细节处，在中观的体制上，在微观的机制上，制度都是由政府供给的。法治社会建设的政府主导性，决定了政府在制度供给中的主体地位和责任。在这方面，政府最核心的责任就是进行科学决策，制定合理的制度，并保障制度的有效运行，创造民主公平，有助于有序竞争、和谐稳定、社会发展的环境。

2. 财政支持责任

法治社会建设是需要相当的财政能力作为基础的。各项制度的实施，各种权利的维护，各种活动的开展，都是需要支付成本的。在多元社会治理格局下，法治社会建设的各个主体都承担了相应的成本，其中承担成本最多的毫无疑问是政府。政府对科技创新、基础教育、文化、医疗卫生、司法服务等事业的发展都担负着主要的财政支持职责，法治社会建设的重要目标之一就是要保障公共服务和公共物品的有效提供，满足人们日益增长的多元物质文化需求。财政支持是法治社会建设的经济基础，是达到法治社会建设目标的基础性物质条件安排。通过财政支持，将科教文卫等事业纳入财政支出体系中，并不断增加政策、财政支持力度，是政府的责任所在，也是解决人民日益增长的美好生活需要与不平衡不充分的发展之间的矛盾这一社会主要矛盾的必由之路。法治社会发展的实践与理论都表明，政府在法治社会中担负着不可推卸的财政支持责任。落实财政支持责任，才能提高社会凝聚力，实现法治建设的各种目标。当然，在法治社会建设过程中，财政支持有着各不相同的渠道和方式。

3. 实施、监管和评估责任

制度供给和财政支持是基础，但法治社会建设的顺利推行，还离不开政府在既有财政支持下，贯彻实施既有制度，履行监管和评估责任。既有制度的运转，虽然由不同的社会主体推进，但其运转空间，在实际上受政府的制约，政府给予的空间和支持力度必然影响制度运转的成效。企业、社会组织、公民概莫能外。制度实施、监管和评估，是不同阶段不同环节的工作。在制度实施前，应当有社会矛盾预警机制，制度的实施可能会引起何种效果和反映，应当有事先的预判。制度实施过程中，应当有快速反应机制和协调机制，出现问题立即协调解决。制度实施全程，需要监管各社会主体行为的合法性，及其法治社会建设行为的合目标性。法治社会建设的各个方面、各种项目只有切实执行才具有真正的意义，从这层意义上说，实施是法治社会建设的核心。此外，对于法治社会建设，政府还应当履行评估责任，评估是衡量效果、监督社会主体的重要手段和收效途径，通过评估来衡量各社会主体在法治社会建设中的绩效，提高各社会主体的责任意识，以便进一步采取有效措施予以激励。

4. 风险兜底责任

政治稳定和社会稳定是法治社会建设的当然前提，没有政治稳定和社会稳定，法治社会建设就是空话。只有在稳定的政治环境下，经济、社会发展才有依托，法治社会建设才有可能。在法治社会建设过程中，党领导下的政府有提供政治稳定和社会稳定的责任。换句话说，政府在法治社会建设过程中应当承担风险兜底责任。法治社会建设中，各种社会主体有其不同的风险，企业需要面对市场的风险，社会组织也存在政治风险和腐败风险。它们参与法治社会建设，依托于某种具体的平台和项目，但这些平台和项目的运转也可能受政治风险和社会风险的冲击。一旦遭遇风险，在社会主体自身无法抵挡风险的情况下，政府应当承担兜底责任。也就是说，政府需要提供最终的底线救济，一定程度上为各社会主体的风险"埋单"。其终极意义上的原因在于，法治社会建设最终意义上是"政府负责"的。

二 社会组织在法治社会建设中的意义、功能和作为

（一）社会组织在法治社会中的意义

社会组织在法治社会中有着重要的意义，这已经被西方实践所证实。在中国的法治社会建设中，社会组织的意义同样重要，而且还可能有着中国特色的取向和意义。

1. 促进国家与社会分野及有机团结

在西方国家，社会组织十分发达，这有理论和实践两方面的基础。在理论上，西方的国家建立在社会契约论基础上，结社自由被认为是订立契约的一部分。在实践中，当今西方国家民间社会和社会组织的兴起，是对福利国家危机、政府和市场双重失灵以及全球化进程带来的复杂多变的社会问题的一种反应，在根本上是展现个人自主能力和共同参与精神的一种尝试和努力。① 在西方，社会组织是国家与社会分野背景下的产物。而中国的情况有所不同，中国历史上是中央集权的国家，有几千年的封建文化传统，封建皇权统摄政治、经济、社会、文化等方方面面。新中国成立后，社会主义实践中，中央也对政治、经济、社会生活的各方面实行高度控制，国家权力渗透到社会方方面面，同样少有社会组织发展的空间。改革开放后，随着市场经济的发展，社会组织开始出现并发展，与个人权利观念的增长、社会自治的诉求几

---

① 参见马长山《NGO 的民间治理与转型期的法治秩序》，《法学研究》2005 年第 4 期。

乎是同步发展的。进入新时代，进行法治社会建设，显然离不开社会组织的发展和职能发挥。社会组织的职能发挥，必然使国家权力一元化的局面进一步松弛，促使社会从国家中逐渐释放出来，国家与社会的功能呈现分化局面，朝着改革开放以来"小政府、大社会"的目标发展，或者更多人期待的"强政府、强社会"的目标发展①，从而促进国家与社会的分野，促进法治社会建设主体的多元化，并进而打破过去那种机械团结的局面，形成社会有机团结的局面。

2. 促进社会治理方式的变革

在中国，受几千年封建文化传统的影响，也受社会主义实践时期计划经济体制及其思维的约束，至今较为强调行政管理，单向的行政管理思维影响巨大、范围广泛。在从上到下、全方位的行政管理思维下，单向的、父爱主义的社会管理模式是常规社会管理模式。这种管理模式与法治社会是有所龃龉的。法治社会建设中，社会组织是多元主体中的重要主体之一，必然发挥重要作用。社会组织的兴起，必然伴随着政府权力的转移、政府职能的转变，以及社会民主的发展、社会自治的发育。这必然促进社会治理方式的变革，从行政性的社会管理向多元治理、合作治理、协商治理转变。在治理方式转变的过程中，社会组织正好填补政府退出留下的一些空白，解决政府不能解决或不好解决的某些问题，提供公共服务，承接政府的部分职能，满足社会更加多样化的需求。社会组织天然反对政府权力的干预、垂直管控，强调民主参与和自主管理，主张不同利益群体的理性互动和多元诉求的对话协商，这也必然倒逼政府社会管理思维和权力运作方式的转变。同时，社会组织还可以促进不同人融入具体群体，提高社会自治能力，提高民众参与社会治理的热情，培养民众的民主意识、

---

① 参见王绍光《安邦之道：国家转型的目标与途径》，生活·读书·新知三联书店，2007，第 3~32 页。

公共精神、自治能力。

3. 促进社会价值和法治观念的更新

中国有着几千年的封建文化传统，虽然社会主义实践在理念上极端强调平等，改革开放后继续如此，但封建特权、尊卑秩序的观念并未被冲击殆尽，反而有因为市场经济下的经济不平等的发展而抬头的趋势。因此，在中国社会中，人们的平等意识、权利意识、结社意识、公共精神都还存在很多缺陷，社会上官本位思想仍然存在，个人对国家责任的期待较大，缺乏通过社会组织去解决政治和社会生活中问题的习惯和意识。与此同时，社会个体的自主意识不强，自主能力也较为有限，由于社会组织发育不够，解决问题的专业能力也还有待发展。在这种背景下，社会组织的发育和发展，必然带来社会价值和法治观念的更新。社会组织的发展，必然导致人们对政府、官员的依赖心理弱化，遇事不再仅仅依赖政府，可以通过社会组织自主解决。在社会组织中，人们可以接受民主和法治训练，通过民主的方式探讨解决问题的途径，在法治的框架和要求下解决问题。这些都将促成国家与社会的分立，冲击既有的官本位思想和政府责任理念。通过社会组织的运转，从民众切身的生活体验和感知出发，培养民众的自主意识、互助精神、公共精神、民主精神、权利意识、法治观念，发展民众的民主参与能力、法治操作技能、自治能力等，在具体层面和细微之处促进社会价值和法治观念的更新，培育民主和法治的社会根基，从而推动中国的法治社会建设。

（二）社会组织在法治社会中的功能

1. 承载民众的社会关系和社会资本

社会资本是相对于经济资本和人力资本的概念，它是指社会主体之间紧密联系的状态及其特征，其表现形式有社会关系、社会网络、互相信任、权威结构、行动共识等。社会资本存在于社会结构之中，是无形的。在社会资本丰富的地方，人们之间存在共识，可以有效合作，从而有较高的社会整合度，社会效率因此更高。个人并不能直接占有和使用社会资本，只有成为关系网络中的一员，建立起网络连带关系，才能有效利用社会资本。社会资本与物质资本、人力资本一样，可以给人带来收益。在传统时代，社会资本存在于传统的关系网络和组织结构中，如宗族、行会、基层市场区域等。而在当今时代，随着市场经济的发展，整个社会越来越陌生化，传统的组织结构日趋崩溃，传统型的关系网络也逐渐消失，人与人之间的关联薄弱化。在陌生化的社会中，社会资本难以在既定的组织结构中存续。社会组织是现代社会新的组织形式，它可以承载新时代的社会资本。社会组织其实是拥有相同或类似价值倾向和利益目标的人的群体性集合，是现代社会的重要组织网络，可以承载新时代的社会资本。在现代社会组织构成的网络结构中，社会资本可以促进民众的团结，推动不同利益群体与国家、市场的合作互动，维持以社会成员的自主交往行动及其社会资本的生产为基础的自发秩序，提高社会安全，增进社会效率，增强社会整合，推动微观领域的民主治理，为法治运作提供社会基础。可以说，在当今时代，社会组织可以承载民众的社会关系和社会资本，是法治社会的黏合剂。

2. 充当社会秩序的衍生平台

社会组织是一个制度性的平台，有相同或类似利益诉求的民众聚集在此平台中，形成共同的利益表达，可以与政府或市场主体进行有力的利益协商。作为特定社会群体利益偏好的聚集，社会组织可以对民众利益偏好有更加快捷的把握，可以对利益诉求作出更为及时的反应，然后聚集相同和类似的利益诉求，通过一定的渠道加以表达。社会组织有一定的资源动员能力，在社会关系和社会资本的驱动下，能够动员民众参与社会组织，将其活动纳入社会组织的目标中。社会组织存在内部治理机制，以使其决策和管理既能适应环境，又能有创新性，服务于社会组织的目标，从而保证社会组织的持续和健康发展。社会组织内部一般存在强有力的激励机制，物质激励不足和精神激励乏力并存，往往使得社会组织成为一个生活共同体、精神共同体、事业共同体。相对于政府和企业，社会组织有着不同的激励机制，这种机制甚至更有优势，能够使社会组织成员将自己的命运与组织的命运紧密结合，在完成组织使命、实现公共利益的同时也实现个人的价值目标。如此，在法治社会建设进程中，社会组织其实是可以演变而产生秩序的，因此可以说，社会组织充当了社会秩序的衍生平台。

3. 供给公共领域的运行机制

在现代法治国家中，国家与社会往往有所分离，国家主要指公权力系统或者官僚制机器之内的范围，社会主要指公权力系统之外的生活系统。但是在社会生活系统中，也存在公共领域，事关众人便属公共领域。中国传统社会，家国同构，家庭、家族与国家在组织结构方面有共通性，均以血亲－宗法关系来统领。家族是家庭的扩大，国家则是家族的扩大和延伸，国家内部各个部分和板块之间的关系，按照亲属关系比拟。这种政治结构中，并不存在国家与社会的分野，社会生活中的公共领域也不彰显。新中国成立后，在党政体制和计划经济条件下，国家与社会仍然缺乏分野，社会生活中仍然缺乏现代意义上的公共领域。改革开放后，社会开始发育，社会生活逐渐独立于国家机器和公权力系统。市民生活中存在公共领域，它构成国家与社会之间的中间领域。在市民社会的公共领域中，社会组织提供了一种具体的中间机制，促进社会资本的自由自主性价值，培养市民的公共精神。在现代社会，由于理性化的发展，民众表现得越来越个体化、松散化，而国家公权力系统和科层机器越来越组织化、官僚化、形式主义化、保守僵化，个人如何面对国家机器，社会如何有效组织，成为重要问题。在此背景下，社会组织成为市民社会中一种个人的自愿性联合，个人在其中可以自由自觉地进行社会协作，满足不同生活领域、不同生活方式下人们的不同需求，填充、丰富市民社会的公共领域，从而实际上供给了公共领域的运行机制。经由这种机制，社会成员可以获致合理角色，提高参与能力，培养合作与秩序精神，克服个人的孤立性，培养社会责任感和公共精神。

（三）社会组织在法治社会中的作为

1. 在社会角落提供公共服务供给

在现代社会，社会组织是与政府同样重要的社会服务的供给者。而且，与政府有所不同，社会组织可以更加人性化地提供服务，回应不同人群不同层次的服务需求。社会组织是有理念主导的，不同社会组织有着各不相同的理念。在理念的驱使下，社会组织在广泛的领域中提供公共服务，包括文化教育、卫生保健、社会保障、基础设施、养老助残、特定群体帮扶、社区团结、抗灾扶贫、预防犯罪、环境保护等众多方面。其中不少领域是政府通常难以顾及的、关注不够的，或者不方便提供公共服务的，社会组织在这些领域却可能有天然的优势，可以更方便地去关注更具体、多元化的需求，而且通过组织有理念的人来提供公益性的服务，从而满足民众日益增长的基本公共服务需求。社会组织可以整合社会上的各种资源，其整合形式灵活多样，可以更好地实现特定社会群体的经济利益、社会利益和政治利益，提供政府和市场不能或不好提供的公共服务。正在此意义上，法治社会中，社会组织是在社会角落提供公共服务供给。

2. 从细微处培育民众的民主和法治素养

目前，我们已建成中国特色社会主义法律体系，正在建设中国特色社会主义法治体系，力图形成完备的法律规范体系、高效的法治实施体系、严密的法治监督体系、有力的法治保障体系、完善的党内法规体系。尽管这些建设都很有必要，但又远远不够，因为法治社会的建成，绝不仅仅依赖制度体系及其实施体系，还需要民众的观念和素养能跟上法治进程。法治很重要的层面是实践操作上的，如果民众缺乏民主和法治的切身体验和感受，法治建设将始终停留在制度和国家机关的执行层面，难以深入民众观念中，更难以变成民众自觉的生活方式和行为选择。社会组织则可以在此方面发挥作用。社会组织的成立和运转基于民众的自主自愿，需要成员的合作精神；社会组织的活动是在民主自治、平等协商的基础上进行的，以民主参与的方式反映特定群体的利益诉求；社会组织实行民主管理、依法管理、自主服务。社会组织在运转过程中，完全贯彻了民主、平等、自治等原则，主张不同群体的对话协商，倡导合作，强调自律，反对特权和权力的不当干预，这些在一定意义上阻止了国家权力的滥用和扩张，构成了抑制法律工具主义、抵御国家理性规则泛化的重要屏障。① 总之，社会组织可以给民众带来切身体会，培养、塑造民众的民主观念、法治意识，促使他们养成法治化的行为习惯，可谓从细微处培育民众的民主和法治素养，培育民主和法治的社会根基。

三　企业的社会责任约束

（一）企业在法治社会中的角色

1. 民主管理和权益实现的重要场域

与社会组织一样，企业是另外一个重要的制度性平台，企业家、投资人、工人、技术人员、企业管理人员都聚集在此平台中，既为共同的利益而奋斗，也为各自不同的利益进行协商。企业既是职工参与民主管理的平台，也是劳动者、管理者权益实现的平

---

① 参见马长山《民间社会组织能力建设与法治秩序》，《华东政法学院学报》2006 年第 1 期。

台。企业的民主管理和权利实现，是构建企业民主管理体系、推进企业民主管理进程的基础，既关系到职工民主权利和法定权益的实现，也关涉企业认同感的培养，还关涉企业在市场中的竞争力。企业民主管理，既需要通过工会组织实现对企业的管理参与和监督，促进企业决策民主，对劳动者权益保护到位，各种利益关系公平公正；也需要在企业制度和日常工作中实现企业家、投资人、工人、技术人员、企业管理人员等不同群体和个人的利益协商，保障所有企业管理者和员工的合法权益。在企业民主管理和劳动者权益实现过程中，职工通过各种形式参与企业的经济生活、政治生活、社会生活、文化生活等中的各种事务，参与民主决策、民主参与、民主监督等过程。如此，企业实际上构成了工作在其中的各个人群参与民主管理、实现权益的重要场域。相对于国家和社会而言，企业是一个微观的场域，是与人民生活休戚相关的场域，其决策和管理需要民主管理、依法管理、协商治理，需要不同群体的对话协商。这一场域平台可以给民众带来切身体会，培养、塑造民众的民主法治观念和权利意识。

2. 市场经济和社会生活的法治主体

市场经济具有旺盛的生命力，相较于旧有经济体制，其所体现的优势特征极为明显，平等性、竞争性、开放性为社会经济发展搭建了广阔公平的平台，且在优胜劣汰的竞争机制中，不断促进内在革新，但与此同时，市场经济下的商业运作往往缺失规范引领，偏离正常法律轨道，而法治则由此成为市场经济的内在要求。经济的市场化要求社会的法治化，通过规则来约束超出血亲、宗族、行政权力范围的社会活动。法治约束的主要对象，必然是企业这一核心的市场主体。市场经济要求以法立权，特别是要发挥法律的"名片""证文""护盾"之用，明确产权，确立企业为自主经营、自负盈亏的独立主体，能够进行经济利益需求的自主表达，并有权对其财产自由分配和使用，同时对企业这一市场主体之财产权加以保护。同样，企业还是参与市场公平竞争的法治主体。市场经济是公平竞争的契约经济，竞争性是其基本特征，也是市场经济运行的推动力。但是市场的公平竞争并不会自然达成，企业可能通过各种越轨行为来谋取非法利益，从而破坏公平竞争的环境，因此需要法治约束企业的市场竞争行为。此外，企业还是市场经济中宏观调控行为的约束对象。市场调节存在缺陷，因而可能失灵。市场机制有效发挥作用离不开宏观调控，这需要得到法治的保障。另外，企业常常还会以一般主体的身份参与社会生活，参与政治、经济、文化、社会、生态文明等方面的建设，从而成为社会生活的法治主体。

3. 法治宣传和法律实施的协助者

作为市场主体，企业是法治社会建设的重要阵地，企业自身因此也成为法治宣传的重要协助者。企业对外遵守市场经济的公平竞争规则，遵守国家宏观调控的规则，需要有足够的法治意识；对内充分保障劳动者权益，实现企业民主依法管理，也需要有足够的法治意识。因此，企业作为法治社会的主体，需要积极开展法治宣传，同时这也是法律实施的重要环节。一方面，法治宣传和法律实施要针对管理人员、工人等员工，不断增强他们的法治观念，使他们自觉守法、遇事找法、理性表达诉求，用法治方式解决企业民主管理中的问题，用合法的方式维护自身的合法权利。另一方面，法治宣传和法律实施还要针对领导干部、产权人、投资者等，增强他们的法治观念，把领导干部带头守法、模范守法作为树立法治观念的关键，提高他们运用法治思维和法治方式推动发展的能力和水平，让他们牢记法律红线不可逾越、法律底线不可触碰，让产权人、投资者等树立诚信守法、依法经营、依法办事的观念，对法律怀有敬畏之心，提高依法经营管理的水平和依法维护企业合法权益的能力，不违法行使权利、法外追求利润。作为市场经济中的法治主体，企业需树立有权利就有责任、有权利就有义务的观念，强化规则意识，倡导契约精神，提高法治意识，这些需要企业内的产权人、投资人、管理者、劳动者等共同努力来实现，需要通过法治宣传和法律实施来达到目标。在此过程中，企业作为一个法治主体，成了法治宣传和法律实施的协助者。

（二）企业的作为

1. 重点领域：生产经营、劳动者权益、企业治理、环境保护等方面

在法治社会建设过程中，企业的作为体现在许多方面。在生产方面，法律风险防范建设是法治建设的重点，生产经营活动所涉及的业务流程，其中面临的各种法律风险，需要通过风险评估加以确定，建立防范、控制措施并加以实施；在经营方面，在招标投标、合同管理等各方面都应当有严格的制度规定，项目立项、招标，合同签订、履行、结算等方面都应当依法进行。在经营过程中，对相关的治安保卫、商业秘密保护、廉洁等也应当有所考虑，符合法律规定，规范双方的经营行为，保障合法经营，维护企业利益。在企业民主治理方面，也有大量可以作为的空间。企业的重大方案、生产经营、发展规划、规章制度等应当经过各种民主协商和决策程序，涉及职工切身利益的重大问题也需要事先提交职代会或工会审议，涉及劳动者权益的事务应当公开，保持与工会的信息沟通，与利益相关群体及时沟通。对职工较为关注的福利待遇、奖金分配、劳动保护等问题，应当及时沟通，协商督促，依法妥善处理。国家规定的有关劳动与社会保障的标准，企业应当落实，依法与员工签订劳动合同，按时足额交纳社会保险费。此外，环境保护方面也是企业作为的重点领域。企业在生产、再生产过程中，必将消耗自然资源、社会资源，同时对环境产生一定的负面影响，环境污染在所难免，企业提供的产品本身也可

能产生环境污染，如产品包装、废弃电池等。企业对自身产生的环境污染和公害，应当尽可能采取有效措施，防止危害的发生，把环境保护工作纳入计划，建立环境保护责任制度。

2. 行为倾向：敬畏法律、利用法律、对抗法律

虽然在法治的理想中，人们很容易把法治主体想象成遵循法治的楷模，把法治描述为单一的法律理想状态。实际上，在现实生活中，社会主体对法治的态度是复杂多元的，呈现多种不同的样态。美国学者描述了人们在面对法律时呈现的三种不同态度：敬畏法律、利用法律、对抗法律。[①] 其实，在法治社会进程中，企业作为法治主体，往往也持有各不相同的态度，敬畏法律、利用法律、对抗法律都存在。"敬畏法律"，法律被想象为一种关于已知规则和程序的正规有序的理性的系统，社会主体忠诚地接受法律的建构，相信法律程序能够提供正义和公正。应该说，多数企业的行为倾向都是如此，相信并遵守市场竞争、宏观调控、劳动者保护等方面的法律。"利用法律"，法律被认为是一种游戏，并不是持续地或平等地为每个人所利用，技巧、经验水平、法律资源的不同，参与法律的结果也会不同。应该说，持这种观念的企业也不少见，它们将法律实践视为游戏，重视经济、法律、财务、贸易等方面的专门知识和技能，钻法律的空子，并利用法律漏洞来谋利。"对抗法律"，社会主体认为法律无法有效地解决纠纷、发现真相或维护公正，因此根据特定情境运用资源而进行应付，包括暴力、自助等方式。这种企业总量虽然不多，但也经常见到。一旦认为法律没有维护自身利益，便抛开法律，诉诸社会舆论，甚至走上信访不信法的道路。企业不同的行为倾向在实践中都存在，在法治社会建设中的意义当然各不相同，"敬畏法律"是积极的，"对抗法律"则是消极的，"利用法律"则可能积极意义与

---

① 参见〔美〕帕特里夏·尤伊克、〔美〕苏珊·S. 西尔贝：《法律的公共空间——日常生活中的故事》，陆益龙译，商务印书馆，2005，第 81～295 页。

消极意义并存，消极意义在于不利于树立法律威信，积极意义则在于可能促进法律的完善。

（三）企业的社会责任

企业在商业运作过程中，不应当只将利润收益作为其长久稳态运营的绝对重心，而失却对次重点的有效关注，表现为极端弱化对其他关系的处理。首先是企业与利害关系人之间的良性互利关系。利害关系人是围绕企业可能产生主被动双重影响的个人和群体，例如合作伙伴、投资者、供应商、企业员工、顾客、社会公众等，前四种群体对企业有着主动性影响，为企业发展注入了原始资本，提供了人力、物力等基本保障，但也自然受企业盈亏的反向影响，而后两种群体，是在企业作为施力端，企业产品满足个人需求并产生吸引影响的主效应后，受其影响的个体和群体，但也会相应地形成产品使用和售后保修满意度评价，对企业口碑形成反影响，忽略其中任何一种影响，都无法保证企业协调高效运作，由此企业应改变固有的自保自赢模式，而应当对其利害关系人负起相应责任，以求扩衍优势影响，提早消除不利影响之隐患。其次是企业与环境之间的关系。企业社会责任的理论要求平衡此关系必须牢固树立可持续发展的理念，企业考量体系需同时包含自身的经营、市场收益、诚信建设和其对社会和自然环境所造成的影响这两大部分。再次还应注意对企业与社会之关系的把握。企业的活动、产品和服务，在产生经济效益的同时，还会带来社会成本和效益，因此企业不能只考虑经营的技术可行性和经济收益，还要考虑对社会的影响。由于企业对社会问题有重要影响力，包括劳动者权益、人权、环境保护、社会主流价值等，因此社会就有权利要求企业运用影响力来解决这些社会问题。

企业的社会责任，公认的主要有以下几个方面。一是人权和劳动者权利保护，包括企业应在力所能及范围内支持并尊重人权、消除任何形式的强制劳动、切实有效地废除童工、杜绝在用工与职业方面的差别歧视；二是环境保护，包括企业应对环保问题未雨绸缪、主动承担环境保护责任；三是反腐败，企业应当积极采取措施反对腐败行为；四是开展公益慈善事业，重视扶贫济困，积极为国分忧，扶助弱势群体，投入医疗卫生、教育和文化建设。综合上述几个方面，企业的社会责任，从企业内部看，就是要保障员工的尊严和福利；从外部看，就是要发挥企业在社会环境中的良好作用。企业不仅要为自己创造利润，还应当为社会创造财富，改善人民生活水平，为员工提供良好的劳动环境，为社会提供良好的示范、积极的价值导向。

目前，中国社会处在一个建设未具的探索阶段，企业在社会责任方面还做得不好，这体现在很多方面。一是诚信意识不好，功利心过重，为最大限度获得一己私利，有些企业全然不顾商品质量是否达到质检标准，便贸然出售，甚至夸大产品功用，制造虚假噱头欺骗消费者，未完善售后退换维修机制，损害消费者利益。二是无视劳动法的相关规定，以不正当手段榨取企业职工的合法收入和福利所得，且心存侥幸，逃税避税，少缴甚至不缴社保费用。三是可持续发展意识薄弱，未将环境保护纳入企业经营体系，不计环境代价地盲目生产，导致严重的环境破坏和污染。四是缺乏公共产品意识，完全规避对公益事业的一切活动参与。而以上问题的最终纠改则依赖于企业责任的贯彻落实，正是在这一理念的约束下，资本趋向于更为理性地追求利益，假冒伪劣产品减少，消费者权益得到维护，环境得以保护，社会愈加和美。

企业的社会责任，本质是如何摆正企业与社会的关系。在法治社会中，现代法治的基本原则是其所依的理论之源。无论从企业社会责任的具体内涵来看，还是从中国企业在社会责任方面的表现来看，企业的社会责任都需要法治保障。对违反社会责任的企业，单凭原有的伦理领域的企业社会责任来规范管理，显然只起皮毛之用，无关痛痒，若望成效尽现，还需重拳出击，即需要法治化的企业社会责任制度来加以控制和约束，充分运用有效的法律手段来加以规范。就企业运营而言，企业社会责任的履行顾及了更多的利益相关者，从而获得更广泛利益相关者的支持；从健康的市场经济来看，企业社会责任的履行可以提高企业的声誉，从而为企业带来更多利润。法律应当从企业收益的角度鼓励企业履行社会责任，从而形成良性反馈。当然，强调企业社会责任的法治保障，并不是否定其他方式的保障。十八届四中全会决定指出："深入开展多层次多形式法治创建活动，深化基层组织和部门、行业依法治理，支持各类社会主体自我约束、自我管理。发挥市民公约、乡规民约、行业规章、团体章程等社会规范在社会治理中的积极作用。"在企业社会伦理的建设上，应该遵此，发挥各种社会规范的作用，这才符合法治社会建设的初衷。

四　律师在法治社会建设中的角色和工作方式

（一）律师在法治社会的角色

1. 法治社会的重要标识和象征

律师制度本身有作为民主与法治标识的象征意义，因此是法治社会的重要标识和象征。律师最为典型、传统的业务活动就能鲜明体现这一点。作为代理人或辩护人，律师出席法庭陈述当事人的主张，尤其是在刑事辩护中，律师的业务实践本身就显示出政治权威对社会成员权利的尊重，昭示政治权威的严肃态度和法治思维。即使道德判断中的坏人，在法律上也有获得律师帮助和辩护的权利。在现代法治国家的社会生活中，在私权利与公权力的制衡中，在社会弱势群体与强势群体的较量中，律师是私权利一方不可缺少的民间代表，也可能成为弱势群体寻求帮助的力量。在与公权力的冲突中，如果没有律师的参与，私权利一方将更难以制衡公权力。虽然在现实生活中，可能是强势群体更容易获得律师的帮助，但如果没有律师，弱势群体可能会毫无出路。这些都表明律师在法治社会中不可或缺。从理想的角度推演，律师制度不仅可以与民权结合从而外化出民主精神，而且可以与治权结合产生出法治化的社会秩序。因此，在律师这一职业的设定上，部分地寄托着社会成员民主与法治的社会理想与期望。① 在当代中国，律师的活动空间和领域越来越广泛，与市场经济结合越来越紧密，与国家法治化进程也越来越契合，因此律师成为法治社会的标识的意义越来越大。十八届四中全会决定在"增强全民法治观念，推进法治社会建设"中提出"建设完备的法律服务体系"，其中就包括"发展律师、公证等法律服务业"。

2. 法律专业工作的引擎

律师主要以市场化的方式为社会公众提供法律服务，用专业化的技术和能力对社会需求进行回应，并因此赚取服务费用。在市场经济时代，市场经济广泛而深刻地影响甚至决定所有社会成员的生活境况；由于市场经济规则普遍法律化，社会对律师的专业需求也越来越迫切，律师越来越深入地参与市场经济。律师基于社会公众需要法律服务这一特殊的职业服务，以法律及对其运用的专业化、技术化为出发点，延展当事人在法律社会交往中的能力，帮助当事人在法律程序和实体利益中采取正确的决策和行为方式。在所有的法律职业中，律师是最深入市场经济的、最市场化的，因此其对市场的反应也最为灵敏。律师的一切作为围绕市场利益而来，工作力度围绕利益展开，工作心态更积极主动，工作效度与自身存在感和价值的关联度也更高。在这种情形下，律师对法律技术的发展、法律制度的缺陷、立法的完善都会更有动力去关心、思考。正因此，在所有的法律职业中，律师可以成

---

① 参见顾培东《中国律师制度的理论检视与实证分析》（上），《中国律师》1999 年第 10 期。

为法律专业工作的引擎。很多法律技术、制度方面的问题，都是律师最先感受到、提出来，然后才促进法律进步的。与法官、检察官可能依附于权力相比，律师是无法依附于权力的，只能依靠法律，因此他们天然的是法律的最忠实的实践者。因此，律师对法律本身存在的缺陷与不足有充分的发言权，对法治的社会体验也最深，因此在促进国家立法的权威性、科学性、统一性、可操作性方面，律师可以发挥十分重要的作用，是国家法律完善、法治进步的重要力量。

3. 公众与法律专业系统的媒介

律师执业作为法治社会的一种基本构件，其基本属性就是媒介，是国家权力系统与社会的中介，更是法律专业系统与社会公众的媒介。按照现代法治社会中国家和社会的二元构造，国家没有必要也很难把提供一切法律服务作为自己的职责。法律服务大多由社会来提供，律师业则是专门从事服务的职业。中国律师业最初从国家公职范围中脱离出来，切断与国家权力的关联之后，律师就成了一个彻底的市场化主体，在社会中为民众提供服务，获得收益。这种身份位置实际上就成了公众与法律专业系统的媒介。法律职业有专业技术门槛，虽然国家不断强调普法，但一般民众要弄懂法律术语、厘清法律关系并没有那么容易，必须求助于律师才能处理与法律有关的事务。如此，民众实际上就是通过律师与法律专业系统打交道，律师成了民众进入法律专业系统的入口。同时，由于律师的职业活动在复杂的现代法治社会中高度专业化，以及律师对当事人、对法律制度的完善和对社会所应负的责任，律师业在自身的组织和管理上具有高度的自治性和自律性。律师通过获得自治的权利来实现职业使命，开展法律服务，从此成为民众与权力系统的一个通道，成为国家与社会的中介。这就需要律师业加强职业伦理建设和监管。十八届四中全会决定指出，"发挥律师协会自律作用，规范律师执业行为，监督律师严格遵守职业道德和职业操守，强化准入、退出管理，严格执行违法违规职业惩戒制度"。

4. 政治和社会参与的先锋

现代社会是建立在尊重民众政治权利和民事权利基础上的法治社会，从权利保护和满足社会需要的角度看，独立于国家公权力系统且有权专门从事法律活动的独立的律师，可以进行广泛的政治和社会参与，从而对公权力进行监督，防止公权力的滥用，从而更好地保护个人权利。在政治和社会参与过程中，律师往往会超出法律领域，而在更广泛的社会事务管理上发表意见、发挥作用。在西方法治国家，律师的作用从来都不限于法律事务，而进入了政治和社会事务环节，而不少律师也因此被称为"律师－政治家"或"政治家型律师"，律师在议会中占有相当高的比例，律师最后成为政治家，以政治为业的概率也相当高。在中国，虽然情况有所不同，但律师在政治和社会事务中的参与越来越频繁，发言越来越积极，尤其是随着互联网通信技术的发展，微博、微信等媒体的兴起，越来越多的律师通过微博、微信平台发表对政治和社会事务的看法，积极参与政治和社会事务。律师学习、实践的是国家权力与人民权利之间的关系，面对的是繁纷复杂的社会关系和利益格局，在政治和社会参与上有天然的专业优势。律师又是社会中的自由职业者，当中国律师从"国家工作人员"转变为"提供法律服务的执业人员"时，律师就回到了这一职业的固有属性上，与国家权力相切割，因此律师很容易成为政治与社会参与的先锋。

（二）律师的工作手段

1. 参与商业性诉讼和非诉业务

律师的工作手段首先是参与商业性诉讼和非诉讼业务。在民事诉讼案件中，对客户的诉求、事实、理由和相关证据进行初步审查和分析,必要时进行调查取证;进行诉讼策划,包括确定诉讼思路、诉因、诉讼请求事项、事实理由陈述等,对对方当事人可能的应诉方案作出预测、提出对策;书写民事起诉状、答辩状、代理词等各种文书,参加庭审、发表代理意见。在刑事诉讼中,会见被关押人员,了解基本案情,作出诊断;向犯罪嫌疑人宣讲相关法律规定和办案程序规定,让犯罪嫌疑人端正态度,也防范犯罪嫌疑人遭受逼供、诱供之害;为犯罪嫌疑人提供法律帮助,包括代理申诉、控告,申请变更强制措施、申请取保候审,向侦查机关了解案件情况并提出意见,如果发现有逼供、诱供等情况为犯罪嫌疑人提出申诉等;收集有利于犯罪嫌疑人的证据,以实现犯罪嫌疑人无罪或轻罪的目的;提出律师辩护意见,出庭辩护。非诉讼业务的范围则很宽泛,是指律师为当事人处理不与法院、仲裁委员会发生关联的法律事务,主要包括咨询、代书服务、专项法律服务和法律顾问服务及其他服务。律师的所有这些工作都是商业性的,律师充当的是私人利益的代言人,民众按照市场经济的原则通过付费获得服务。律师的商业行为尤其需要强调合法,以合法的方式从事职业,以合法的方式帮助当事人谋取利益,一切非法和灰色手段应当受到排斥,那种片面强调律师无限忠于当事人而无视法律的说法只是一种非法行为的托词。在这种商业性的活动中,法治社会建设得以铺开,社会主体从自身利益出发,在法律的框架下活动。

2. 提供法律援助、参与公益诉讼

法律援助是指由政府设立的法律援助机构组织法律援助的律师,为经济困难或特殊案件的人无偿提供法律服务的一项法律保障制度。特殊案件是指犯罪嫌疑人、被告人是盲、聋、哑人,或者是尚未完全丧失辨认或者控制自己行为能力的精神病人,没有委托辩护人的案件。犯罪嫌疑人、被告人可能被判处无期徒刑、死刑,没有委托辩护人的,也应当指派律师为其提供辩护。法律

援助是一项扶助贫弱、保障社会弱势群体合法权益的社会公益事业。

目前，中国仍有不少人由于经济、社会和文化方面的原因陷入困境，属于处于不利社会地位的人群，即所谓的弱势群体。法律援助就是要向这些缺乏能力、经济困难的当事人提供法律帮助，使他们能平等地站在法律面前，享受平等的法律保护。法治社会要求所有人都能享受必需的法律服务。十八届四中全会决定提出，"推进覆盖城乡居民的公共法律服务体系建设，加强民生领域法律服务。完善法律援助制度，扩大援助范围，健全司法救助体系，保证人民群众在遇到法律问题或者权利受到侵害时获得及时有效法律帮助"。实践中，律师是提供法律援助的主要力量。公益诉讼是指组织和个人都可以根据法律法规的授权，对违反法律、侵犯国家利益、社会公共利益的行为，向法院起诉，由法院追究违法者法律责任的活动。公益诉讼的目的是促进和保护公共利益，从理论上说，公益诉讼提起的主体包括一般民众、社会团体和检察机关；实践中，律师是提起公益诉讼较为常见的主体。律师提起公益诉讼，运用司法程序，可能矫正在经济发展以及社会管理过程中出现的损害群众利益的某些偏失。法律援助、公益诉讼都属于公益性活动，是律师进行商业性活动之外的重要活动，是律师参与法治社会建设的又一渠道和手段。

3. 充当政府法律顾问，参加听证、信访等

法治社会建设牵涉社会管理者对社会的管理，因此，律师参与政府事务不仅属于法治政府建设的范畴，也属于法治社会建设范畴。政府在社会管理中，需要法律专业人士为依法行政提供建议参考，为社会治理提供法律服务，这一群体就是法律顾问。在依法治国的时代背景下，法律顾问逐渐成为各级政府的"标配"。十八届四中全会决定指出，"积极推行政府法律顾问制度，建立政府法制机构人员为主体、吸收专家和律师参加的法律顾问队伍，保证法律顾问在制定重大行政决策、推进依法行政中发挥积极作用"。目前，县级以上地方各级党政机关普遍设立法律顾问。党政机关政府法律顾问，一般以党内法规工作机构、政府法制机构人员为主体，也有法学专家和律师参与。法律顾问为政府重大决策、重大行政行为提供法律意见，参与法律法规规章草案、党内法规草案和规范性文件送审稿的起草、论证，参与合作项目的洽谈，协助起草、修改重要的法律文书或者以党政机关为一方当事人的重大合同，为处置涉法涉诉案件、信访案件和重大突发事件等提供法律服务，参与处理行政复议、诉讼、仲裁等法律事务。这些问题中，律师们可以大显身手，他们对不同利益有着敏锐观察，他们对法律规范能够精准把握，他们能够熟练运用论辩技巧和说服艺术。更重要的是，律师来源于社会，在社会管理中有着相对独立的身份和地位，有时更能让民众接受和相信，在处置涉法涉诉案件、信访案件和重大突发事件，参与处理行政复议、诉讼、仲裁等法律事务中有着难以替代的优势。这些使得律师成为与政府事务相关的法治社会建设中的重要角色。

4. 通过媒体和自媒体参与政治社会事务的讨论

在当今中国，随着经济社会发展以及民众知识水平的提升，民主与法治意识逐渐高涨，伴随着移动互联网的普及，民主与法治意识逐渐在媒体和自媒体上充分展示出来。互联网技术平台契合了人们参与政治和社会事务讨论的语境要求：公开、自由、平等、开放。人们可以通过媒体和自媒体平台发表自己的意见，对政治和社会事务发表看法和建议。其中，律师是非常典型的参与群体。媒体和自媒体平台为律师提供了展示自我、实现价值的途径，满足了他们对言论自由、民主讨论、社交网络的渴望。作为典型的法律人代表，他们在媒体和自媒体上发声，积极参与讨论，常常将这种讨论作为一种法律事件营销与政治营销的策略，将自己与社会事件紧密联系在一起。律师常常以"维权""公民权利"

"民主"等为主要内容，围绕"强拆""公权力"以及一些敏感的刑事案件、社会事件等展开活动，其因维护法治、诉求公正、不惧公权力的形象获得公众和特定群体支持。很多热点社会事件的发展，都离不开律师在媒体和自媒体上的营销，虽然律师在这种营销中个人获得了名誉、金钱等，但他们对事件作出的情节分析，提供的法律帮助、法律适用意见、法律解释策略等，也对事件的发展产生了影响。当然，这种影响有时是积极的，有时可能也有消极的一面。在法治社会进程中，律师在媒体和自媒体上的活动，几乎不能忽略，他们经营微信公众账号，不断更新微博，在全国范围内演讲授课，各种方式层出不穷。无论是出于营销效益，还是从事公益活动，树立自身形象，律师介入政治和社会事务的讨论，都是其参与法治社会建设的重要维度和手段。

五　法治社会建设主要力量的分工与整合

（一）在有机的法治社会理想下合理定位不同力量的角色

法治社会建设要求在有机的法治理想之下，各主要力量有序地分工协调，并得到有效的整合，从而提高整体的治理能力，这首先需要合理定位法治社会建设各种主要力量的角色。由于现代社会治理强调合作、多元治理，因此法治社会中的政府角色也发生了很大转变，从传统的社会控制者向多元角色转变。在法治社会建设的不同场景下，政府是党和国家方针、政策、法律的执行者，多元社会治理格局中的合作者，各种社会主体参与法治社会建设的服务者，社会主体行为和活动的监管者。社会组织在法治社会中的角色，也应当明确并受到重视，它是打破国家权力一元化局面，促成国家与社会分离及有机团结的媒介，是社会治理方式从单向度管理向多元治理变革的促进者，是自主意识、互助精神、公共精神、民主精神、权利意识、法治观念等现代社会价值和民主参与、法治操作、自治等能力更新的实践平台。企业在法治社会中的角色，同样不容忽视，它是民众民主管理和权益实现的重要具体场域和制度性平台，它还是竞争性的市场经济和日常性的社会生活的法治主体，也是法治宣传和法律实施的重要协助者。律师在法治社会中的角色同样不可或缺，他的存在本身就是法治社会的重要标识和象征，他以市场化方式为社会公众提供法律服务，是法律专业工作的引擎，他为社会提供法律服务，构成了公众与法律专业系统的媒介，他独立于国家公权力系统，是进行广泛政治和社会参与，监督公权力的先锋。只有上述法治社会建设的主要力量的具体角色得到合理定位，有机的法治社会理想才有可能实现；不能合理定位法治社会建设力量的角色，它们的功能发挥势必紊乱，法治社会建设从而受到影响。

（二）对各主要力量进行明确的制度赋权

自全面依法治国的目标提出以来，党和国家根据治理体系和治理能力现代化的要求，在运用法治思维和法治方式治理社会方面取得了长足进步。但与法治社会建设的要求相比，当前治理体系对法治社会建设的回应和支撑仍然不够，对法治社会各主要力量的明确赋权不够是其中的重要方面之一。在社会治理体制上，政府和社会的关系还没有完全理顺，法治社会中社会主体的地位有待进一步的制度化明晰。法治社会中的政府角色，虽然在理念上有了不少新提法，但落到制度上还不够彻底。国家和政府的管理仍然较多，管了很多不应当管理的事项，相关法律规定有进一步改进的空间。在社会组织方面，也存在诸多问题，对社会组织缺乏基本法立法，总体上立法位阶不高，已有规范多是行政法规、部门规章，规范内容不齐，关于登记程序和政府管理的内容多，而社会组织行为规范和权利保障的内容很少。这些都表明，社会组织的制度赋权做得相当不够，亟待完善相关立法，通过赋权来发挥社会组织特别是公益慈善类、城乡社会服务类社会组织在法治社会中的活力和作用。于企业而言，目前有诸多立法，但都不是直接针对企业在法治社会中的角色和功能，因此，企业在法治社会中的作用发挥也有赖于制度赋权，尤其是企业的社会责任。企业除了考虑自身的经营和市场收益以外，还要加入其对社会和自然环境所造成的影响的考量。为了促进社会责任的承担，也需要明确赋予相应的权利。同样，目前虽然法治体系日益完善，法治观念深入人心，但律师的职业权益和社会权利仍然未得到较好赋予和执行，律师在职业过程和社会公共领域的越轨行为也多有发生，尤其是对律师在法治社会中的权利和义务考虑不足，从而限制了其功能发挥，因此也需要通过制度赋权来保障律师职业和参与社会公共活动。有必要提及的是，对法治社会各主要力量进行的制度赋权，应当从总体上着眼于法治社会建设，合理定位不同力量的角色，如此既有利于这些主要力量在法治社会中的分工，也有利于各种力量大整合。

（三）各主要力量行使互相监督的职责和权利

法治社会建设的各主要力量，应当有互相监督的职责和权利，如此，一来可以有利于各社会主体参与法治社会建设的权益实现和能力发挥，二来可以有效整合各种社会力量，从整体上服务于法治社会建设。法治社会建设，仅仅有社会主体行为的规范还不够，还必须解决规范的实施机制和社会主体行为的有效监督机制。不健全完善这两个机制，法治社会建设仍然不可能动员有效力量。因此，必须让各种社会力量可以互相监督。以政府和社会组织的关系为例，政府有责任和职权对社会组织进行监督，以防止社会组织受自身利益、价值观和政治倾向的不良影响，保证其不逾越职业伦理、行业规则、法律的范围。反过来，社会组织也可以监督政府是否忠实、有效执行了法律和政策，是否依法监督了社会组织的行为和活动，是否充当了社会治理格局中的合作者、服务者。政府和企业、律师等社会主体之间也是如此。社会组织、企业和律师之间也可以互相监督。通常，人们较为关注对政府权力的监督和制约，但社会主体的监督和制约也很重要。缺乏监督，行使社会权力的社会主体同样会腐败，从而影响法治社会建设的绩效。从理论上说，政府之外的社会主体行使社会权力，其监督制约机制包括多个环节：政府的监督、社会组织和企业内部员工的民主监督、社会公众的监督等。而各社会主体之间的监督之所以重要和凸显，就在于其在法治社会建设进程中的权利和职责具有相互性，利益具有连带性。良好的互相监督，将会在实践中保障制度初衷不变形走样，从而提高社会治理能力。

（四）政府应主动发挥统筹作用共同应对问题

法治社会建设中，政府是最主要的公共事务管理者，自然也是法治社会建设的最主要担当者。但是，这并非要求政府将法治社会建设的事务大包大揽，政府更重要的是应当发挥统筹作用，将各种社会主体的力量统一起来。通常情况下，法治社会建设按照既有的制度运行，尤其在遇到问题时，政府主动发挥统筹作用共同应对问题的必要性就凸显出来。发挥"统筹谋划、协调指导"作用，帮助协调解决法治社会建设中存在的困难和问题，推动各种社会力量充分发挥作用。倘若缺乏政府的有力统筹，很多需要不同主体共同协调解决的问题就难以获得解决，各社会主体就会陷入"孤岛"之中，各自优势难以有效发挥，更难以创造性破解难题。企业、社会组织、律师等各种社会主体都是法治社会建设的主要力量，但在很多具体问题中，各社会主体的有效性不一定能够充分发挥出来，主要是因为这些主体的力量存在分散化、微弱化、相互适应差、相互聚合难等问题，尤其是面对困难事务时。此时，尤其需要依靠政府的有效统筹组织，社会力量才可能克服各种问题，很好发挥和实现各自的有效性，聚合成有益于法治社会建设的推动力。例如，在化解"信访不信法"现象时，任何社会主体的单方面努力、作用可能都是有限的；统筹发挥政府、司法、社会组织、企业、社区、律师等各方面的力量，才可能有一定的收效。实践表明，政府在统筹各种力量发挥其各自作用上具有不可替代的作用，包括指令、引导、指导和帮助主体更积极地参与法治社会建设，也包括限制、克服或化解它们可能出现的消极作用。因此，在法治社会建设中，遇到困难和问题时，政府主动发挥统筹作用，这应成为共识，也应成为政府的职责。

The Main Forces of the Construction of a Society with Rule of Law and the Integration of these Forces

Chen Baifeng

Abstract："Construction of the a society with rule of law" is one of the three core tasks of the rule of law in China. As a systematic project, it involves a wide range of fields, mixed elements, difficult implementation, and delayed effect. Therefore, this undertaking requires the strong leadership of the party and the joint efforts of the whole society. The result of the construction of a society ruled by law is ultimately reflected in the enhancement of the awareness of the rule of law among the people, and the law-abiding has become a daily habit of citizens. The achievement of this ideal result depends on the participation of various social subjects and forces, especially the government, social organizations, enterprises, lawyers and so on. On the basis of their original role division and functional orientation, each subject flexibly changes roles and integrates new advantages in the legal action space according to the existing situation of the grassroots field, and jointly promote the construction of a society ruled by law.

Keywords: Society with Rule of Law; Government; Social Organization; Enterprise; Lawyer

（责任编辑：卢博）

《法律和政治科学》（2019 年第 1 辑·总第 1 辑）
第 56 ~ 93 页
© SSAP, 2019

揭开厌讼者的神秘面纱：日本人厌讼吗？[*]

〔美〕约翰·O. 黑利[**] 著

王荣余[***] 译

> 如果有人要告你，要拿你的里衣，连外衣也由他拿去。
>
> ——《马太福音》5:40
>
> 你们彼此告状，这已经是你们的大错了。为什么不情愿
> 受欺呢？为什么不情愿吃亏呢？
>
> ——《哥林多前书》6:7

一　引论

日本人异乎寻常地厌讼，这一看法可谓广为人知。不管是在

---

[*] 本文译自 John Owen Haley, "The Myth of the Reluctant Litigant", *Journal of Japanese Studies*, vol. 4, no. 2, 1978。

[**] 〔美〕约翰·O. 黑利，美国著名日本法专家，圣路易斯华盛顿大学杰出退休荣誉教授，日本"旭日勋章"获得者。

[***] 王荣余，西南政法大学法学理论博士研究生。

日本国内还是在其国外，评论者们几乎不约而同地将一种独特而根深蒂固的文化归于日本人，即偏爱非正式的调解式私人纠纷解决办法，以及由此必然引发的对正式司法裁判机制的厌恶。从而，他们认为，日本人并未充分利用现行有效的正式纠纷解决机制。他们通常还补充说，日本人这种观念受下列因素的推动，即对妥协的一种古怪嗜好、对明确的"要么全有要么全无"解决办法的不信任以及对公开的反目及将其公之于众的处理之厌恶。① 正如川

---

① 这一看法经常被反复述及，从而一个相关资料的来源样本就必定能满足需求。最受追捧的是川岛武宜的相关著作。其中，尤具影响力的是 *Nihonjin no hō ishiki*（Tokyo：Iwanami，1967），特别是该书第 125 页到第 203 页的内容。在该书标题中他创设了"日本人的法律意识"这样的措辞，以及文章 "Dispute Resolution in Contemporary Japan"，in Arthur Taylor von Mehren（ed.），*Law in Japan：The Legal Order in a Changing Society*，Cambridge：Harvard University Press，1963，pp. 41 – 72，这可能是被引用最广的对日本法进行研究的英语类文章。Dan F. Henderson，*Conciliation and Japanese Law：To kugawa and Modern*，2 vols.，University of Washington Press，1965，尤其是第 2 卷第 8 章的第 191 页至第 200 页，这是提出该看法的人常在脚注里引用的文献，因为它提及了"一种异乎寻常的、避免诉讼的明显倾向［就日本而言］"。然而，大多数人都没有注意到汉德森（Henderson）对"教化式"（didactic）调解的分析所作的限定（下面将进行讨论）。更多的英语参考资料，参见 Hideo Tanaka，*The Japanese Legal System：Introductory Cases and Materials*，Tokyo：University of Tokyo Press，1976，pp. 254 – 263，286 – 310；Yosiyuki Noda，*Introduction to Japanese Law*，English trans. from French，Tokyo：University of Tokyo Press，1976，pp. 181 – 182；Kahei Rokumoto，"Problems and Methodology of the Study of Civil Disputes，PartI"，*Law in Japan*，vol. 5，1973，pp. 102 – 110；D. J. Danielski，"The Supreme Court of Japan：An Exploratory Study"，in Glendon Schubert and David J. Danielski（eds.），*Comparative Judicial Behavior*，New York and London：Oxford University Press，1969，pp. 121 – 156；Charles R. Stevens，"Modem Japanese Law as an Instrument of Comparison"，*American Journal of Comprehensive Law*，vol. 19，1971，pp. 673 – 681；Charles R. Stevens，"Japanese Law and the Japanese Legal System：Perspectives for the American Business Lawyer"，*Business Lawyer*，vol. 27，1972，pp. 1271 – 1273；也可见 Richard Allison（ed.），*Current Legal Aspects of Doing Business in the Far East*，Chicago：American are Association，1972，pp. 13 – 14。还有其他本文在别处引用的文献。少数人大胆地尝试作出限定，比如 Tomoyuki Ohta and Tadao Hozumi，"Compromise in the Course of Litigation"，*Law in Japan*，vol. 6，1973，pp. 97 – 110；至少有两位学者无保留地否认这种观点，Kazuaki Sono and Warren L. Shattuck，"Personal Property as Collateral in Japan and the （转下页注）

岛武宜（Kawashima Takeyoshi）——日本最重要的法社会学家之一，也是此观点明确的倡导者——所解释的那样，一种传统的、致力于维系合作型私人关系的态度的长期存在，使得任何通过打官司而获得的关于权利和义务的明确划分显得不再可欲。提起一则诉讼，就已经意味着发起"公开挑战并挑起一场争执"。①

这种看法的重要性怎么强调都不为过。但最为关键的是，对于司法制度在日本政治和社会秩序中所扮演之角色的惯常评价，就是建立在这种看法之上的。比如，由于觉察到他们在打官司上的这种不情愿态度，从而许多用英语写成的、介绍日本政府的标准作品，都一致地把法院视为政治上毫无意义的一种存在。② 没有案件，法院就不能展开行动。与国家的其他权力机构不同，日本法院并不自己主动地适用或执行法律。在争议双方作出其选择前，法院只能消极地等待，直至争议被提起。"厌讼的日本人"这一观念，引发了对战后以美式能动司法机构为逻辑前提的法律改革有效性的明显质疑。然而，即便是像阿尔弗雷德·C. 奥普勒（Alfred C. Oppler）——占领区能建成一个有能力贯彻战后宪制理想的司法制度，他和其他一些人居功厥伟——这样乐观的观察员，也对这种看法予以接受并从不怀疑。③

（接上页注①） United States", *Washington Law Review*, vol. 39, 1964, p. 571 fn. 6。这些评论对于一般的比较法律研究具有重大的影响，尤其是非常时髦的"法律文化"这一问题。比如参见 Henry W. Ehrmann, *Comparative Legal Cultures*, Englewood Hills: Prentice Hall, 1976, pp. 82 – 86; Roberto Mangabeira Unger, *Law in Modern Society*, New York: Free Press, 1976, pp. 124 – 131; Lawrence M. Friedman, "Legal Cultures and Social Development", *Law and Society Review*, vol. 4, 1969, pp. 19 – 46。

① Kawashima, *Nihonjin no hō ishiki*, p. 140.

② 比如参见 Ardath W. Burks, *The Government of Japan*, New York: Crowell, 1961, pp. 149 – 172; Nobutaka Ike, *Japanese Politics: Patron-Client Democracy*, New York: Alfred A. Knopf, 2d ed., 1972, pp. 30 – 32; Robert E. Ward, *Japan's Political System*, Englewood Hills: Prentice-Hall, 1967, p. 102。

③ Alfred C. Oppler, *Legal Reform in Occupied Japan: A Participant Looks Back*, Princeton: Princeton University Press, 1976, p. 107.

在一个厌讼社会中，因积极司法的制度理想所引发的两难境地，照某些人看来，至少部分地被克服了；比如说川岛武宜就认为日本人对诉讼的厌恶是一种逐渐没落的"传统的"反应。① 的确，这些著作充满了诸多关于战后日本日益上升的诉讼率的各种论述②，而某些人还把诉讼率视作衡量日本迈向"现代"社会之进程的便捷指标。③

虽然这些看法广为人知，却很少有人关心以下问题，即考察其准确性；或者更重要的，深入分析其可能具有的影响，尤其是分析像法律和法院这种角色的可能影响。甚至连最为基本的问题，都尚未得到充分的解答。日本人是否实际上真的如此地不愿诉诸法院？常见的反驳是提出另一个问题：如果实际上并非如此，那么人们又该如何解释相对于美国而言的日本诉讼的明显不足，而且其司法机构也未能对政治过程施加更为积极的影响。

本文代表了这样一种尝试，它旨在回答上面提出的诸多问题；而且通过这种尝试，它还试图提示一个在未来会颇有作为的研究领域。在我看来，这一领域被那种传统上对日本人厌讼的强调遮蔽了。

二　纠纷解决的典型过程

首要的问题在于，通过某种有意义的方式对"好讼"（litigious-

---

① 比如参见 Takeyoshi Kawashima, "The Status of the Individual in the Notion of Law, Right and Social Order in Japan", in Charles Moore（ed.）, *The Japanese Mind*, Honolulu: East-West Center Press, 1967, pp. 271 - 275。这是川岛在该书以及上述其他被引著作中的主题。

② 比如参见 Tanaka, p. 262; Charles R. Stevens, "Remarks on Panel on 'Developing a Pacific Community'", in *Proceedings of the 71st Annual Meeting of the American Society of International Law*, 1977, p. 70。

③ 比如参见 Takeyoshi Kawashima and Kurt Steiner, "Modernization and Divorce Rate Trends in Japan", *Economic Development & Social Change*, 1960, pp. 213 - 239。

ness）一词作出准确的界定。无疑，一般而言，日本人利用其法院的频率要比美国人低（尽管这种差异可能并不像一些人所表明的那么巨大）。正如表1（关于登记在册机动车与机动车致死事故的数值）所显示的那样，在东京和大阪辖区总人口与美国加利福尼亚州人口（2000万）大体相当的情况下，后者提起诉讼的数量却是日本东京和大阪的2倍。

然而，这种诉讼上的相对不足并非日本所独有的现象。在奥斯丁·萨拉特（Austin Sarat）与约珥·B. 格罗斯曼（Joel B. Grossman）对所选的10个国家（地区）的诉讼比率的研究中（见表2），民事案件在日本被诉诸法院的频率不是很高也不是很低。①

在1972年到1973年的加利福尼亚，人们可能会注意到，每10万人之中就有4838起民事案件（包括遗嘱认定、监护权、人身伤害、致人死亡、财产侵害、征用权，以及小额索赔诉讼）被提交到高等法院以及地方法院。② 这一比率要略低于萨拉特和格罗斯曼指标中丹麦的比率。但是，萨拉特和格罗斯曼都承认，对于一份精确的"好讼"指标或其他分析性目的而言，这一数据显得过于粗糙。③ 他们并未指明，"民事案件"在每一情形中到底指的是什么。比如，在日本，民事案件的统计数据通常包括所有适用简易程序的案件，同样也包括移交正式审判的案件（见图1）。此外，这些统计数据也没有考虑这些管辖权之间的差异：对某些事情进行司法干预是法律所明文要求的，比如遗嘱认定与离婚；对某些特定类型的纠纷的裁判可诉诸法院管辖之外的机构，比如劳工关系委员会；还可以通过福利与保险计划来解决，如工人的补偿款；其中任一方面都可能降低或者排除人们寻求法院救济的

① Austin Sarat and Joel B. Grossman, "Courts and Conflict Resolution: Problems in the Mobilization of Adjudication", *American Political Science Review*, vol. 69, 1975, pp. 1200 – 1217.

② Judicial Council of California, *Annual Report*, Sacramento, 1974, pp. 107, 136.

③ Sarat and Grossman, p. 1208.

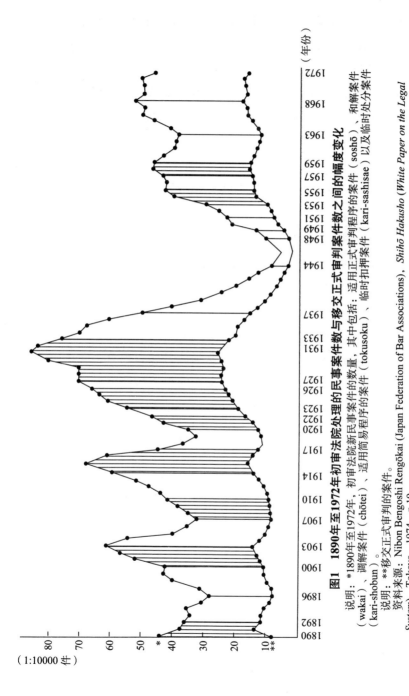

图1 1890年至1972年初审法院处理的民事案件数与移交正式审判案件数之间的幅度变化

说明：*1890年至1972年，初审法院新民事案件的数量，其中包括：适用正式审判程序的案件（soshō），和解案件（wakai），调解案件（chōtei），适用简易程序的案件（tokusoku），临时扣押案件（kari-sashisae）以及临时处分案件（kari-shobun）。

说明：**移交正式审判的案件。

资料来源：Nibon Bengoshi Rengōkai (Japan Federation of Bar Associations), *Shihō Hakusho (White Paper on the Legal System)*, Tokeyo, 1974, p.19。

需求。① 它们也不试图分析以下问题：陪审制度对审判结果之不确定的影响，硬性调解方案（像挪威所作的那样），或者是律师数量与诉讼数量之间的关系。然而，如果"好讼"一词只是意味着人均提起诉讼的数值的话，那么在该数据所能允许的粗略而主观的比较层面，日本相较于某些社会而言是相当好讼的，而相比于其他社会而言又是特别地厌讼。

但我们会发现，日本人"好讼"的主流观念是与不情愿打官司的心态相关联的，而不是简单的诉讼数值问题。即便假定这种打官司的不情愿心态存在，但为了更好地评价司法所起到的作用，我们还必须将更多的因素考虑进来，而不仅仅是摆脱法律诉讼的意愿。虽然我们可以设想个人或作为一个整体的社团乐于从事既复杂又冗长的审判程序，或发动官员进行公共干预，但如果这种情形存在，它们也是较为罕见的。对于大多数人而言，法律诉讼是一种最后的救济手段。毕竟，对于解决纠纷来说，打官司差不多总是一个成本较高、既复杂又麻烦的过程；而且，争议中受损的一方通常会尝试与对方达成非正式的私下解决办法。在大多数社会，绝大多数纠纷实际上都是以非正式渠道解决的。② 正如文前所引《圣经》的话所表明的那样，对打官司的传统道德责难可以

---

① 比如，在日本，结婚、收养、离婚、遗产继承以及不动产转让中的登记的使用，极大地减少了对法院和律师的利用。参见 Dan F. Henderson and John O. Haley, *Law and the Legal Process in Japan*, Mimeographed Materials, University of Washington Law Library, 1977, pp. 439 – 468。

② 此乃常识，但可能令人感兴趣的却是这样一些研究，即不同类型的法律纠纷在美国是如何得以解决的。参见比如 H. Lawrence Ross, *Settled Out of Court：The Social Process of Insurance Claims Adjustment*, Chicago：Aldine Publishing Co., 1970；Alfred F. Conrad, *Automobile Accidents Costs and Payments*, Ann Arbor：University of Michigan Press, 1964, ch. 6, pp. 181 – 182；Curtis J. Buger and Patrick J. Rohan, "The Nassau County Study：An Empirical Look into Practices of Condemnation", *Columbia Law Review*, vol. 67, 1967, pp. 430, 440 – 441。如果与 Zensuke Ishimura 教授和 Yuriko Kaminaga 教授的研究进行比较的话，密歇根大学（Conard's University of Michigan）所作的研究就会特别引人注意。"Attorneys and Automobile Accident Cases", *Law in Japan*, vol. 9, 1976, pp. 83 – 116.

说既是基督教的主张，也是儒家的主张。

对包括日本在内的大多数社会而言，纠纷解决的典型过程可分为两到三个阶段。一起纠纷在诉至法院之前，通常要经过几个步骤——涉事当事人的私下协商，可能是在第三方协助下的调解——而最终选择诉讼解决办法的，仅仅是那些在前面所有阶段都未取得成功的案件（这些阶段能够并且经常地与协商、调解——也可能二者兼而有之——同时进行，贯穿于整个审判程序；在某些情形中，即便在裁判作出以后、上诉权用尽之前，都还在进行）。①

表 1　机动车辆意外事故导致人身伤害，起诉至加利福尼亚高级法院与大阪和东京地区法院的案件比较

	在册机动车数量（辆）	机动车意外致死数量（人）	提起诉讼的数量（件）
加利福尼亚（1972～1973）	11901000	5114	43521
东京和大阪（1969）	3533460	1672	6090
比率	3.4：1	3：1	7：1

资料来源：Judicial Council of California, nnual Report, Sacramento, 1974, p. 106; Saikō Saibansho（Supreme Court）, Shihō tōkei, Shōwa 44, Annual Report of Judicial Statistics for 1969, Tokyo, 1970, pp. 122, 123; Japan Statistical Yearbook, Tokyo, 1971, p. 628; *Statistical Abstracts of the United States*, Washington, D. C.: Department of Commerce, 1974, p. 562。

表 2　所选 10 个国家（地区）"每 10 万人中民事案件数量"

单位：件

国家（地区）	每 10 万人中的民事案件数量（年份）
澳大利亚（Australia）	5277（1969）
丹麦（Denmark）	4844（1969）

---

① 当然，这是一个高度概括的模型，旨在作为一种分析工具，而并不必定作为一个可以普遍适用于所有社会或所有类型纠纷的描述。正如我后面所讨论的那样，在美国社会中，律师之间进行私下解决的大部分案件根本不涉及调解问题，也可参见 Sarat and Grossman。

国家（地区）	每 10 万人中的民事案件数量（年份）
新西兰（New Zealand）	4423（1969）
大不列颠（Great Britain）*	3605（1969）
西德（West Germany）	2085（1969）
日本（Japan）	1257（1970）
瑞典（Sweden）	683（1970）
芬兰（Finland）	493（1970）
挪威（Norway）	307（1970）
韩国（South Korea）	172（1963）

注：*作者所统计之数据限定于大不列颠（Great Britain），并未涵括北爱尔兰（Northern Ireland），因此不能将该数据等同于"英国"的情况，故依原意将 Great Britain 译为"大不列颠"，特此说明。——译者注

关键的问题在于，是否只是在纠纷双方都不相信通过司法的介入会获取更好结果之时，他们才会私了。如果是这样的话，那么私了的决定，就必定会涉及对可能的诉讼结果的评价；而且，私下的解决办法就应该能够反映由于诉讼的成本（包括时间成本）和不确定性而排除掉的这个后果。在这一过程之中，司法模式以一种与经济市场类似的方式运转。如果这一典型过程得以有效地运行，那么法院在那些个别情形中适用的法律规则就会成为一种标准（哪怕被无视），这种标准将被用于解决随之而来的类似纠纷。

因此，只有在下述情形中，日本人是否"厌讼"这一发问本身才对本文的写作目的有意义；即，通过厌讼一词，我们所指的是：置身纠纷的日本人倾向于通过协商或调解来解决问题，这种解决方式并不是诉讼后果的反映；从而，一方当事人由于对诉讼的普遍厌恶而情愿接受一个对自己更加不利的结果。由于其他纠纷解决机制的切实可行和有效利用都可能减少诉讼的发生，而又不损害司法强制规范的有效性，所以单看诉讼的频率是没多大意

义的。而且，大量的制度性因素也可能会妨碍法律诉讼作为一种现实可行的选择，从而会实质性地削弱法院的影响力。实际上，即使渠道畅通，相关成本低廉，司法救济有效，诉讼结果确定，诉诸法院也会是罕见的选择。

特定类型的诉讼（比如，子女起诉父母）也应该与其他诉讼加以区分。在大多数情形下，由于诉讼经常意味着一种关系的破裂，当事人公开承认彼此之间无法在私下达成和解，在当事人想要继续维系彼此间关系的地方，或者是在打破彼此间关系将广泛触犯社会准则的地方，诉讼都不太可能发生。此外，作为一项公共政策的考虑，在该领域的大多数情形中，法院可能会被授予非常有限的司法介入权限（比如，夫妻间的纠纷）。虽然我们可能想剥离出这样一类特定的领域并对其进行研究——在这里司法模式并不怎么发挥作用，它们却都不涉及日本人普遍而独特的意愿问题，即回避现实可行的正式的纠纷解决机制。

三　重新审视厌讼之谜

那么是否有证据表明，日本人对诉讼的异常厌恶会导致一方接受不太有利的，而非那种通过法律诉讼渠道就会预期获得更多益处的解决办法？我认为，答案是否定的。仅有的证据表明的却是相反的情形，即大多数日本人在这种情况下愿意诉诸法院。不久前的污染案件①以及沙利度胺（thalidomide）案

① Komatsu v. Mitsui Kinzoku Kōgyō, *Hanrei Jihō* (No. 635) 17 (Toyama Dt. Ct. , June 30, 1971); aff`d *Hanrei Jihō* (No. 674) 25 (Nagoya High Ct. , Kanazawa Br. , Aug. 9, 1972); Ōno v. Showa Denkō K. K. , *Hanrei Jihō* (No. 642) 96 (Niigata Dt. Ct. Sept. 29, 1971); Watanabe v. Chisso K. K. , *Hanrei Jihō* (No. 696) 15 (Kumamoto Dt. Ct. , Mar. 20, 1973); Shiono v. Showa Yokkaichi Sekiyu K. K. , *Hanrei Jihō* (No. 672) 30 (Tsu Dt. Ct. , Yokkaichi Br. , July 24, 1972). 英语世界中关于这些案件的简要讨论，参见 Tomohei Taniguchi, "A Commentary on the Legal Theory of the Four Major Pollution Cases", *Law in Japan*, vol. 9, 1976, pp. 35 – 62。

件①就可以说明这一点。

不久前发布的一则针对在污染案件中是否决定提起诉讼的调查报告，记录下了一系列的文化要素，这些要素导致了当事人在起诉问题上的犹豫不决。② 它们包括一种对身体和精神缺陷的"羞耻"感，出于共同体的团结和集体意识的要求对个人主动性和"自私"行为所施加的束缚，还有就是人们觉察到——我相信这是正确的——存在一种左翼的反政府事业，那些主导审判过程的律师们的政治活动就是其反映，人们对这种事业怀有敌意，不愿与之打交道。这些体验与沙利度胺案件在某些方面存在相似之处；在沙利度胺案件中，人们不愿提起诉讼的显著原因是对儿童残疾进行公开披露的忧虑。一位原告方律师写道，"在社会中，人们对残疾有着极大的偏见，因此想要起诉就得需要相当大的勇气"。③ 在所有这类案件中，原告提起诉讼是出于无奈，是走投无路时的最后一根救命稻草。这种不情愿却是由于各式各样的因素，这些因素与纠纷所处的特定情形及其性质有关，而不是一种普遍的不愿意起诉的心态。④

一个有争议的异见是，就损害行为提起诉讼的行为反映出社会无法接受的"自私自利"。乍一看，这似乎是进行诉讼时常见的文化障碍。然而，它在这些情形中却通过下述方式得以克服，

---

① 在法院作出裁决前，这一系列的案件都已私了了，因此，也就不存在任何的官方报告。关于这些案件的诉讼进程，参见 "Diary of the Plaintiffs Attorney's Team in the Thalidomide litigation", *Law in Japan*, vol.8, 1975, pp.136 – 187（以下称之为 "Diary"）。

② Frank K. Upham, "Litigation and Moral Consciousness in Japan: An Interpretative Analysis of Four Japanese Pollution Suits", *Law and Society Review*, vol.10, 1976, pp.579 – 619.

③ Statementy Koichi Nishida in "Diary", p.141.

④ 当然，由于原告最终提起了诉讼，所以它们可以被视为例外情形，在此基础上进行概括也就不可靠。但这一推理方式使我们几乎很难有所作为。那些未进入诉讼的纠纷，其私下所达成的和解的细节很少被完全披露，从而也就没有受到公开的检视。

即通过把法律诉讼正当化为一种将违法犯罪者绳之以法的手段，将对损害的补偿与防止他人施加类似伤害的意愿连接在一起。[1] 不过，这些正当化手段是支持损害赔偿金和私人侵权诉讼的主要政策的一部分；大多数原告也会发现，以同样的方式使自己的动机显得合理并不困难。此外，在这些案件中，最早的那些诉讼的成功也带来了其他诉讼的成功，同时也引起了适用于私人的解决类似纠纷之标准的重大变化。[2]

已有的少数对日本人心态的直接研究为反驳那种普遍看法提供了进一步的支持。比如，在一项由佐佐木芳雄（Sasaki Yoshio）所作的，同时为丹·F. 汉德森（Dan F. Henderson）和川岛[3]援引的调查研究中，当被问及"如果发生了一起民事纠纷，尽管你与对方进行了沟通，却不能解决它，你将会怎么做？"的时候，2098名被访者中有 64% 的人回答说，他们愿意到法院去起诉。

而更具说服力的证据是，日本从 1890 年到当前为止这一时期内的诉讼模式（pattern）。如图 1 和表 3 所示，比起 1890 年到 1937 年中日战争全面爆发这一时期的诉讼频率，1937 年之后的诉讼在绝对数上显得并不那么大。若相对于人口数量而言，则这一对比更惊人。比如，在 1934 年，每 10 万人中就有 302 起涉及正式审判程序的新型民事案件被提交到初审法院；而到了 1974 年，每 10 万人中这类案件的数量只有 135 起——1934 年的人均值是 1974 年的 2.2 倍。

总体而言，这种诉讼模式能在所有类型的案件中得到证实。虽然在一些年份中某些案件种类的频次有轻微的变化，但就总体

---

[1]　Upham, p. 588.

[2]　这些案件引发了更多的诉讼，而且至少有一例（森永牛奶中毒案 [the Morinaga Milk poisoning case]）引发了对先前已决纠纷的再次协商。比如参见 Tanaka, pp. 417–443。

[3]　Henderson, vol. 2, p. 192; Kawashima, "The Status of the Individual in the Notion of Law, Right and Social Order in Japan", p. 272.

表3 提出适用正式审判程序（soshō）的新案件
（1891~1943，1949~1974）

单位：件

年份	案件数		年份	案件数		年份	案件数	
1891	136589		1917	132531		1949	45435	
1892	118474	（293）	1918	120641	（220）	1950	68488	（82）
1893	111246		1919	118825		1951	87817	
1894	107442	（261）	1920	129152	（233）	1952	87480	（104）
1895	90241		1921	148850		1953	100643	
1896	79546	（189）	1922	169239	（298）	1954	133595	（157）
1897	83927		1923	188164		1955	144036	
1898	98564	（230）	1924	208774	（358）	1956	145935	（169）
1899	105736		1925	225429		1957	151274	
1900	104739	（239）	1926	237244	（394）	1958	162786	（184）
1901	121346		1927	248999		1959	157252	
1902	131758	（293）	1928	248406	（400）	1960	147673	（161）
1903	144084		1929	242757		1961	135656	
1904	127004	（275）	1930	249030	（390）	1962	132191	（140）
1905	100681		1931	261760		1963	128654	
1906	90956		1932	255187	（387）	1964	135849	（141）
1907	85489		1933	228224		1965	159324	
1908	90570	（189）	1934	204731	（302）	1966	169979	（173）
1909	94386		1935	196777		1967	173383	（174）
1910	99900	（203）	1936	180501	（274）	1968	185021	（184）
1911	106499		1937	158874		1969	172020	（170）
1912	117049	（231）	1938	132069	（188）	1970	175164	（170）
1913	130598		1939	106294		1971	179256	（172）
1914	148177	（285）	1940	88160	（123）	1972	168753	（160）
1915	162545		1941	74854		1973	150662	（140）

年份	案件数		年份	案件数		年份	案件数	
1916	159351	（298）	1943	39905	（50）	1974	149688	（135）

注：这些数据代表了在民事案件中适用普通审判程序的诉讼。它们并不包括适用简易或特别程序的诉讼（比如，为寻求临时救济提起的关于汇票和本票的诉讼）或适用正式调解的诉讼。战后的数据包括了行政诉讼，它在战前由于司法管辖权上的限制而被排除掉了。因此，如图 1 所示，这些诉讼只是法院总案件量的一部分。括号内的数字表示日本每 10 万人中提交的新案件的数量。参见表 5 数据。

资料来源：1891 年至 1941 年的数据出自 Nihon Teikoku Shihōshō（Ministry of Justice of the Empire of Japan）*Dai 67 Minji Tōkei Nenpō*（67th Annual Report on Civil Case Statistics），Tokyo，1943，pp. 103 – 104；1950 年至 1974 年的数据出自 Saikō Saibansho（Supreme Court）*shōwa 49 Shihō Tōkei*（Annual Report of Judicial Statistics for 1974），Tokyo，1975，p. xx。

说明：原文中无 1942 年数据。1943、1949 年数据原文中未注明出处。——译者注

而言，在较长时期内，所有类型的案件诉讼比率的升降都是相似的。没有任何统计数据显示战前①某一特定类型的案件（如农村租赁案件）的大量出现导致了任何反常情况。

战前数年之中，几乎所有类型的诉讼案件，在绝对数值上都有更大（在战后，汽车使用的增多，使人身损害案件得以显著地增加）。比如，通过表 4 我们就能够知晓，在 1926 年和 1969 年向初审法院申请民事审判的特定案件类型实际数值。除离婚诉讼外，所选的类型代表了最基本的标准案件（the standard bread and butter fare of litigation）以及这两年内最多的诉讼类型。我们再次看到，在战前 1934 年的峰值前几年，1926 年的诉讼绝对数值要比 1969 年的大得多。

由于日本人口在其间增长了 40%，所以就人均案件数而言，1969 年的离婚案件和与土地相关的诉讼只有轻微的增加；而如果我们不考虑交通事故为特殊环境因素的话，损害赔偿诉讼就并没有显著地增加。

---

① 原文作者并未明确"战前"（prewar）和"战后"（postwar）节点是哪一年，大致是在西方语境下对第二次世界大战的认知意义上来使用的。——译者注

表 4　移交初审法院适用正式审判程序（soshō）之案件的比较（1926～1969）

单位：件

诉讼主题	1926*	1969**
a. 离婚诉讼	1383（Dt. Cts. only）	2935（Dt. Cts. only）
b. 与土地相关的诉讼	6894 Dt. Ct. —2890 Ward Ct. —4004	15151 Dt. Ct. —10193 Summ. Ct. —4958
c. 房屋收回与交付诉讼	10315 Dt. Ct. 757 Ward Ct. 9558	7073 Dt. Ct. 4063 Summ. Ct. 3010
d. 合约价款诉讼	41231 Dt. Ct. —2634 Ward Ct. —38597	30639 Dt. Ct. —11362 Summ. Ct. —19277
e. 金钱借贷诉讼	64796 Dt. Ct. —4852 Ward Ct. —59944	20960 Dt. Ct. —12215 Summ. Ct. —8754
f. 损害赔偿诉讼	5991 Dt. Ct. —2215 Ward Ct. —3776	20071 Dt. Ct. —18006 Summ. Ct. —2065 （Traffic Accidents = 10968）

资料来源：* Nihon Teikoku Shihōshō（Ministry of Justice of the Empire of Japan），Dai-gōjuni Minji Tōkei Nenpō Taishō 15（52nd Annual Report on Civil Case Statistics：1926），Tokyo，1928，pp. 30 – 32，162 – 164。

** Saikō Saibansho（Supreme Court），Shihō Tōkei Nenpō Shōwa 44（Annual Report of Judicial Statistics for 1969），Tokyo，1970，pp. 88 – 89，122 – 123。

　　而且，基于对 1891 年至 1941 年和 1949 年至 1974 年系列审判案件的趋势分析，我们得出的结论是：在这些时间段内，新民事审判案件数并没有明显的上升或下降趋势（见表 5）。这一情形从图 2 中可以一目了然地看出来。

　　显然，这些模式与传统的关于日本人不愿诉讼的观念是不相符的。而且，它们还与日本人战后更愿提起诉讼这一被广泛持有的

表 5 　1891～1941 年、1949～1974 年两时间段内新民事
审判案件的变化趋势

时间段	诉讼变更的最佳预测方程式	R^2
1891～1941	$Vt = -0.006 + 0.996_{Vt-1} - 0.347_{Vt-2} + U_t$	$R^2 = 0.582$
1949～1974	$Vt = 0.054 + U_t - 0.711_{Ut-1}$	$R^2 = 0.371$

注：V_t = 新的民事审判诉讼（提交至正式审判程序的案件）在 t 年中的变化的百
分比。

U_t = 均值为 0 方差为 1 的正态分布随机变量。

两个方程式中从 0 起算的估量常数对统计的影响微不足道，因此它排除了在新的
民事审判案件数量上存在变化趋势的假设。

信念相冲突。简言之，大多数关于日本人对法定程序的说辞或著述
都是一个神话。但如同许多神话一样，它也包含着些许的真理。

　　虽然，至少从明治中期或者可能更早的时代起，日本人通常
可能并不是特别地不愿涉身诉讼，但相关证据表明，提起诉讼会
冒犯某些人；这些人想要维持一种建立在对权威的等级服从之上
的家长式的统治秩序。汉德森（Henderson）在一项常被引用的
（但显然很少有人读过）关于日本法律中调解问题的研究中详细
说道，德川官僚（Tokugawa officialdom）建立起一套令人生畏的制
度，在程序上阻挠人们获得幕府法院（Shogunate's courts）的最终
判决。诉讼当事人被迫在纠纷的每一阶段尽可能地实现调解与妥
协，只有在上级长官的许可下才能提起诉讼。对于那些最终获胜
的人，我们只能惊叹于他们的隐忍力以及坚持不懈的毅力。调解
是强制性的，而不是自愿进行的，用汉德森的话说就是 "说教式
的"（didactic）。[1] 然而，也如汉德森所告诉我们的那样，诉讼日
益增多。[2]

　　与德川时期的调解相类似的现代法律同样能够说明问题。正
式调解程序（chōtei），直到 1922 年的《土地与房屋租赁调解法》

---

[1] Henderson，vol. 1，p. 4.

[2] Henderson，vol. 1，p. 107.

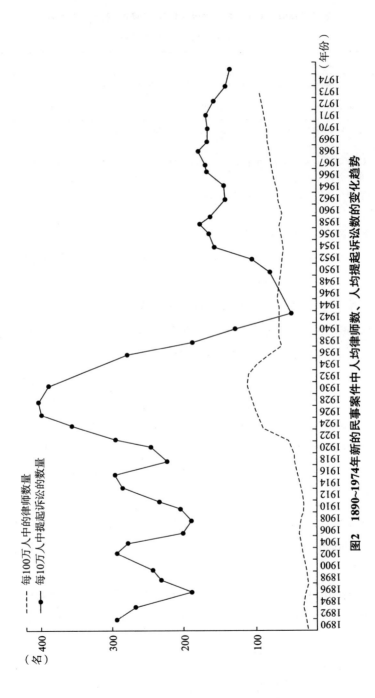

图2 1890~1974年新的民事案件中人均律师数、人均提起诉讼数的变化趋势

（Land Lease and House Lease Conciliation Law）实施之后才得以建立起立。① 这一举措随后被以下法律所效仿：1924 年的《农场租赁调解法》（the Farm Tenancy Conciliation Law）②；1926 年的《商业纠纷调解法》（Commercial Affairs Conciliation Law）③；1926 年的《劳务纠纷调解法》（Labor Disputes Conciliation Law）④；1932 年的《货币赔索临时调解法》（Monetary Claims Temporary Conciliation Law）⑤；相关的调解条款在 1939 年的一则修正案中被补充进《采矿法》（Mining Law）⑥，在 1940 年的一则修正案⑦中被补充进《砂矿法》（Placer Mines Law）⑧；1938 年的《农业土地调整法》（Agricultural Land Adjustment Law）⑨；1939 年的《个人身份调解法》（Personal Status Conciliation Law）⑩；最后是 1942 年的《战时特别民事法》（Special Wartime Civil Affairs Law）中的调解条款。⑪

川岛主要基于这些成文法的颁布，来论证日本人一直以来对诉讼的厌恶。⑫ 但没有任何迹象表明，这些成文法是人们对有别于诉讼的另一种选择之普遍需要的产物，且更加符合日本人的敏感性情。与之相反，似乎可以更准确地得出这样的结论：这些成文法是对 20 世纪 20 年代和 30 年代早期日益增多的法律诉讼的一种

---

① Shakuchi shakuya chōtei hō（Law No. 41, 1922）.

② Kosaku chōtei hō（Law No. 18, 1924）.

③ Shōji chōtei hō（Law No. 42, 1926）.

④ Rōdō sōgi chōtei hō（Law No. 57, 1926）.

⑤ Kinsen saimu rinji chōtei hō（Law No. 26, 1932）.

⑥ Kōgyō hō（Law No. 45, 1905），它依照《矿业法》的部分修正案修订（Kōgyō hō chū kaisei hōritsu）（Law No. 23, 1939）。

⑦ The Placer Mines Law Partial Amendment Law（Sakō hō chū kaisei hōritsu）（Law No. 103, 1940）.

⑧ Sakō hō（Law No. 13, 1909）.

⑨ Nōchi chōsei hō（Law No. 67, 1938）.

⑩ Jinji chōtei hō（Law No. 11, 1939）.

⑪ Senji minji tokubetsu hō（Law No. 63, 1942）.

⑫ 关于调解的全面统计数据表，可参见 Kawashima, " Dispute Resolution in Contemporary Japan", pp. 60 – 72；也可参见 Kawashima, "The Status of the Individual in the Notion of Law, Right and Social Order in Japan", p. 273。

保守的反应；同时也反映了统治精英的顾虑，他们认为诉讼对建立在私人关系之上的等级社会秩序是毁灭性的。因此，只有将川岛的看法限定于描述 20 世纪 20 年代后期和 20 世纪 30 年代掌权的那部分人，而不是所有日本人，它才可能是确切的；该看法残留的影响或许可以增强（至少部分地解释）日本人并不好讼这一看法在今天的说服力。①

表明现代调解制度合理性的是 1919 年"法律制度特别调查委员会"（Rinjihōsei Shingikai）的一则推介意见，它旨在为家庭纠纷设立调解程序（采用汉德森英译）：

> 人们认识到，坚持使用这类法律诉讼方式，就像目前适用于解决家庭纠纷的体制，无法维系过去的德行和美好传统；相反，人们认识到，建立一套特别的体制，以带有同情的友好方式、出于道德的考量来解决纠纷，是极其重要的。②

尽管该主张在 1919 年并未被接受，但随着诉讼的增加、民事和军事官僚机构中"修正主义者"影响的形成，这一主张变得越发具有说服力［为此种纠纷提供调解的《个人事务调解法》（the Personal Affairs Conciliation Law），直到 1940 年才得以颁布］。③ 针

---

① 当然，这完全不是川岛和其他人在论述传统心态的普遍盛行时头脑中所想的东西。他们所想的是一个从传统转向现代的线性模型，而此处所表明的东西更复杂。当代日本人的信念，即他们自己是传统意义上的不愿打官司的人，可能反映出战前那几年掌权者非常成功地传播了这些价值和感受。

② Henderson, vol. 2, p. 216.

③ 比如参见 Robert M. Spaulding Jr., "Bureaucracy as a Political Force, 1920 – 1945", in James W. Morley (ed.), *Dilemmas of Growth in Prewar Japan*, Princeton: Princeton University Press, 1971, pp. 33 – 80。"修正主义官僚"（用 Spaulding 的话说）的态度已在"集体主义伦理"的标题下得到了恰当的描述，参见 R. P. Dore and Tsutomo Ōuchi, "Rural Origins of Japanese Fascism", in ibid., pp. 201 – 211。也可参见 Kenneth B. Pyle, "Advantages of Followership: German Economics and Japanese Bureaucrats 1890 – 1925", *Journal of Japanese Studies*, vol. 1, no. 1, Autumn, 1974, p. 164。

对城市和农村的地主－佃农（Landlord-tenant）的调解的最初成文法，仅限于提供一种诉讼之外的可选替代方案。但到了 20 世纪 30 年代末期，几乎所有的民事纠纷都得适用调解程序，而且法官和特派员有权要求纠纷当事人进行调解。① 通过为所有的民事纠纷提供调解，并且在纠纷双方在调解过程中无法达成自愿和解的情况下，授权法官无须经过审讯即可作出判决，1942 年的《战时特别民事法》标志着向"说教式的"调解的现代版本演进的顶峰。② 就在战后不久，正如真野毅法官（Mano Tsuyoshi）在铃木诉石垣（Suzuki v. Ishigaki）③ 一案判决书的异议中所评论的那样（该判决在战后宪法之下支持《战时特别民事法》以审判代替调解的规定），"人们倾向于将诉讼视作一种恶行"。④

必须强调的是，这些举措并不是人们反对法院在这些案件中的所作所为的一种反映。1905 年到 20 世纪 20 年代早期，这是日本法理学最具创造性的时期之一。司法部门极具革新精神，以使新的以欧洲法律为蓝本的法典与日本国情相适应；对传统

---

① 1922 年的《土地与房屋租赁调解法》规定，当法院收到当事人一方提出的调解申请时，审判程序就将被中止（第 5 条）。1924 年该法被修订为（Law No. 17，1926），审判法院可以根据职权（ex officio）的需要进行调解（第 4 - 2 条）。根据 1938 年的《农业工地调整法》（Agricultural Land Adjustment Law），官方的乡村租佃调解员（kosakukan）以及乡村租佃纠纷法官被授予与之类似的权力（第 10 条第 1 款，第 10 条第 2 款）。在《商事调解法》（the Commercial Affairs Conciliation Law）、《货币债权临时调解法》（the Monetary Claims Temporary Conciliation Law）以及在采矿案件中规定调解的相关法律中，都有类似的强制调解规定。更细致的讨论，参见 Etō Yoshihiro, "'Chōtei Seido no Kinō to Yakuwari' the Function and Role of the Conciliation System", in Toshitani Nobuyoshi ed., Ho to Saiban（Law and Adjudication），Tokyo: Gakuy 6 shob 6, 1972, pp. 178 - 182。

② Special Wartime Civil Affairs Law arts. 14, 16, 17, 18. Article 19（2）incorporated the "judgment In lieu of conciliation" Provision of article 7（1）of the Monetary Claims Temporary Conciliation Law of 1932.

③ 10 Minshū 1355（Sup. Ct., G. B., Oct. 31, 1956），translated in J. O. Haley, The Public Law System of Japan, Mimeographed Materials, University of Washington School of Law Library, 1976. 在 Nomura v. Yamaki, 14 Minshū 1657（Sup. Ct., G. B. July 6, 1960）一案中，Susuki Ishigaki 实际上被推翻了。

④ 10 Minshū, at 1361.

法律规范予以理性化处理以便融入西方法律的框架结构之中。在系列案件中，法院承认了公民为损害赔偿而在普通法院起诉政府的权利①；扩大了私人企业对环境污染所负的责任②；约束了户主恣意独断的权力③；限制了私人财产权在可能会对共同体造成不合理经济损害情形下的行使④；认可了传统的担保手段⑤；并重新定义了租赁方面的法律，以确保公正地对待佃农。⑥ 虽然在上述例证的某些情形中，法院的判决与我们今天所认为的"保守"立场截然不同；但实际情形常常是，即便新的日本法典来势汹汹，法院仍旧坚守传统的价值体系；这一传统的价值体系赋予共同体福利相对于个人利益的优先性，并且强调社会义务和责任，而不是法定权利。在许多情形下，在这些案件中达成的裁判结果都与随后颁布的法律条文的规定相一致。比如，《房屋租赁法》（the House Lease Law）⑦ 以及比《土地与房屋租赁调解法》（the Land

---

① City of Tokushima v. Ose, 22 Minroku 1088（Gr. Ct. Cass., June 1, 1916）.

② Osaka Alkali K. K. v. Tonomura, shinbun（No. 1659）11（Osaka Ct. App., Dec. 27, 1919）, on remand from 22 Minroku 2474（Gr. Ct. Cass., Dec. 29, 1916）.

③ Sonoda v. Sonoda, 7 Minroku 47（Gr. Ct. Cass., June 20, 1901）; Ikeda v. Ikeda, shinbun（No. 493）17（Osaka t. App., Mar. 26, 1908）; Saitō v. Saitō Shinbun（No. 2550）11（Yamagata t. Ct., Mar. 18, 1926）; Iwabuchiv. Iwabuchi, Shinbun（No. 2865）10（Tokyo Ct. App., April, 1928）; Nozaki v. Nozaki, Shinbun（No. 311）7（Nagasaki Ct. App., Mar. 28, 1929）. 对这些案件的援引和讨论，参见 Aoyama Michio, "Wagakuni ni okeru kenri ran'yo riron no hatten"（Development of Abuse of Rights Theory in Japan）, in *Kenri no ran'yo*（*Abuse of Rights*）（Yilhikakū, 965）, p. 9, translated in Henderson and Haley, pp. 406 – 422。

④ 比如参见 Shinagawa v. Kurobe Rwy K. K., 14 Minshū 1965（Gr. Ct. Cass., Oct. 5, 1935）, translated in Tanaka, p. 118。也可参见 Kazuaki Sono and Yasuhito Fujioka, "The Role of the Abuse of Right Doctrine in Japan", *Louisiana Law Review*, vol. 35, 1975, p. 1037。

⑤ J. O. Haley 关于 Jōto Tampo 一案的相关讨论，参见 *The Non-Code Security Interests: A Study of Japanese Case Law*, Unpublished LL. M. Paper, University of Washington Law Library, 1971, pp. 8 – 52。

⑥ Tadao Hozumi 关于地主 - 佃农案件的讨论，参见 "The Structure and Function of the 'Interpretation' of Juristic Acts, Part II", *Law in Japan*, vol. 5, 1972, p. 132。

⑦ Shakuya hō（Law No. 50, 1921）.

Lease and House Lease Conciliation Law）① 早一年颁布的《土地租赁法》（the Land Lease Law）②。

另一个例子是 1924 年的《农场租赁调解法》，它的颁布旨在应对 20 世纪 20 年代的农村租赁纠纷。新近的一项研究将这些纠纷的原因归结于在外地主的增多，以及他们不履行对佃农和当地社会的传统义务。③ 与之相似，似乎是恩主 - 门客关系的破裂（这一破裂在地主起诉佃农和佃农起诉地主的诉讼案件中得到了证实）而不是他们的权利主张的实质对错（merits），才是那些力促颁布《农场租赁调解法》的人重点关注的问题。④不论法典条文的具体规定如何，法院早已证实自己有能力强化传统关系和责任观念。但是，调解却能保证向当事各方提供法外教导，用以提醒他们注意各自的正确角色，而且案件并非只涉及当事各方和法官，还牵涉传统的乡村等级制。⑤

有些人（如川岛）主张，现代调解法证明人们普遍希望寻求一种诉讼之外的替代选择，这些人就忽略了上述考量因素。同样很能说明问题的是，20 世纪 20 年代和 20 世纪 30 年代调解频率的数据与法律诉讼的数据的对比。如图 3 所示，尽管调解法已经颁布，但法律诉讼直到 20 世纪 30 年代中期之前都在持续增加。而在 20 世纪 30 年代中期时，适用新的审判和调解程序的案件数量都开始急剧下滑。作为对正式裁判的一种替代选择——甚至是不管当事人的意愿，而屈从于一种自由裁量的司法秩序，调解的现

---

① Hozumi, pp. 54 – 61.

② Shakuchi hō（Law No. 49, 1921）.

③ Ann Waswo, "The Origins of Tenant Unrest", in Bernard Silberman and H. D. Harootunian（eds.）, *Japan in Crisis*, Princeton: Princeton University Press, 1974, pp. 386 – 397.

④ Adachi Mikio, "Kosaku chōtei hō"（Farm Tenancy Conciliation Law）, in Ukai, Kawashima, Fukushima & Tsuji（eds.）, *Nihon kindaihō hattatsu shi*（*History of the Development of Modern Japanese Law*）, Heisō shobō, 1959, p. 57.

⑤ Ibid., vol. 7, pp. 66 – 68.

实可行性并未导致诉讼的减少。相反，正式纠纷解决机制之补充
程序的设置，甚至导致进入正式审判程序的案件的更大增长。

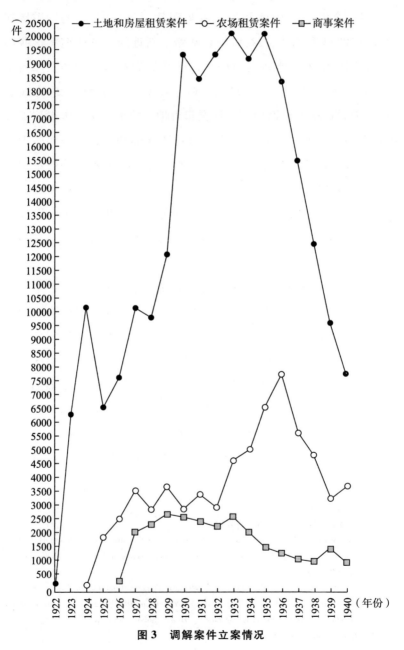

图 3　调解案件立案情况

四 制度乏力的事实

如果日本人对打官司并不是特别的反对，那又如何解释他们诉诸法院的频率要比美国人或者其他人低得多？为何二战以来诉讼就开始减少（而且持续如此）？同样地，如何解释他们自身对异乎寻常的"厌讼"的普遍接受？以及，这些解释与日本司法模式的有效性之间具有怎样的关联？要回答这些问题，我们首先应该重新审视纠纷解决的典型过程。

在通常情形下，一起纠纷的当事人会历经好几个不同的阶段——从直接的协商到第三方参与的调解，以及最后的诉讼，每一阶段都是由于在前一阶段无法成功达成可接受的解决办法。在这一过程之中，诉讼的相对不足可以通过好几个因素得以解释。

其中一个因素是第三方介入的有效性。有意愿且有能力扮演调解人角色的适格第三方的存在，减少了人们对正式司法介入的需要。一开始，调解就要求这种人站出来，他们由于地位或个人关系，得到人们的尊重并能够行使某种权威。换言之，为了保证有效，调解者必须是这样的一些人，他们能够博得当事人的信任，并要求当事人遵从其处理结果。

人们由此可以合理地预想，比起像美国那样较多地域流动、较少内聚力的社会（它强调的是个人自主和社会平等），适格的第三方在一个像日本这样稳定、紧密结合、层级分明的社会中会更具现实可行性。这与社会的预期和习惯也有同等的关联。在那些一再地依赖第三方来解决纠纷的地方，无论是对于调解者本身还是纠纷当事人而言，调解者都变得越来越具有正当性。在这一问题上，由大卫·H. 贝利（David H. Bayley）① 所指出的，日本

---

① David H. Bayley, *Forces of Order: Police Behavior in Japan and the United States*, Berkeley: University of California Press, 1976, p. 87.

和美国在对待警察的态度上的比较显得特别有意思。在处理纠纷的过程中，日本人通常是求助警察来获得帮助。① 虽然美国社会中也有对警察的类似需求，但贝利指出，"其间的差别在于，美国警察部门并不会主动地参与进去从而发挥这一功能"。② 另一个例子是，日本的一些公司为其雇员提供在交通事故方面的调解服务。③ 简言之，日本人之所以能够在避免涉讼上取得更大成功，是因为社会组织和价值观念更能促成通过调解达成非正式的解决。

然而，日本人对调解的这种倾向并不当然地损害司法制度的有效性。正如我们所看到的那样，司法模式并不取决于诉讼的实际频率，相反，它取决于感知到的诉讼后果对调解产生的影响。

诉诸法院的次数却因其他系列因素而有所减少，这些因素的确是要么妨碍了要么强化了作为一种社会控制和促进社会发展之工具的司法模式的效用。④

---

① Henderson, vol. 2, p. 191.

② Bayley, p. 87. 美国的某些警察局已经转向了日本的做法。比如，在西雅图，不久前成立的社区服务办公室（Community Service Officer Section）现在也提供相关咨询服务，尤其针对地主－佃农纠纷以及潜在的家庭暴力纠纷。

美国律师常被认为起着一种协调的作用。比如参见 Sarat and Grossman, p. 1204。然而，在大多数情形下，这一看法并不正确。由于律师工作的对抗性质，以及律师－顾客间关系的限制，很少有律师可以作为中立的第三方来进行调解；而且一旦一方聘请律师来解决纠纷，对方通常也会这样做。因此，可能更准确的看法是，把律师的介入视为直接谈判的一种形式。因为一旦律师参与进来，如果纠纷没有得到解决，很显然下一步就是诉讼，从而，在这些案件中调解阶段也就被跳过。

③ Ishimura and Kaminaga, p. 96.

④ 诉讼结果对诉讼频次的影响可以不予考虑。比方说，在下述情形下诉讼将会比较少，即因为那些更有可能提出诉讼的人（例如，那些拥有巨大财力的人）会认识到，他们有可能会败诉，或者法官并不会给予同情，或者法院以及予以适用的法律并不会积极响应商业的或其他方面的需求。这可以用来解释日本商业领域诉讼的相对不足，比如，比较 J. Toshio Sawada, *Subsequent Conduct and Supervening Events*; *A Study of Two Selected Problems in Contract Jurisprudence*, Ann Arbor: University of Michigan Press, 1968, 以及 Morton Horowitz, *The Transformation of American Law* 1780–1860, Cambridge: Harvard University Press, 1977, pp. 140–159。

首先，要使法院在个案中所作判决的影响超出受这些案件直接影响的人的范围，法院以及这些判决结果的信息就必须得到传播，以便使处于类似纠纷的当事人充分地了解与之相关的法律规范，从而对他们自身纠纷的非正式解决产生影响。这并不意味着，司法模式只有在人们充分认识到法院将会做什么的时候才会起作用。但一般来说人们必须知道，法院确实提供了一个切实可行的选项；他们也必须能通过某种途径了解特定案件的可能结果。因此，在一个文盲比率较高或对法院所知寥寥的社会之中，司法模式将不太会获得成功。比如，受过法律培训之人的短缺、法院判例汇编出版的缺失，是司法制度有效性的严重障碍。

其次，还必须有诉诸法院的有意义的渠道。这个渠道可能会因为司法管辖上的障碍而直接丧失，它根本不允许法院审理某种类型的纠纷。① 交付保释金的需要（bond-posting requirements）可能在当事人寻求救济时施加一种无法忍受的压力②，这是另一种有意识的政策的例证，它被设计出来的目的在于阻碍人们向法院提起诉讼。受到限制的制度能力同样会闭塞人们寻求法院救济的渠道。法院、法官以及律师的数量必须十分充足，以确保诉讼的成本和延期不会妨碍诉讼作为一种现实的选择而存在。

最后一个因素是，法院提供充分救济的能力。法院必须使系列补救措施和救济的方式切实可行，以便适应出现的各种各样的纠纷。判给损害赔偿金以及宣告当事方的权利和义务，对受害方并不会始终有用。此外，特别是在法律规范和结果可以合理确定

---

① 与之相关的一个日本例子是，明治宪法（the Meiji Constitution）第 61 条；遵从大陆法系的司法实践，它剥夺了司法法院在对违法行政行为提起诉讼上的管辖权。该类案件完全由一个特设的行政法院进行裁决（与法国和德国的情形不一样，日本的行政法院只有一个）。有关对日本行政法院建立和角色的详尽分析，参见 Hideo Wada, "The Administrative Court under the Meiji Constitution", *Law in Japan*, vol. 10, 1977, p. 1ff. 。Wada 强调，民政官僚机构厌恶司法干预。

② 参见《日本民事程序法》（*Minji sōshō hō*）（the Japanese Code of Civil Procedure）第 107～117 条，Law No. 29, 1890。

的情况下，提起诉讼也许只是表明有必要对拒不服从的一方采取强制措施。实际上，法院日常处理的许多案件，并不涉及任何事实或法律上的争议，而只是将诉讼作为迫使对方履行一项早已得到承认的法律义务的最后手段。为使法律救济足够充分，法院就必须有能力提供满足案件需要的救济措施，并且有能力强制执行其判决。

在运用这些标准来衡量日本法院的有效性时，人们首先会发现，信息的缺乏并非日本特有的问题。法律是本科学习中最受欢迎的课程之一。新闻报纸以及其他媒体对法院有所报道，并且定期报道相关的司法判决。同样，日本还有数量可观的法律期刊和法律书籍，包括大量就特定法律问题的为一般人所写的以便提供法律建议的手册（Handobukku）。① 但是，阻碍诉讼的其他制度因素也是大量存在的。

与美国的情况相比，日本法院在履行其职能方面受到了更多的限制。比如，1971 年至 1972 年，加利福尼亚高级法院（Superior courts）法官个人的年均案件处理量是 964 件。在 1974 年，美国联邦地区法院（United States District Court）法官个人的案件量只有 325 件。② 这些案件量，还被认为是非常之高。③ 然而在 1969 年，东京和大阪的地区法院法官人均处理的案件量是 1525 件；在 1974 年，日本法官个人的全部案件量是 1708 件。④ 这要归因于法官数量的短缺。如表 6 所示，日本法官的数量已有所增长，但在

---

① 比如参见 Richard Rabinowitz，"Law and the Social Process in Japan"，*Transactions of the Asiatic Society of Japan*，vol. 10，3d Series，Tokyo，1968，pp. 41 – 43。

② "Director of the Administrative Office of the U. S. Courts"，1974 Annual Report，Washington D. C.，1974，p. 196.

③ 比如参见 "Chief Justice Burger's 1977 Report to the American Bar Association"，*American Bar Association Journal*，vol. 63，April，1977，p. 504，其中，首席法官呼吁设立 132 个新的联邦法官职位。

④ Nihon Bengoshi Rengōkai（Japan Federation of Bar Associations），*Shihō Hakusho*（*White Paper on the Judiciary*），Tokyo，1974，pp. 326 – 327.

1890 年到当前的整个时期内，法官人数的增长是微乎其微的。因此，随着人口的增长，法官相对于人口的增长反而减少了，即从 1890 年的每 21926 人配备一名法官，到 1926 年的每 52800 人配备一名法官，再到 1969 年的每 56391 人配备一名法官。

本已不堪重负的法院，由于日本的审判形式而负担更重；就像其他民法法系管辖区一样，这一审判形式包括再三的听审，其常常达一个月之久，延期现象从而就非常严重。地区法院进行的最简单的审判，耗时可能会超过一年；一般情况下会持续两年（见表 7）。如果还有上诉的话，案件耗时将达到五年；持续八年到十年的诉讼程序也是屡见不鲜。

表 6　日本的法律职业（1890～1973）

单位：名

年份	法官	检察官	私人律师	每 100 万人中的私人律师数量
1890	1531	481	1345	33.7
1892	1532	482	1423	35.1
1894	1221	383	1562	38.0
1896	1221	383	1578	37.6
1898	1244	473	1464	34.1
1900	1244	473	1590	36.3
1902	1208	363	1727	38.4
1904	1197	374	1908	41.4
1906	1179	379	2027	43.1
1908	1234	401	2006	42.7
1910	1125	390	2008	40.8
1912	1129	390	2036	40.3
1914	898	386	2256	43.4
1916	903	359	2665	49.8
1918	1004	478	2947	53.8
1920	1134	570	3082	55.6

年份	法官	检察官	私人律师	每100万人中的私人律师数量
1922	1150	578	3914	68.9
1924	1155	574	5485	94.0
1926	1121	564	5936	98.6
1928	1245	656	6304	101.5
1930	1249	657	6599	103.3
1932	1345	628	7055	107.1
1934	1370	648	7082	104.6
1936	1391	648	5776	87.6
1938	1470	686	4866	69.2
1940	1541	734	5498	70.7
1942	1581	625	5231	70.3
1944	1188	610	5174	70.1
1946	1232	668	5737	75.7
1948 *	1842	1387	5992	74.8
1950	2261	1673	5862	70.5
1952	2323	1717	5872	69.9
1954	2327	1717	5942	69.7
1956	2327	1717	6040	69.9
1958	2347	1717	6235	70.4
1960	2367	1761	6439	70.2
1962	2450	1796	6740	71.3
1964	2475	1829	7108	73.9
1966	2518	1844	7687	78.2
1968	2525	1871	8016	80.4
1969	2580	1946	8580	84.6
1970	2605	1983	8868	86.2
1971	2619	2019	9167	88.2
1972	2681	2071	9483	90.2

年份	法官	检察官	私人律师	每 100 万人中的私人律师数量
1973	2688	2076	9921	92. 0

注：1948 年以后的数据包括简易审判庭（summary court）的法官和助理检察员的人数。

资料来源：Nihon Bengoshi Rengōkai（Japan Federation of Bar Associations），*Shihō Hakusho*（*White Paper on the Legal System*），Tokyo，1974，pp. 102 – 103。

延期且案多律师少与诉讼频率之间的关系，在对战前日本诉讼的分析中体现得非常清楚。从表 5 中可以发现，在 1891 年至 1941 年这段时期的任一年份中，新提起的民事诉讼的百分比的变化可以通过这样一个模型得到最有效的预测，在这一模型中，一年之中所提起诉讼的增加，往往预示着下一年诉讼的增长，而在第三年里诉讼就会有所回落。这种趋势能够通过法律制度（legal institutions）对"市场"力量有着非常灵敏的反应来解释。随着司法救济的渠道为人所知，更多的法律诉讼会被提交到法院。随着诉讼案件数量的增多，律师的数量也会有所增长，结果会使关于法院的信息和诉诸法院的机会越发地增多。然而，如果法官数量的增长没有赶上这种增长的话，那么随着法官人均案件量变得越来越多，延期现象也就会越来越多。这种延期反过来又会带来诉讼的减少。

表 7　法院及其审判过程

单位：月

处理民事案件所需的平均时间（不包括行政案件）

A. 首次提交至简易审判庭的案件

从初审立案到作出判决的周期

年份	简易审判庭	地区法院（kōso）	高等法院（jōsoku）
1960	4. 9	22. 4	42. 8
1965	5. 7	31. 6	50. 7
1970	4. 8	36. 2	53. 9

续表

B. 首次提交至地区法院的案件

从初审立案到作出判决的周期

年份	地区法院	高等法院（kōso）	最高法院（jōkoku）
1960	12.6	38.2	67.5
1965	12.1	40.4	67.7
1970	12.8	40.0	66.0

资料来源：Hideo Tanaka, *The Japanese Legal System*: *Introductory Cases and Materials*, Tokyo: University of Tokyo Press, 1976, p. 476。

但是，不管对日本法律程序的这种估测看起来多么不可信，它却与我们接下来所作的数据分析存在高度一致性。当我们假定，潜在的会提起诉讼的人，会对人均律师人数和延期作出正响应（使用三个月内完结的一审民事审判与所有一审民事审判数量的比率，以及一年后完结的一审民事审判与所有的一审民事审判数量的比率来计算），就会得出相关性的重要结论（见表 8）；这种相关性，存在于任一给定年份所提起审判诉讼的数量与当年人均律师数量和前一年延期数量的关系之中。

此外，当农业从业人员相对于总人口的比率被考虑进去的时候，上述结果就会呈现为一种正相关。这即是说，较低的农业从业人员比率会与新出现的民事诉讼数量的减少（或较低的增长）不谋而合。当然这并不意味着，逐渐减少的农业从业人员就必定会导致甚至促使诉讼的减少；其他因素可能会解释这种并行的减少现象。但这个结果与如下看法不相一致，即诉讼在日本是现代化或至少是工业化的一项标志。

战后数据处理起来更棘手。前面提及的对战后诉讼的分析（见表 5）得出了一个与战前模式非常不同的结论。据估算，一个或多个随机变量的正向变化将促使该年提起民事诉讼的数量的增加，以及紧接着的下一年数量的减少（或许可以通过上述的延期来进行解释），却没有迹象表明，这些随机变量会以任何交替循环

表 8 回归分析

回归方程	因变量	常数	自变量				R²	d.f.	D.W.
(1)	NCTA	= -3566.2 (-0.5151)	+10400.7 AGEMP/POP (1.3209)	+2116.2 LAG 3 MON/TO (0.1873)	-21894.7 LAG YEAR/TO (-0.6123)	+47.833 LAWYER (11.4056)	0.838	27	1.186
(2)	NCTA IDIFF	= -4103.0 (-1.0435)	+3817.6 AGEMP/POP (0.7978)	+5769.3 3 MON/TO (0.8924)	+7212.0 YEAR/TO (0.3544)	+5.767 LAWYER (2.3677)	0.401	27	0.841
(3)	NCTA IDIFF	= -10642.7 (-2.8291)	+11903.6 AGEMP/POP (2.7821)	+13411.3 LAG 3 MON/TO (2.1846)	+45077.5 LAG YEAR/TO (2.3199)	+6.279 LAWYER (2.7758)	0.481	27	1.126
(4)	NCTA IDIFF	= -7440.4 (-1.8642)	+11295.9 AGEMP/POP (2.0766)	+8930.3 LAG 3 MON/TO (1.3453)	+41563.1 LAG YEAR/TO (1.8113)	-27.451 JUDGES (-1.8038)	0.349	27	0.790

注：NCTA = New Civil Trial Actions（cases docketed for formal trial proceedings）Filed.

AGEMP/POP = Ratio of Agricultural Employment to Total Population（from: Kazushi Ohkawa and Henry Rosovsky, *Japanese Economic Growth - Trend Acceleration in the Twentieth Century*, Palo Alto; Stanford University Pressl, pp. 310 - 311）.

LAWYER = Per Capita Number of Lawyers.

NCTA IDIFF = Change in NCTA.

3 MON/TO = Ratio of First Instance Trial Actions Disposed of Within 3 Months to Total First Instance Trial Actions Concurrent with REAL NCTA.

YEAR/TO = Ratio of First Instance Trial Actions Disposed of Within One Year to Total First Instance Trial Actions Concurrent with REAL NCTA.

JUDGES = Per Capita Number of Judges.

LAG 3 MON/TO = Ratio of First Instance Trial Actions Disposed of Within 3 Months to Total First Instance Trial Actions Lagged One Year Behind REAL NCTA.

LAG YEAR/TO = Ratio of First Instance Trial Actions Disposed of Within One Year to Total First Instance Trial Actions Lagged One Year Behind REAL NCTA.

括号中的数据是 t 值。

的方式（cyclical fashion）出现；作为随机变量，在随便哪一年份里，它们既可能是正向的，也可能是负向的（由于战后的数据资料相对较少——只有 25 年而不是 50 年的数据，所以没有人尝试过对战后数据作进一步的分析）。

日本在供应更多法官和律师上的失败，显然是因为政府政策出了问题。就律师群体而言，自 20 世纪 30 年代中期以来，律师的准入就被严格执行的考试制度所限制（这就可以解释，为什么律师人数在 1935 年以后就稳定下来，而没有像 1934 年至 1938 年那样急剧下降 [见表 6]。由于并不十分清楚的原因，在这一时期，近三分之一的日本律师都从律师协会中退了出来）。在战后体制之下，所有的从事法律职业的人都必须在司法研修所（Shihō Kenshū Sho）中完成其学徒生涯，几乎无人例外。要想加入其中，人们就必须通过国家司法考试（shihō shiken）。从表 9 中我们可以发现，从 1949 年至 1975 年，申请者的数量已经涨了 10 倍，而通过人数却被限制在 500 名左右。一般给出的理由是预算紧缩——那些参加研修所的人得到了政府的津贴。作为比较——以及为了消除任何对同时期日本人关于法律职业的态度的质疑①，相比于美国人均参加律师资格考试（Bar examination）的数量，日本人在 1975 年人均参与司法考试的数量要略微多一些。② 与日本在 1975 年 1.7% 的通过率相比，美国的通过率达到了 74%；如果将自我选择考虑进来的话，日本人想要成为律师的意愿可能就比美国要强得多。此外，法律职业的吸引力在日本和美国都在增长，其增幅几乎一致。③

---

① 常被反复述及的日本人没有兴趣成为律师的评论，以及律师协会地位不高的评论，显然是错误的。特别参见 Danielski，pp. 124 – 125；以及由 Charles Stevens 所作的评论，"Developing a Pacific Community"，p. 79；Oppler，p. 107.

② 日本 1975 年参加司法考试的人数为 27791 人（见表 9）。然而，美国该年参加州（或哥伦比亚特区）的律师资格考试的人数是 46414 人（其中首次参考的有 36873 人）。*The Bar Examiner*，vol. 45，1976，p. 95.

③ 在 1963 年，有 11725 人申请日本的司法考试（见表 9）；有 15761 人（其中首次参考的有 1397 人）申请美国的律师资格考试。*The Bar Examiner*，vol. 33，1963，p. 87.

表9 日本国家司法考试

年份	申请者数量 （人）	最终通过者（并进入 LTRI） 的数量（人）	成功申请者的比率 （%）
1949	2514	265	10. 5
1950	2755	269	9. 8
1951	3648	272	7. 5
1952	4765	253	5. 3
1953	5141	224	4. 4
1954	5172	250	4. 8
1955	6306	264	4. 2
1956	6714	297	4. 4
1967	6920	286	4. 1
1958	7074	346	4. 9
1959	7819	319	4. 1
1960	8302	345	4. 2
1961	10921	380	3. 5
1962	10802	459	4. 2
1963	11725	456	3. 9
1964	12728	508	4. 0
1965	13681	528	3. 9
1966	14867	554	3. 7
1967	16460	537	3. 3
1968	17727	525	3. 0
1969	18453	501	2. 7
1970	20160	507	2. 5
1971	22336	533	2. 6
1972	23425	527	2. 3
1973	25259	537	2. 1
1974	26708	491	1. 8
1975	27791	472	1. 7

资料来源：Tanaka, The Japanese Legal Syseterm: Introductory Cases and Materials, p. 577。

日本法院可用的法律救济手段范围有限，又缺少执行其判决所需的惩罚藐视法庭行为的权力（contempt power），这是两个同样严峻的问题。日本法院战后继续沿用大陆法系的司法权观念，即把可行的救济措施限定在成文法所提供的条文之中。在民法领域，这就意味着，法院能够要求特定的履行，判给损害赔偿金，或提出确认判决（declaratory judgments）确认诉讼参与人之间的法律关系。在大多数情形下，由于自愿遵从的缘故，这些救济措施都是有效的。但由于惩罚藐视法庭行为权力的缺失，法院没有办法强制执行自己作出的判决。相反，它必须依赖检察官启动刑事程序来解决这些问题。①

在普通公民起诉政府的诉讼领域，充分的救济措施难题甚至更为严重。在这些案件中，法院可供选择的措施极为有限。比如，确认行政行为合法或无效的确认性救济（declaratory relief），或是官员未予履行的判决，以及撤销行政行为和判决。②法律赋予法院叫停政府行政行为的权力，但其中却包含一条允许首相进行否决的条文，他可以以此要求法院收回其命令。③并没有明确的法律条文授权法院，使它可以命令行政机关采取措施纠正歧视行动，尽管就此问题学者们作出了大量的论证，但到目前为止尚不存在任何权威的法院判决。④

---

① 参见 Japanese Penal Code（*Keihō*），Law No. 45，1907，art. 96 - 2。

② 英语世界中的一则简要讨论，参见 Ichirō Ogawa，"Judicial Review of Administrative Actions in Japan"，*Washington Law Review*，vol. 43，1968，p. 1075。

③ 原先的行政案件特别法规（Gyōsei jiken soshō tokurei hō）（Law No. 81，1948）art. 10；现在的行政案件诉讼法（Gyōsei jiken soshō hō）（Law No. 139，1962）art. 27。

④ 比如参见 Naohiko Harada，"Preventive Suits and Duty-Imposing Suits in Administrative Litigation"，*Law in Japan*，vol. 9，1976，pp. 63 - 82。Harada 只援引了一个有关预防性的确认诉讼案件，即 Kinoshita v. Chief of the Fuchū Criminal Affairs Office，14 *Gyōsai reishū* 1316，Tokyo Dt. Ct.，July 29，1963，在这个案件中，服刑者试图通过法院禁止强制理发。*Id.*，at fn. 30. 也可参见最高法院最近在 Higaki v. Nagano Prefecture，26 Minshū（No. 9）1746（Sup. Ct.，1st P. B.，Nov. 30，1972）一案中作出的判决，它承认了预防性的确认诉讼。

　　法院在这种情形下的有限应对能力，在黑川诉千叶县选举调查委员会（Kurokawa v. Chiba Prefecture Election Commission）① 一案的判决中能够得到说明，该判决认为 1972 年的选举制度违宪。在该案中，日本最高法院除了根据实质对错（on the merits）来支持选举制度以外——就像 1964 年它在越山诉东京都选举调查委员会（Koshiyama v. Tokyo Prefecture Election Commission）② 案的大法庭判决（Grand Bench decision）中所作的那样——还有其他三种选择。其一，它可以通过各种途径来否认其可诉性，从而避免作出判决。③ 其二，它可以宣布 1972 年的选举无效，从而引发对根据选举产生的国会合法性以及随后的所有立法行为的质疑。其三（它采取的就是这一种），宣布该选举制度违宪，但避免将选举认定为无效。结果，政府几乎完全不理会这一判决。正如三分之一的法官所预言的那样，作为一个政治机构，最高法院和法官们显得是赤裸裸的，毫无任何权力可言。这与美国的席位重新分配案件（reapportionment cases）④ 形成了鲜明对比。美国法院有保留司法管辖权以及迫使州的立法机构重新分区的权力，为这类案件中"什么是合宪的"提供明确的指引。虽然很多人争论法院所采取的行动是否明智⑤，却很少有人质疑它们这样干的能力。

　　在日本，行政部门执行法律同样受到限制。在美国，规章主要是通过民事程序予以执行的，由法院与行政机关合作展开行动。行政机关发布的命令，最终得到法院命令以及对拒不服从行为给

---

① 　30 Minshū No. 3, 223（Sup. Ct., Gt. B., April 14, 1976）.

② 　18 Minshū 270（Sup. Ct., G. B., Feb. 5, 1964）.

③ 　唯一对该选举案件的实质对错持不同意见的 Amano 法官认为，该案件应该通过技术性的理由予以驳回，即千叶县选举委员会并非适格的被告。

④ 　参见 Baker. Carr, 69 U. S. 186（1962）；Scholle v. Hare 369 U. S. 429（1962）；Wesberry v. Sanders, 76 U. S. 1（1963），尤其是，关于下级法院作出适当补救措施之能力的讨论。

⑤ 　比如参见 Alexander Bickel, *The Least Dangerous Branch：The Supreme Court at the Bar of Politics*, Indianapolis：Bobbs Merrill, 1962。

予藐视罪惩戒（the threat of contempt for disobedience）的支持。刑事制裁烦冗不便，很少被动用。① 然而在日本，政府必须完全依赖于刑事程序，而由于文化和其他方面的原因，刑事程序看上去甚至更加行不通。

就该角度来看，私人纠纷中调解的盛行以及行政机关的"行政指导"（gyōsei shidō）的盛行，可以被解释为基本上是对日本缺乏有效的法律执行机制这一问题的类似回应。② 如果我们忽略这一含混不清的假象，即这些都是日本特有的现象，那么我们所剩下的只是在所有缺乏有效制裁的法律秩序中都能看到的一些程序和对共识的必要依赖。调解和行政指导二者都有赖于通过协商达成的协议和自愿遵守。在制裁存在的情形下，它们也往往是间接的、非正式的和法律之外的。

---

① 比如参见 Kenneth G. Elzinga and William Breit, *The Antitrust Penalties*, New Haven: Yale University Press, 1976, pp. 30 – 43。它是评价各类制裁之有效性的少数研究文献之一。作者总结说：直到法官和陪审团毫无疑问地确信，他们所面对的那些衣着讲究、腰缠万贯、巧言善辩的社会名流，事实上是削减产量、操纵价格、掠夺消费者和纳税人这一阴谋的煽动者和指导者，就像是一个普通抢劫犯和抢劫银行者一样。否则，就不太可能会因为违反反托拉斯法而经常对这些人作出徒刑判决。为对付反垄断而判处这种刑罚，并不是制止企业犯罪的可行手段。*Ibid.*, p. 43. 类似的考量，再加上一种在大多数情形下明显的、不愿执行刑事制裁的心态，似乎会使在日本诉诸刑事制裁比在美国更不那么有效。后一观点，可参见 Bayley, pp. 134 – 159; Shigemitsu Dando, "System of Discretionary Prosecution in Japan", *American Journal of Comparative Law*, vol. 18, 1970, pp. 518 – 531。Dando 援引的数据表明，与抢劫案件的 6.3% 相比，在所有涉及公职人员滥用职权的案件中，被暂缓起诉的比率却有 87.1%。*Ibid.*, p. 524（Table 2）.

② 调解之所以替代诉讼，其原因至少部分是法律制度无力提供充分的救济，参见 Nibu Yoshitaka, "Kaji jiken no rikō kakuho seido"（System for enforcing performance in family affairs cases）, 6 *Shihō kenkyū okokusho*, no. 8, 1954, pp. 2 – 7。据称，在财产分配、儿童抚养、"精神损害"赔偿金的家庭案件中，法院判决未得到遵守的比率，根据地区的不同，从 30% 到 90% 不等。然而，在调解存在的社会中，遵守法院判决的比率要明显高一些。同样，人们已注意到，在战前农村租赁纠纷案件中，地主之所以会选择调解是因为法院的胜诉判决很难执行。Adachi, p. 53.

五 结语

很少有对日本的误解像日本人特别不愿诉讼这种荒谬说法那样广为流传，或像它那样贻害至深。在强调日本人这种特殊的反应时，大多数评论者忽略了这一情况，即这种对诉讼的厌恶以及优先选择非正式的纠纷解决办法在大多数社会中都是共同存在的。正如文章一开始所提到的那样，对诉讼的谴责可以被认为是传统基督教遗产的一部分，就如它是儒家传统遗产的一部分那样。日本与其他国家相区别的地方在于，通过制度性的安排，这种诉讼上的禁止却得以成功地贯彻执行。当我们忽视这些看法的共通性时，我们也就不可能从日本的经验中习得有益的教训。比如，通过增加法官的人数来减少延期问题，我们可能只会激发更多的诉讼以及更大的社会分裂。

此外，这一荒谬看法还将我们的注意力引向某些因素之外，这些因素本可以帮助我们更好地理解日本人生活的动力来源；它还使我们远离了对某些关系的考察，而我们本来是可以进行颇为有益的研究的。法院在提供充分救济措施上的失败，能否解释——至少部分地解释——日本社会中的比如像黑帮犯罪以及反复发生的暴力行为这类明显的社会反常情况？此外，诉诸法院的途径有限，是否也具有促进调解的有益形式和其他纠纷解决机制的效果？在其他社会中，律师人数与诉讼之间的关系是怎样的？

最后，将日本诉讼的相对不足归于盛行的文化上的（从而更不易改变）原因，会将一种持续存在的、横在通向更为有效的司法制度道路中的有意或无意的障碍正当化。这会阻碍我们去探究下述问题，即在确保充分司法救济措施的需要与维护社会和谐稳定的需要之间，良好的平衡应该是怎样的。一位为预算作准备的财政大臣或许会问道："既然我们并非好讼之人，那么干吗要那么多法官呢？"

（责任编辑：蔡乐钊）

2019年第1辑·总第1辑

法律和政治科学
LAW AND POLITICAL SCIENCE

Vol.1, 2019 No.1

政　法

《法律和政治科学》(2019 年第 1 辑·总第 1 辑)

第 97~136 页

© SSAP，2019

地方法治竞争：分析范式与制度框架[*]

周尚君^{**}

【摘　要】地方是国家治理的实施主体，是全面依法治国的重要力量。在全面深化改革背景下，要让地方在推行法治、提供善治、提高社会治理水平和公共服务质量等方面充分发挥作用，就必须尊重和有益于社会可持续发展、促进制度正向激励，并大力创新具备实践解释力的地方竞争范式和分析框架。高成本制度体系不利于地方在新一轮竞争格局中胜出，传统地方压力型发展模式表现出明显"负效应"：财政压力导致体制外财政盛行；唯 GDP 主义增长模式造成社会问题集中凸显；维护社会稳定的方法与稳定目标相矛盾。从国家顶层设计角度而言，只有逐步将压力型治理结构转变为规则型治理结构，形成统一的司法权治理体制与运行机制，"条块"权

---

　*　本文简版载《中国法学》2017 年第 3 期，发表时字数为 1.8 万字；本文为该文全稿，约 3.4 万字。

**　周尚君，法学博士，西南政法大学行政法学院教授，博士生导师。

力制约规范有力，地方发展模式尤其是地方竞争模式才能逐步实现良性运转。而地方被动或者主动的制度调适将成为下一轮改革的必然选择，地方法治竞争需求将在"诱致型"和"倒逼型"社会变迁过程中更加凸显。但是，由于各地制度体系改革的成本收益比差异明显，对改革目标函数合理排序的能力有限，"非正式规则"盛行，地方对为何及如何推行法治的认识呈现渐进式甚至坐等观望态势，地方法治竞争的制约因素叠加，这可能导致法治进程中的"渐进主义""先富带后富"现象，因而不能期待中国地方法治发展整齐划一、同步推进。

【关键词】"用脚投票"；地方试验；国家治理

一 重新认识地方

中国是单一制宪法体制的国家，但地方①在国家治理体系中长期扮演着不可或缺的角色。尤其是改革开放以来，随着组织人事制度"下管一级"和"分税制"改革的全面推行，地方在国防、外交以外的农林水、科教文卫、环境保护、城乡统筹等社会事务中发挥了越来越重要的作用。地方的积极行为不仅显著地推动了中国的经济增长，同时也已经成为中国政府生产公共产品和提供

---

① 现行宪法涉及"地方"的表述有 80 处。其中，"地方"的规范内容涉及第 95 条第 1 款"省、直辖市、县、市、市辖区、乡、民族乡、镇设立人民代表大会和人民政府"；第 112 条"民族自治地方的自治机关是自治区、自治州、自治县的人民代表大会和人民政府"；第 124 条"中华人民共和国设立国家监察委员会和地方各级监察委员会"。这实际上是说，"地方"是省、自治区、直辖市、县、自治县、市、自治州、市辖区、乡、民族乡、镇的地方各级国家权力机关、各级国家行政机关以及省、直辖市、县、市、市辖区和自治区、自治州、自治县的国家监察机关、国家审判机关和国家检察机关的总称。

公共服务的主要来源。有经济学家将中国经济持续高速增长的"中国奇迹"① 归因于财政分权后地方激励的明显增强。② 国家统计局 2015 年统计数据也显示，2014 年中央和地方公共财政支出中，中央财政支出主要集中于外交（360.09 亿元）、国防（8055.14 亿元）两项，分别在该类支出中占 99.60% 和 97.17%。地方财政支出在其他事项中的占比普遍超过 80%；其中，一般公共服务（12217.07 亿元）占 92.08%，教育支出（21788.09 亿元）占 94.56%，社会保障和就业支出（15268.94 亿元）占 95.62%，医疗卫生与计划生育支出（10086.56 亿元）占 99.11%。③ 可见，地方不仅在推动 GDP 增长上贡献颇大，同时也在国家治理和公共服务等方面承担着不可或缺的职责。这种现象一方面与我国中央与地方事权的宪法配置交叉问题相关；另一方面也表明，地方绝非仅仅是中央政策的单一执行者，在公共事务职能的众多方面，它甚至是"政府职能的实际履行者"④，是国家治理体系和治理能力现代化的主要担当者。

因此，中央历来高度重视调动地方积极性和规范地方行为。党的十八大明确提出："鼓励有条件的地方在现代化建设中继续走在前列，为全国改革发展作出更大贡献"，并要求"健全中央和

---

① 关于"中国奇迹"的论述，可参见林毅夫等《中国的奇迹：发展战略与经济改革》，上海三联书店，1994，以及 Krugman, Paul, "The Myth of Asia's Miracle", *Foreign Affairs*, vol. 73, no. 6, 1994。后者对"中国奇迹"的说法持否定态度，认为东亚经济包括中国经济增长主要依赖要素投入而非技术创新。

② Qian, Y., and C. Xu, "Why China's Economic Reforms Differ: The M-form Hierarchy and Entry/Expansion of the Non-State Sector", *Economics of Transition*, vol. 1, no. 2, 1993, pp. 135 – 170; Qian, Y., and B. Weingast, "China's Transition to Markets: Market-Preserving Federalism, Chinese Style", *Journal of Policy Reform*, vol. 1, no. 2, 1996, pp. 149 – 185 以及 Yifu Lin and Zhiqiang Liu, "Fiscal Decentralization and Economic Growth in China", *Economic Development and Cultural Change*, vol. 49, no. 1, 2000, pp. 1 – 21。

③ 中华人民共和国国家统计局编《中国统计年鉴 2015》，中国统计出版社，2015。

④ 郁建兴、高翔：《地方发展型政府的行为逻辑及制度基础》，《中国社会科学》2012 年第 5 期。

地方财力与事权相匹配的体制"，"有条件的地方可探索省直接管理县（市）改革"。十八届三中全会要求，"加强顶层设计和摸着石头过河相结合"，"有条件的地方探索推进省直接管县（市）体制改革"，"发挥中央和地方两个积极性"，"理顺中央和地方收入划分"，"逐步增加有地方立法权的较大的市数量"，"鼓励地方、基层和群众大胆探索，加强重大改革试点工作"。十八届四中全会进一步要求："明确地方立法权限和范围，依法赋予设区的市地方立法权"，"完善不同层级政府特别是中央和地方政府事权法律制度"。十八届五中全会指出："调动各方面积极性，考虑税种属性，进一步理顺中央和地方收入划分。"

但是，当前地方发展模式和激励机制出现了明显"负效应"。为了提高财政收入，有些地方不惜通过提供低价土地，对基础设施建设进行不合理补贴，甚至放松劳工保障级别和环保执行标准等方式来吸引区域外资金，而对已入驻资本流又未能提供严格的法治保障。要知道，现代市场经济是以独立自主的企业为主体的自由交易经济，但它很难实现"自我维持"（self-sustained），如果没有法治提供制度保障，企业不可能真正独立自主，市场不可能形成竞争环境并高效率运作，经济发展也不会是可持续的。① 而且，这种"竞次性"发展模式同时还造成资源浪费和严重的重复建设。② 其后果是经济高速增长并未促进社会全面发展，反而加速了社会发展失衡，造成资源浪费和环境破坏。③ 因此，要继续调动地方积极性，推进地方在国家治理体系和治理能力现代化中充分发挥正向激励作用，就必须创新和调适地方发展激励的机制导向，完善法律制度基础环境，切实充实法治激励要素。当然，需要明确予以回应的是，推行法治是不是社会主义市场经济可持续发展

① 参见钱颖一《市场与法治》，《经济社会体制比较》2000 年第 3 期。
② 参见陶然等《地区竞争格局演变下的中国转轨：财政激励和发展模式反思》，《经济研究》2009 年第 7 期。
③ 参见刘祖云主编《发展社会学》，高等教育出版社，2006，第 19 页。

和地方财政增长的必要条件，为什么我国在社会主义法制不健全条件下，过去 30 多年中国经济仍旧取得了举世瞩目的巨大成就，这是否逆向证明了推行法治并非经济发展的必要条件？① 为了有效回应上述问题和提出具有实践解释力的理论范式，本文主要从三个方面展开论证。

第一，地方压力型发展模式越来越表现出明显的"负效应"。荣敬本等在中国较早提出"压力型体制"分析范式，认为"压力型体制"是指一级政治组织（县、乡）为了实现经济赶超，完成上级下达的各种指标而采取数量化任务分解的管理方式和物质化的评价体系。由于这些任务指标中不少采取"一票否决"制，各级组织实际上只能在这种评价体系的压力下运行。② 当前，压力型发展主要呈现为通过财政收益压力和官员晋升压力的治理政策，上级掌握对下级的治权，这种模式极易形成"依附性"层级治理结构。在这种治理结构下，地方以实现经济政治指标提升和经济量增加的高投入竞争，来提高财政收入和"政治显示度"。在实践中，它造成了唯 GDP 增长和片面"维稳"思维模式。当前，这种发展模式已经逐渐失去其活力和正当性。同时，在"条条块块"结构下，从上而下单向度"条条"压力型权力制约机制无法有效制止"汲取式"竞争范式中的"寻租"冲动和腐败问题。从顶层设计角度而言，只有逐步将压力型治理体系转变为规则型治理体系，地方发展模式尤其是地方竞争模式才具备良性运行可能。当前中央通过加强依法独立行使审判权和检察权，强化司法权中央事权性质，实际上有利于增强中央纵向"条条"约束和提升国家治理能力，是健全规则型治理体系的重要举措。但仅仅加强"条条"约束是不够的，还需要强化"块块"制约，即横向权力

---

① 参见林毅夫《后发优势与后发劣势》，《经济学》（季刊）2003 年第 3 期。
② 参见荣敬本等《从压力型体制向民主合作体制的转变》，中央编译出版社，1998，第 28 页。

约束。当然，同时需要指出的是，即便是在发达的规则型治理体系结构中，"施压"与"释压"仍是中央地方关系的特征之一，只不过"施压"方式为法治方式，地方"释压"方式则升级为可持续发展方式。所以，地方压力型发展模式改革的核心并非否定任何意义下的压力，甚至否定发展，而是革新错位的发展逻辑，促使地方发展从原始竞争走上良性制度竞争特别是法治竞争。

第二，现有高成本制度体系不利于地方在新一轮竞争格局中胜出。地方竞争初级阶段可以直接表现为生产要素和投入的原始竞争，甚至可以简单地表现为政策性让利竞争、税收补贴竞争等；但随着国家法治进程的不断加速以及创新、协调、绿色、开放、共享发展的现实需求，地方将不得不逐渐调适和明晰自身的竞争目标函数和竞争方式，长期稳定的、安全的、可预期的法律法规制度环境将成为地方的根本竞争力。因此，被动或者主动的制度调适是地方改革的重要选择，而法治将有可能成为本轮地方制度调适中的核心要素。因为地方竞争的"竞优"选择是制度竞争，而现代市场经济条件下必然要求以清晰界定和切实保障的产权、有效的资本市场、独立的司法程序和公正高效的执法过程为主要特征的法治框架的形成与完善。钱颖一就指出，在转轨经济中，产权不安全性往往比资本市场的缺陷对企业发展的阻碍更大，在没有法治保障的条件下，市场很难长期持久地保持自由开放。[①] 因此，完善的法治框架既有可能成为地方经济社会发展的制度环境，又有可能成为地方吸引人口与资本流入的竞争要素，更将成为市场经济迈向成熟、改革开放进入高级阶段的根本标志。

第三，地方法治竞争格局产生的基础条件与制约因素都已凸显。这个基础条件包括人们对法治本身的认识限度。有学者认为，法治是国家顶层设计下的规范体系及其运行过程，地方作为法治

[①]　参见钱颖一《市场与法治》，《经济社会体制比较》2000 年第 3 期。

竞争主体不适格。[①] 然而，实际上中国特色社会主义法律体系包括宪法统领下的宪法相关法、民商法、行政法、经济法、社会法、刑法、程序法七部分和法律、行政法规、地方性法规三个层次。地方性法规无论是在社会治理、司法和执法领域都有广泛应用的法定空间与丰富实践。2015 年 3 月 15 日，第十二届全国人大第三次会议审议通过了《关于修改〈中华人民共和国立法法〉的决定》，分别赋予设区的市人大及其常委会、市人民政府以地方性法规制定权和地方政府规章制定权，使有地方立法权的市从 49 个扩大到 284 个。无论是新修改的《立法法》，还是当前全面深化改革的基本举措，都指明了地方立法权扩容的改革方向，这实质上进一步拓展了地方法治实践空间。然而，需要指出的是，尽管《中华人民共和国宪法》《中华人民共和国地方各级人民代表大会和地方各级人民政府组织法》《中华人民共和国民族区域自治法》等法律文件中对中央和地方政府职权都有所涉及，但有关中央和地方职权范围、权力属性和专属权项并没有明确规定。中央专属权、地方专属权及共同享有权的界限并不明确。这势必造成中央与地方事权关系的非确定性、非规则性，甚至弱化和抵销竞争效益，促使地方在中央的经济激励（财政收入）和政治激励（职务晋升）政策面前，逐步弱化公共服务职能，将地方竞争变异为"忠诚度"和显示度的竞争，而非地方政府治理质量尤其是法治环境或法治要素的竞争。

另一方面，地方法治竞争的主体是地方。然而各个地方对如何以及为何推进法治的认识有很大差异。如何才能让地方具备足够激励和有效的动力机制去展开法治意义上的竞争？这是地方法治竞争的核心。我们知道，改革之后的新制度提供的净收益必须大于旧制度净收益，即总收益减去改革成本所得为正，改革才有可能实际推进。从地方竞争角度而言，当前由于各地发展水平和

---

① 参见杨解君《走向法治的缺失言说》，北京大学出版社，2005，第 14 页。

观念差异明显，各地法治改革不存在"一步走"的可能性。而"分步走"所带来的改革"实施成本"可能更大，因为每一次小规模调整并不必然使下一步改革更容易，而是可能更难；而且每次调整都是一次重新"签约"（改革目标调整和系列举措的改正）的过程，"重新签约成本"是重新签约次数的增函数。[①] 信息不完全、知识差异、各地经济社会环境千差万别，区域差异明显，各地结合当前现实状况，对自身制度体系的反思能力是不一样的。不少地方对当前全面深化改革的目标函数合理排序的能力极为有限，加上各地"非正式规则"盛行，这些规则短期内不会失效等，地方法治改革力度与"签约"次数也将很不一样。然而，需要明确的是，"分步走"改革的先行者可能付出更少成本。因此，地方法治竞争必然呈现"渐进主义""先富带后富"等动态变迁的特征，各种制约因素叠加将导致其不可能一蹴而就。

二　研究文献回顾

早在1956年，经济学家蒂布特（Charles Tiebout）就在关于地方公共产品供给模型的研究中提出了"用脚投票"（voting with feet）的理论设想。蒂布特基于新古典经济学范式，论证了人们热衷于聚集到一个区域而非其他区域的选择理由。他认为，人们之所以愿意聚集在某个地方而非其他地方，是在全国各地公权力所提供的服务与征税之间寻找到了一个精确调和点（"黄金结合点"），以使自己的效用达到最大化，同时这会形成一些内部公民偏好均质的区域。[②] 蒂布特的学说提出以后，引起了学术界尤其是经济学界持久而广泛的讨论。该学说也获得进一步发展，"脚票决"（foot

---

① 参见樊纲《两种改革成本与两种改革方式》，《经济研究》1993年第1期。
② 参见 Tiebout, C. M., "A Pure Theory of Local Expenditures", *Journal of Political Economy*, vol. 64, 1956, pp. 416 – 424。

voting）使人们相信他们找到了促进政治自由的有效工具，人们有能力选择生活在哪种治理制度之下。① 卡伦（Ronald B. Cullen）和库什曼（Donald P. Cushman）认为，现代政府已经开始从规制驱使型的政府（rule driven government）转型为竞争性政府，他还以国家税收政策改革、儿童教育服务改革和政府管理绩效体制改革三个方面的案例阐释了构建竞争性政府的策略和方法。②

德国经济学家柯武刚和史漫飞突破了古典经济学的理论范式，从制度经济学角度重构了地方竞争学说。他们的"制度竞争"理论从国际竞争角度提出了内在规则和外在规则的成本水平，对于提升国际竞争力具有极端重要性。在全球一体化的贸易和要素流动过程中，高成本的制度体系对该国经济运行极为不利。因此，制度竞争理论认为被动的甚至主动的制度调整是竞争获益的必然选择。③ 制度竞争失败的一方有可能面临人口迁出或者资源外流的风险。④ 这

---

① 参见 Somin, Ilya. , "Foot Voting, Federalism, and Political Freedom", *George Mason Law & Economics Research Paper*, no. 12 – 68, Retrieved 31, January 2013。

② 参见 Ronald B. Cullen & Donald P. Cushman, *Transitions to Competitive Government, Speed, Consensus, and Performance*, State University of New York Press, 2000, pp. 171 – 172。

③ 参见柯武刚、史漫飞《制度经济学》，韩朝华译，商务印书馆，2000，第 490 页。

④ 同样的论证可参见复旦大学人口研究所关于省际人口迁移及其动力机制的研究。该研究表明，"用脚投票"的理论在中国经验中同样具有应用前景。当然，人口研究所并未从政治学和法学交叉研究角度看待这个问题。他们的课题组对 2000 年和 2010 年人口普查省际迁移数据进行了研究，结合地理信息系统软件 GIS 对我国近 20 年来省际人口迁移区域模式进行了系统分析。他们指出，1990 年代以来，我国省际人口迁移的主要迁出地都分布在经济发达地区，特别是京津冀、长三角和珠三角，且不同时期省际人口迁移区域模式具有 0.9 以上的高度相似性，表明这种迁移模式具有相当的稳定性。同时，一些重要迁出地和迁入地，其迁出强度和迁入强度多表现为强者恒强、强者更强的特征。而推动人口迁入的主要动力有区域宜居条件和经济发展差异。值得注意的是，西部大开发、中部崛起等国家区域发展战略的实施，并未导致我国省际人口迁移区域模式发生根本性变化。参见王桂新、潘泽翰《我国省际人口迁移机制动力机制与经济效应》，载国务院第六次全国人口普查办公室编《发展中的中国人口：2010 年全国人口普查研究论文集》，中国统计出版社，2014，第 926 ~ 945 页。

一理论虽然主要应用于国际社会领域，但其基本原理同样符合国内地方竞争实践。在归纳地方发展实践类型的基础上，汪伟全把地方政府竞争类型概括为"资源竞争模式"和"制度竞争模式"。资源竞争模式（resource competition model）是地方政府为获取竞争优势，以争夺各种有形或无形资源为手段的竞争方式，包括要素竞争和产品竞争。制度竞争模式（institutional competition model）是地方政府所选择规则或规则体系之间的竞争。他认为，制度系统对发展地方经济的成本水平影响极大，是经济交易中的关键要素，也是区位竞争力的重要组成部分。① 除了资源竞争和制度竞争，赛里格（Bernhard Seliger）从消费经济学角度还提出了"监管竞争"（regulatory competition）概念。他认为作为消费者，人们选择一类消费者保护法规下的产品，而拒绝另一类消费者保护法规下的产品，除了考虑价格外，可能还会考虑生产环节监管法规的差别以及由此产生的产品性价比。监管严格虽然会导致更大的制度成本，却产生了更高质的产品质量服务。如果监管不力，有可能导致生产环节过分压低环境保护成本和社会保障成本，使产品出厂价低廉，形成比较成本优势和倾销竞争力。② 因此，如果监管不力或监管出现差别，有可能产生"劣币驱逐良币"的竞争环境。因此，"监管竞争"分析范式告诫人们，推动监管竞争良性运行的前提是统一规范的法治竞争秩序框架，只有统一的法制环境才能有效防止竞争过程中的不正当行为甚至恶性竞争行为。

早期制度主义法学和公共政策的研究都更多地将目光聚焦于纵向政府竞争问题，即中央与地方关系法治化、规范化，并将服从与不服从中央权威当作国家治理研究重点。地方在执行政策过程中的"讨价还价"行为还引起了组织社会学和基层法治领域研

---

① 参见汪伟全《地方政府竞争模式选择：制度竞争胜于资源竞争》，《现代经济探讨》2010 年第 4 期。
② 参见冯兴元《地方政府竞争》，译林出版社，2010，第 9 页。

究者的极大关注。而关于中国地方政府间竞争的研究相对并不太引人注目。但中国的地方政府间竞争是客观存在的。计量经济学对政府竞争的存在性及其程度、政府竞争的社会经济后果等作了较为全面的经验研究。周业安等还将中国地方政府竞争的研究概括为"五个阶段"。①

第一阶段是樊纲等提出的"兄弟竞争"② 概念。"兄弟竞争"类似于一个家庭当中父母和子女之间的利益分配；樊纲不仅提出了地方政府间兄弟竞争关系，还提出了中央与地方间"父子争议"问题。③ 当然，他的研究主要着重于财政分权体制下政府的财政竞争问题，其中经济增长是竞争目标，税收和支出是主要竞争手段。④

第二阶段是 Weingast、钱颖一、戴慕珍等基于财政分权和激励理论提出的"财政联邦主义"。⑤ 中国改革过程中的市场转型是政府逐步分权的过程，在这个过程中虽然没有实行美国财政联邦主义制度，但是形成了"中国式分权"，地方政府获得了部分公共职能的事实自由处置权，这种过程也可以称为"经济联邦主义"。当然，中国并不存在联邦制的政府形式，也没有形成中央和地方、地方和地方、地方权力结构内部的联邦制权力分立结构。而且，根据郑永年的研究，在发展中国家，联邦制的运作也不太令人满意。

---

① 参见周业安、李涛《地方政府竞争和经济增长》，中国人民大学出版社，2013，第58～64页。
② 参见樊纲等《公有制宏观经济理论大纲》，上海三联书店，1994，第2页。
③ 参见樊纲等《公有制宏观经济理论大纲》，上海三联书店，1994，第2页。
④ 参见王美今等《中国地方政府财政竞争行为特性识别》，《管理世界》2010年第3期。
⑤ 参见 Weingast, Barry R., "The Economic Role of Political Institutions: Market-Preserving Federalism and Economic Development", *Journal of Law*, *Economics*, *and Organization*, vol. 11, 1995, pp. 1 – 31; 以及 Montinola, G., Yingyi Qian, Berry Weingast, "Federalism, Chinese Style: the Political Basis for Economic Success in China", *World Politics*, vol. 48, 1995, pp. 50 – 81 和 Jean Oi, *Rural China Takes Off: Institutional Foundations of Economic Reform*, University of California Press, 1999。

例如在巴西，许多困难源于联邦制的若干关键要素限制总统主动权，经常使政策陷入僵局，严重限制了联邦政府的改革努力。① 但是，通过向地方经济分权赋予地方极大激励以促进市场发展和经济增长，被中国过去 30 多年的历史证明是有效、管用的。

第三阶段是"地方政府竞争范式"的提出。杨海水的博士论文比较全面地研究了地方政府竞争的积极和消极效应。他通过建立地方政府竞争的产业组织模型系统研究我国地方政府竞争的性质和后果，并分析了纯粹政绩性竞争、纯粹公共性竞争、混合式竞争等多种类型②；张维迎和栗树和认为，中国的经济改革实际上是从地方分权而非民营化开始的，地方分权政策导致了地方竞争，地方竞争引发了民营化。③ 何梦笔和冯兴元最终非常清晰地提出了地方政府竞争的分析范式。冯兴元深化了布雷顿的"竞争型政府"理论范式，用以分析中国的地方政府行为。他认为，在我国这样的单一制国家体制下，政府的自我利益观照仍然会促使地方政府之间、政府内部、政府内外展开竞争。而且，他还告诉我们，随着法律制度的完善和行政体制改革的逐渐深入，地方政府的行为越来越多地受到以行政法为核心的规范体系的制约，尤其是公民自由迁徙及其他基本权利日益为法律所尊重和保护，地方政府就此展开的竞争只能通过技术和制度创新来实现。④

第四阶段是中国式"标尺竞争"。例如官员晋升标尺、财政收入标尺。周黎安建立了一个地方官员政治晋升博弈的模型。他认为晋升锦标赛作为中国政府官员的激励模式，是中国经济奇迹

---

① 参见郑永年《中国的"行为联邦制"：中央—地方关系的变革与动力》，东方出版社，2013，第 30 页。

② 参见杨海水《我国地方政府竞争研究——基于产品和要素不完全流动的视角》，博士学位论文，复旦大学，2005，第 51～52 页。

③ 参见张维迎、栗树和《地区间竞争与中国国有企业的民营化》，《经济研究》1998 年第 12 期。

④ 参见冯兴元《地方政府竞争》，译林出版社，2010，第 19 页。

的重要根源，他抓住的是地方政府官员对自身升迁的关注这一有效激励，而这种机制可以将行政权力与强激励整合起来。当然，他也发现，晋升锦标赛作为一种强力激励，在实践中也具有较为严重的负面影响，导致中国政府职能的转型和经济增长方式的转型困难重重。① 张军和高远的研究证实了中国地方政府晋升激励的存在及其对增长的正向作用。②

第五阶段是地方政府策略竞争。③ 这些演化过程同时也是制度创新的过程，居民、企业家和地方政府形成了互动结构，这种制度变迁表面上看似乎是外部规则的演进，实质上却是内部规则的自发演化，并且这种自发秩序带来了持续的经济增长。④ 何梦笔、冯兴元等发现，过去 30 多年中国地方政府间不仅存在着制度竞争，而且制度竞争非常剧烈，主要表现为税收竞争、补贴竞争、规制竞争三种类型。而因为竞争秩序的缺失，地方规制竞争往往表现为一种通过行政管制行为限制外地资源进入市场或限制本地资源流向外地的不正当竞争行为，其结果是导致地方市场分割和地方保护主义。⑤

周飞舟从历史社会学角度反思了中国"大跃进"时期所出现的集权下分权竞赛存在的弊端，他称之为"锦标赛体制"。他说，中央是这场竞赛的发起人和目标规则制定者，地方是参赛运动员。跑在前面的、胜出的运动员不但会享受到更多的经济政策方面的偏向，更重要的是地方政府的领导人会由此得到政治荣誉甚至晋

---

① 参见周黎安《中国地方官员的晋升锦标赛模式研究》，《经济研究》2007 年第 7 期。

② 参见张军、高远《改革以来中国的官员任期、异地交流与经济增长》，载张军、周黎安编《为增长而竞争：中国增长的政治经济学》，上海人民出版社，2008。

③ 参见周业安、李涛《地方政府竞争和经济增长》，中国人民大学出版社，2013，第 58 ~ 64 页。

④ 参见周业安、李涛《地方政府竞争和经济增长》，中国人民大学出版社，2013，第 333 页。

⑤ 参见冯兴元《论辖区政府间的制度竞争》，《国家行政学院学报》2001 年第 6 期。

升。而这场锦标赛在缺少外部制约的情况下变本加厉、愈演愈烈，以灾难性的后果促使中央政府中止比赛而告终。[①] 周飞舟的研究逆向证成了在规则型治理基本框架缺失的情况下，全民动员式的区域竞争不仅不能使地方政府提供最优化的公共服务和福利，反而会导致服务水平的急剧下降甚至恶化。武玉坤从财政社会学视角对新中国成立以来地方政府财政收入的结构进行了分析，认为财政压力是导致地方政府高度依赖非税收入的主要原因。他认为应当从规范地方政府非税收入出发，在财政压力、收入基础和交易成本三方面展开合理的制度重构。[②] 因此，规则型治理结构的形成有赖于中央地方财政宪法体系的完善与成熟。

同时引人注目的是，过去 30 多年中国经济增长的现实是，中央地方经济分权与政治集权同时存在，而且有意思的是政治集权增强了经济分权对经济增长的促进作用。这个特征显而易见地提醒了我们必须注意一个重要问题：制度与增长之间是一种什么样的关系？或者说无法治是否有增长？诺思（Douglass C. North）等新制度学派所提出的"制度尤其是产权制度是经济发展的推动力"的命题是否正确？在关于东亚发展模式的研究中，这个问题尤其突出，因为"四小龙"都曾经经历过制度不完备，政府与市场关系不明朗，然而经济飞速增长的时期。因此，栗树和才提出了关系型治理和规则型治理两种不同的分析框架。他认为前者是通过主体间长期博弈自我实施的治理，具有内生性；后者是以规则为基础通过第三方治理来实施的。[③] 在市场经济发展早期，前者可以发挥积极作用，但市场逐渐走向成熟之后，只能选择后者。

---

① 参见周飞舟《锦标赛体制》，《社会学研究》2009 年第 3 期。

② 参见武玉坤《中国地方政府非税收入汲取研究——一个财政社会学分析框架》，《贵州社会科学》2015 年第 10 期。

③ 参见 Li, S. , "Relation-based Versus Rule-based Governance: An Explanation of the East Asian Miracle and Asian Crisis", *Review of International Economics*, vol. 11, 2003, p. 651。

王永钦认为，栗树和的分析框架既可用来解释东亚模式成功的原因，也可以用来解释东亚危机爆发的原因。这是一个非常吊诡的现象。他说："东亚发展的初期尽管没有法治和民主等正式的制度，但是关系型治理可以发挥很大的作用，随着市场范围不断扩大，这种治理结构埋下了毁灭自己的种子，扩展的经济交易越来越需要规则型治理。最危险和微妙的地方发生在这两种治理模式的临界点，这时候会出现治理的真空，经济上表现为经济危机，政治上表现为政治危机，社会层面上则会造成社会危机。"① 王永钦的分析有力地提醒了我们，必须注意经济发展与制度变迁逻辑的内在动态关系，在一个阶段被证明是成功的体制和政策，在下一个阶段可能就是经济社会发展的桎梏和障碍。因此，后文将在"制度推动发展"和"发展驱使制度更新"的一对矛盾关系中使用"制度辩证法"的逻辑来动态论证我国制度变迁进程中法治发展的可能性和现实需求。所以，陈钊等认为，我国"为增长而竞争"的地方发展模式将会被"为和谐而竞争"的模式取代，地方政府将会更多关注 GDP 之外的目标。② 社会和谐与稳定，会成为地方发展的重要激励。但李晟的研究认为，这一走势并不明朗和令人乐观。他还认为从官员晋升与经济增长之间的关联角度进行晋升锦标赛理论解释是失败的。他发现，"地方的 GDP 增长速度以及相对表现，对于该地区官员整体的晋升概率不仅没有显著的正相关性，相反还存在微弱的负相关性"。因此，他提出，如果经济增长速度与获得晋升的概率并没有太多的关联，地方官员又是受到什么激励去追求经济增长？为什么会有那么多关于"政绩工程"或是"数字出官"的批评？③ 这意味着我们必须找到地方政府追逐经济增长的更具解释力的变量与理由。但是，李晟同时提

① 王永钦：《发展的政治经济学：一个东亚模式的理论框架》，《学术月刊》2015年第4期。
② 参见陈钊等《走向"为和谐而竞争"》，《世界经济》2011年第9期。
③ 参见李晟《"地方法治竞争"的可能性》，《中外法学》2014年第5期。

出，法治强化了政治常规化，一切有章可循之后就没有什么竞争的变数了，因而法治否定了法治竞争的可能性。这一判断显然对"竞争"有所误解，同时又扩大了法治形式理性的范围与功能。实际上在法治发达国家和地区，法治竞争的空间反而更大，因为法治的目的在于避免地方保护主义、恶性竞争和机会主义行为，而非阻碍竞争。

在社会变迁的"时间维度"和修正的"理性假设"① 条件下，可以预见，土地转让优惠政策、低生产率、低人力成本和环境成本乃至纯科学技术发展、其他资本投入等要素投资都不足以完全构成新一轮中国改革背景下的地方发展可持续激励结构，制度变迁和新制度的生成将成为社会激励结构和经济成效的根本性决定因素。随着现代市场经济的逐步完善，法治经济和法治社会结构性需求将会更加明显，产权清晰界定、资本市场运行有序以及独立的司法程序和高效规范的执法过程等法治框架的形成与完善将会成为新制度的核心要素，而这些要素的成功嵌入与成熟在各个地方并不会同步，地方法治竞争空间广阔。

三　压力型发展模式及其缺陷

当前，地方发展动力一定程度上来源于财政和晋升激励。其中，财政激励具有普遍性、常态化、强预期性的特点；而晋升激励则具有特殊性、个别化和弱预期性特点。两者的共同之处在于都属于压力型治理模式，无论这种压力是财政压力还是人事压力，"施压"和"释压"已经成为地方发展方式的重要表现形式。杨雪冬在关于中国地方政府创新的实证分析中，提出政府创新的三类动力源：结构性动力、个人化动力、事件性动力。结构性动力

---

① 参见 Douglass C. North, "Economic Performance Through Time", *The American Economic Review*, vol. 84, 1994, pp. 359 – 368。

是官员评价考核和提拔任用制度；个人化动力是官员个体的职业操守、价值追求和事业规划；事件性动力是面对问题尤其是最紧迫问题不得已推动创新。[①] 前两者是体制内的"制度诱发型"创新，后者则属体制外"社会倒逼型"创新。也就是说，对于地方而言，中央压力和社会稳定压力同时存在，因此分析各项压力的作用机理与动力，有利于我们解释地方发展模式及其优缺。

（一）财政压力与地方发展战略的"策略化"

虽然从 20 世纪 90 年代中后期开始，中央政府通过分税制改革和加强垂直管理等方式实现了一定程度的"软集权"，但为了推动省级政府接受新的税收体制，中央政府又不得不赋予地方在辖区内拥有更大的管理权限；地方在分权后形成了相对独立于中央的行为自主空间，在财政收益最大化的目标指引下形成了"地方发展型政府"。[②] 这种不断增大的管理权限又集中表现在推动经济发展，增强地方财力等方面。而同时，2015 年国家统计局发布的统计数据显示，不含中央对地方财政转移支付，地方财政缺口53338.91 亿元。具体参见表 1 和表 2。

表 1　中央和地方公共财政收入情况

单位：亿元，%

项目	公共财政收入	中央	地方	地方收入比例
国内增值税	30855.36	21103.03	9752.33	31.61
企业所得税	24642.19	15813.55	8828.64	35.83
其他非税收入	21194.72	4458.05	16736.67	78.97
营业税	17781.73	68.94	17712.79	99.61

[①] 参见杨雪冬《过去十年的中国地方政府改革》，《公共管理学报》2011 年第 1 期。
[②] 参见郁建兴、高翔《地方发展型政府的行为逻辑及制度基础》，《中国社会科学》2012 年第 5 期。

项目	公共财政收入	中央	地方	地方收入比例
进口货物增值税、消费税	14425.30	14425.30	0	0
合计	140370.03	64493.45	75876.58	54.05

注：按收入额降序排列，此表仅列举前 5 项，"合计"是指所有财政收入的总和。

资料来源：《中国统计年鉴 2015》。

表 2　中央和地方公共财政支出情况

单位：亿元，%

项目	公共财政支出	中央	地方	地方支出比例
教育	23041.71	1253.02	21788.09	94.56
社会保障与就业	15968.85	699.91	15268.94	95.62
农林水事务	14173.83	539.67	13634.16	96.19
一般公共服务	13267.50	1050.43	12217.07	92.08
城乡社区事务	12959.49	17.18	12942.31	99.87
合计	151785.56	22570.07	129215.49	85.13

注：按支出额降序排列，此处仅列举前 5 项，"合计"是指所有财政支出的总和。

资料来源：《中国统计年鉴 2015》。

当前，我国地方财政收入主要依靠税收收入、中央转移支付收入、非税收入、债务收入和制度外收入。其中，税收收入、非税收入两项已计入上述财政收支数据。因此，对于地方而言，弥补财政缺口的主要方式有三个：一是争取中央转移支付收入；二是广发地方债，提高债务收入；三是获取制度外收入。财政转移支付制度是在 1994 年分税制的基础上建立起来的，是一套由税收返还、财力性转移支付和专项转移支付三部分构成的，以中央对地方的转移支付为主的财政制度。其中，财力性转移支付是为了弥补财政实力薄弱地区的财力缺口，均衡地区间财力差距和实现地区间基本公共服务能力均衡化而提供的补助性支出。虽然财力性转移支付可以自主决定用途，但它是由中央按照客观因素，采用公式统一分配的。专项转移支付是中央财政为实现特定的宏观政策及事业发展战略目标而设立的补助资金，重点用于各类事关民生的公共服务领域，地方财政需按规定用途"专款专用"，填补赤字的效果并不明显。因此，广发地方债和获取体制外收入成为地方广开财源的基本策略。① 而国务院已经实行规模控制，严格限定政府举债程序和资金用途，把地方政府债务分门别类纳入全口径预算管理。② 因此，通过赚取土地征收与熟地出让的巨额差价（相对土地利益增值），地方获得了颇为可观的财政收益，有人称之为"第二财政"。③ 钱颖一等认为这种以财政包干为内容的财政分权改革总体上是成功的。他认为中央把财权下放实施财政包干，使得地方可以与中央分享财政收入。财政收入越高，地方留存就越多，而预算外收入则完全留存。他认为，这种激励使得地方有极高热情推动地方经济增长，这种"中国特色的财政联邦主义"（Federalism, Chinese Style）是中国经济增长奇迹的主要原因。④ 钱颖一的判断是对的，但不可忽视的是地方发展的实际需求与社会变迁的"加速度"。土地资源是有限的，随着城市化进程的加速，可用土地资源将逐步耗尽。同时地方偿债能力本来就有限，经济持续高速增长如果无法保证，偿债能力就更加有限。而社会变迁的加速度与政府公共服务质量之间就会形成急迫需要回应的矛盾。周飞舟的研究显示，过去30多年中央对地方的控制，力图改变地方行为的努力不但没有预期的效果，反而驱使地方更强有

---

① 罗彤华关于唐代大规模官方放贷的研究中，将古代官方放贷流弊总结为：本利耗散，需财政浥注；用度不足，成公务废弛；捉钱授官，致吏制败坏；免役免刑，危公平正义；逼债贫户，加深社会不安；融资不易，无助百姓生计。参见罗彤华《唐代官方放贷之研究》，稻乡出版社，2008，第582页。
② 参见《国务院关于加强地方政府性债务管理的意见》，国发〔2014〕43号，第2页。
③ 黄宗智：《中国经济是怎样如此快速发展的》，《开放时代》2015年第3期。
④ 参见 Montinola, G., Yingyi Qian, Berry Weingast, "Federalism, Chinese Style: the Political Basis for Economic Success in China", *World Politics*, vol. 48, 1995, pp. 50 – 81。

力地谋取各种体制外资源。① 他提出，中国的分税制改革没有有效地均衡地区间因经济发展不平衡而产生的区域差异，其中一个重要原因在于分税制带来的集权效应引起地方积极从预算外，尤其是从土地征收中聚集财力。② 《国土资源年鉴》显示，1999 年至 2011 年，地方政府的土地出让金收入从 514.33 亿元上升到 32126.08 亿元，年均增长 52.1%。这些资金游离于地方人大监督之外，属于失去"预算控制"的地方自由资金。③ 这种负面激励直接导致了地方的"土地财政"依赖和与之相关的各类非法征地"强拆"事件、土地资源问题、环境污染问题等系列连锁反应。因此，习近平总书记在中央城镇化工作会议上说："粗放扩张、人地失衡、举债度日、破坏环境的老路不能再走了，也走不通了。"④ 而且，农民一旦认识到土地的巨大潜在价值后，抵抗征地的事件就会使得城市化的社会成本显著升高。通过城市化发展战略，推动土地利益增值本身并没有错，根本问题在于如何公平分享增值利益。因此，根据法治的基本规则，在尊重和保障公民基本权利基础上，形成权威高效的利益公平分享法律机制，并最终走向全面法治，既是当前中央的重大战略抉择，同样也是地方改革的最终选择。

（二）晋升压力与绩效考评问题

推动地方经济发展的另一个显著激励是人事任免与官员晋升，这也被认为是中央在分权后仍然通过掌握干部人事权构建的纵向问责机制，它能确保地方行为在中央允许范围内。周黎安认为，虽然行政与财政分权确实构成地方激励的重要来源，但它们是否

---

① 参见周飞舟《生财有道：土地开发和转让中的政府和农民》，《社会学研究》2007 年第 1 期。
② 参见周飞舟《分税制十年：制度及其影响》，《中国社会科学》2006 年第 6 期。
③ 参见郑谊英《地方政府非正式财权偏好成因分析及法律治理》，《财政研究》2015 年第 1 期。
④ 习近平：《在中央城镇化工作会议上的讲话》，载中共中央文献研究室编《十八大以来重要文献选编》（上），中央文献出版社，2014，第 590 页。

构成中国地方内部激励的最为基本和长期的源泉，是值得进一步推敲和讨论的。他由此提出了一个著名论断：省级官员的升迁概率与区域 GDP 的增长率呈显著的正相关关系，中央在考核地方官员的绩效时理性地运用相对绩效评估的方法来减少绩效考核的误差，增强了可能的激励效果。[①] 也就是说，关心官场的自我升迁成为促进 GDP 增长的重要原因，而中央考核变量从"政治挂帅"转向"经济建设"，GDP 增长绩效就成了干部晋升的主要指标之一。因此，官员晋升成为推动地方经济发展的重要原因。反过来，对于地方官员而言，官员晋升与经济绩效之间的正相关关系又作为一种治理压力客观存在着，促使其不得不在经济社会发展中"有所作为"。然而，晋升压力的负面效益是，使地方官员在任期内拼尽全力"创造"经济腾飞，带来的直接后果不仅仅是数据"泡沫"，体现在社会发展层面则是不顾一切地发展经济，一味追求GDP 增速，忽略社会承受能力和环境污染危机。这意味着，中央对地方各级绩效考评面临着升级挑战。因此，十八届四中全会明确要求，把法治建设成效作为衡量各级领导班子和领导干部工作实绩的重要内容，纳入政绩考核指标体系。因此，应当综合运用定量与质性方法，遵循问题导向、重点突出的原则，形成有效的法治发展正向激励机制，推进考核变量从"政治挂帅"到"经济建设"再到"法治实绩"的变迁。

（三）稳定压力与社会治理创新需求

当前，稳定作为压力型治理体制中的重要环节，始终居于地方各级党政工作中的优先序列，在地方绩效考核中具有决定性作用。我们知道，稳定是社会发展的基本需求，法国社会学家迪尔

---

① 参见周黎安《中国地方官员的晋升锦标赛模式研究》，《经济研究》2007 年第7 期。

凯姆用"失范"（anomie）来表达社会不稳定甚至"脱序"状态。① 美国社会学家科塞认为，敌对的情绪通过适当的途径得以发泄，就像锅炉里过量的蒸汽通过安全阀适时排出而不会发生爆炸一样，不仅有利于社会结构的维持，而且有利于促进社会良性运行。② 随着中国社会结构加速分化，不同社会群体的追求也日益趋向于多元，利益冲突不可避免。③ 但是，当前我国各级政府政绩考核体系中倾向于"稳定压倒一切"的绝对主义稳定观，党政部门的部分法定职责职能化约为"维稳"工作，一定程度上破坏了党政机关包括法院、检察院的职责职能相互配合、相互制约的体制机制，容易出现权力越位、错位现象，反而对维护社会稳定不利，造成事与愿违的结果。而且，有些地方基于政绩考核"一票否决"的压力，动用大量的人力、物力和公共资源应对社会中出现或可能出现的各种矛盾，甚至滥用警力，实际上造成了激发社会矛盾升级的严重后果。而且，在实践中，"压倒一切"的维稳政策实际上也无法得到完整执行，地方尤其是基层政府为了应对上级维稳检查或考核，往往采取"变通"上级政策的办法，甚至出现基层政府间"相互配合"，采取各种策略应对来自上级政府的检查监督的现象。周雪光称这种现象为基层政府间的"共谋现象"，他将这种现象的制度逻辑归因于组织制度环境、组织决策过程和激励机制之间的不兼容性。④ 也就是说，由于维稳的激励机制设计与实际组织运行逻辑不符，这种激励（如信访考核）就会造就基层政府间利益共同体，在政策执行过程中政策的正式目的就会被基层官员切身利益产生的其他目标所替代。从而，社会稳定

---

① 参见〔法〕迪尔凯姆《自杀论》，冯韵文译，商务印书馆，1996，第 396 页。
② 参见 Lewis Coser, *The Functions of Social Conflict*, The Free Press, 1956, pp. 151 - 157.
③ 参见孙立平《转型与断裂：改革以来中国社会结构的变迁》，清华大学出版社，2004，第 359 页。
④ 参见周雪光《基层政府间的"共谋现象"——一个政府行为的制度逻辑》，《开放时代》2009 年第 12 期。

的正式目标没有达成，实际操作中实现的仅仅是各级政府官员为应对考核目标而创作的各种维稳应对策略。

在压力型发展模式下，财政、人事、稳定等诸项"中央权力"被地方简化为"中央压力"，而且，这些压力并没有以法治方式尤其是宪法体制予以有效确立。我国《宪法》第107条对地方政府职权的规定是，"县级以上地方各级人民政府依照法律规定的权限，管理本行政区域内的经济、教育、科学、文化、卫生、体育事业、城乡建设事业和财政、民政、公安、民族事务、司法行政、监察、计划生育等行政工作，发布决定和命令，任免、培训、考核和奖惩行政工作人员"。与第89条中央人民政府的职权相比，大多数是交叉重复的，两者没有形成有效互补。而且，宪法对中央人民政府行使的职权具体列举了18项，表达较为清晰；地方政府的职权在宪法中反而没有被明确列举，规定得比较笼统。在中央事权和地方事权没有获得明确区分的前提下，中央责任和地方责任也就没有清晰界定，而中央对地方的领导就没有获得有效的规范表达。从地方角度来看，中央地方关系规范化、法治化欠缺是一个方面，地方党委、人大、政府、政协之间的横向关系无法形成规范配合与有效制约是另一个方面。例如，为了谋求发展，地方人大选择"嵌入"地方政府之中并与之开展合作的策略极为有力地证明了这点。因此，它和地方政府之间的关系更应被看作分工而不是分权，对地方政府的实际影响力也高度依赖地方党政领导干部特别是党委书记的支持力度。① 该策略同样适用于其他部门，如法院和检察院。这些现象所造成的直接结果就是，中央无法有效集权，地方无法有效分权，纵向分权体制和横向权力制约机制均难以生成。

---

① 参见 Kevin O'Brien，"Chinese People's Congresses and Legislative Embeddedness"，*Comparative Political Studies*，vol. 27，no. 1，1994，pp. 80 – 108。

四 地方法治竞争的逻辑与约束

斯密曾说："在一个政治修明的社会里，造成普及到最下层人民的那种普遍富裕情况的，是各行各业的产量由于分工而大增。"① 关于此传播甚广的古典经济学观点，人们普遍关注劳动生产力的提升与分工之间的关系，却很少注意它的前提：政治修明。也就是说，如果没有提供分工所赖以存在的基本政治条件，生产力的提升也是不可想象的。而所谓的"政治修明"，实际上就是完善的制度体系及其强有力的制度运行机制。当前我国全面深化改革的总目标是完善和发展中国特色社会主义制度，推进国家治理体系和治理能力现代化。而现代化的国家治理体系，本质上是法治体系，国家治理现代化的过程本身就是法治化的过程。实际上，现代国家文明程度集中反映在它的法治体系及执行力上，法治文明往往体现并制约着该国在物质文明和精神文明方面所能达到的程度。在国际上，法治发展水平还深刻影响着一个国家关于国际规则制定、国际社会治理的参与度、话语权和行动力。法治对现代国家体系和社会发展的重要性不言而喻。当然，问题在于，就地方政府而言，法治能否像其他要素（如劳动力、土地、环境资源等）那样成为竞争要素并成为地方发展的竞争力，地方政府选择法治进路而非其他进路的激励条件和制约因素分别是什么。

法治是"规则之治"，是现代国家普遍采用的理性治理方式。以制度性概念（institutional conception）解释，法治包括两个基准：一是公权力在法律框架内运行；二是法律能为人们的行为提

---

① 〔英〕亚当·斯密：《国民财富的性质和原因的研究》（上），郭大力等译，商务印书馆，1972，第 11 页。

供合理预期。①在国家层面，法治是一种宏观治国方略，即一个国家在多种治理手段之中选择以法律为主要手段进行国家治理。在地方层面，现行宪法和立法法规定了不同等级的法律法规：全国人大及其常委会制定"法律"；国务院制定"行政法规"；省、自治区、直辖市人大及其常委会制定"地方性法规"。② 在国家尚未就其他事项制定法律或者行政法规以及在不同宪法、法律、行政法规相抵触的前提下，地方根据具体情况和实际需要可以制定地方性法规。因此，在中央地方立法分权的问题上，地方除了执行性立法之外，必然有创制性立法，从而产生了立法上的"先行先试"。③"先行先试"的地方创制性立法，为社会主体提供更多制度选择，并进而影响国家制度体系本身，形成循环的制度更新机制，杜绝制度坏死造成的制度真空。当前，不少地方为了吸引企业、资金、项目、人才等到当地投资，从土地、税收、行政审批、行政执法、社会治安、医疗、教育、交通等方面广泛创制地方性法规、规章和规范性文件，实际上已经从生产要素竞争步入了法治竞争领域。只不过在实践中，由于缺乏统一的制度竞争环境，地方法治竞争与非法治因素竞争（甚至反法治意义上的竞争）并存。而且值得关注的是，由于当前地方政府竞争带有过强的唯GDP主义倾向和资本驱动性，民众权益保护明显不够。有些地方政府在招商引资过程中承诺的"绿色通道"、"先上车后买票"、放松执法检查等，已经带来了环境恶化、土地资源浪费、劳动者权益受损等诸多问题。④ 这是与法治原则相违背的，是恶性竞争和地方保护主义的显著后果。

---

① 参见 Alvaro Santos, "The World Bank's Uses of the Rule of Law Promise in Economic Development", Edited by David M. Trubek and Alvaro Santos, *The New Law and Economic Development*, Cambridge University Press, 2006, pp. 259 – 263.

② 参见中华人民共和国国务院新闻办公室《中国特色社会主义法律体系》，人民出版社，2011，第 2 页。

③ 参见周尚君《国家建设视角下的地方法治试验》，《法商研究》2013 年第 1 期。

④ 参见万江《中国的地方法治建设竞争》，《中外法学》2013 年第 4 期。

综上，法治不仅仅是一种有效的制度环境，实践中它还是制度竞争的要素。对于地方政府而言，在粗放扩张、人地失衡、举债度日、破坏环境的恶性竞争已经遭遇现实困境的前提下，赢得竞争优势的制度性举措和地方法治竞争需求将会更加突出。然而问题在于，地方凭什么愿意通过制定地方性法规、地方政府规章以及加强地方法治建设等方式来进行自我束缚、"自我革命"式的改革？以下将围绕驱动力、竞争力、制约因素三个方面展开分析。

（一）地方法治竞争的驱动力："制度辩证法"

斯蒂格利茨针对法治的政治需求构建了一个法治动态模型。他认为法治环境不能滞后于改革措施，尤其是私有制改革，否则获得巨大财富的私有者不仅不会促成法治，还会为了保障资产剥离而延缓法治的建立。如何才能产生支持法治的正向激励呢？他建议提高投资回报和财富创造。他说，"这不仅仅能在短期内增强经济，而且能提高对法治的政治支持度，由此保证更强劲的长期增长"。① 因此，在他看来，作为一种现代国家治理体系，法治促成高质量的经济增长，保持经济持续高速发展，是法治竞争动力机制形成的秘诀所在。

制度主义学派提出，制度推动发展，还是发展驱使制度更新，是一对永恒矛盾。一方面实证研究反复提供制度推动发展的数据和案例，有的数据甚至指向制度在经济增长中起决定性作用。② 而另一方面，发展的结果往往是制度更新。经验证明，

---

① 〔美〕斯蒂格利茨：《"激进式改革"之后？部分国家法治建立的障碍》，载《斯蒂格利茨经济学文集》（第 6 卷）（下册），中国金融出版社，2007，第 284～315 页。
② 参见〔美〕安德鲁·斯通等《交易成本与经济发展——公共制度与私人交易：巴西和智利商业交易法治环境的比较分析》，载阿尔斯顿等编《制度变迁的经验研究》，杨培雷译，上海财经大学出版社，2014，第 78～110 页。

外部环境的变化要求制度创新，新的制度安排才能实现潜在利润，持续保持经济增长。① 或者也可以说，制度是选择的过程；同时制度又在另一个层次上是选择的影响因素。早期制度主义代表人物凡勃伦（Thorstein Veblen）这样回应这对矛盾，不断变化的制度使个人作出进一步的选择，同时，新制度的形成赋予个人更适合的秉性、对不断变化着的环境更好的适应性和习惯。这被法国制度经济学家夏旺斯（Bernard Chavence）称为"制度辩证法"。② 这种辩证法表现为制度与发展的双向互动。而对于现代社会而言，建立一揽子可预期行为后果的法治框架，是现代社会存在和延续的基础。例如，阿尔钦在论述产权保障对于发展的极端重要性时指出，当孩子们分得了玩具并明确这些玩具归属于他们个人时，他们会爱护玩具，并在受到鼓励时慷慨地将自己的财产借给其他小朋友；而当所有玩具属于全体儿童而不是特定个人时，他们就倾向于忽略他们的"资产"，并为得到一件玩具而争抢打斗。③ 法治的最大优势在于抑制人际关系中的机会主义行为，而且这种持续性的抑制还会逐渐凝结成共识，形成社会新秩序并增进和加固这种秩序。当然，发展行为始终保持着对新制度创新的旺盛需求，法治更新永无止境。但我们要知道，除非新的制度安排所带来的私人收益可能超过成本，否则新制度安排是不会提出来的。④ 新制度绝不可能凭空产生，新制度的效益一定要超过旧制度。⑤ 这可揭

---

① 参见 Daron Acemoglu, Simon Johnson, and James A. Robinson, "The Colonial Orin-gins of Comparative Develepment: An Empirical Investigation", *The American Economic Review*, vol. 91, 2001, pp. 1369 – 1401。

② 参见〔法〕夏旺斯《制度经济学》，朱乃肖等译，暨南大学出版社，2013，第21页。

③ 参见 Alchian, A. and H. Demsetz, "The Property Rights Paradigm", *Journal of Economic History*, vol. 33, 1973, pp. 16 – 27。

④ 参见〔美〕诺思、托马斯《西方世界的兴起》，厉以宁等译，华夏出版社，1988，第6页。

⑤ 参见周尚君《地方法治试验的动力机制与制度前景》，《中国法学》2014年第2期。

示为：

$$Wn - TC > Wo$$

其中，Wn 为预期收益，TC 为改革成本（transitional costs），Wo 为净收益。此不等式表明，只有把改革成本 TC 考虑进制度变迁的分析框架，新体制的收益 Wo 高于旧体制，改革才能实际发生。[①] 以浙江发展为例。浙江素有"义利并重""工商皆本"的思想土壤，改革开放以来，以民营经济为主的浙江市场经济的发展非常迅速，浙江民营经济总产值、销售总额、社会消费品零售额、出口创汇额、全国民营经济 500 强企业数五项指标多年位居全国第一，并形成了以"温州模式"为代表，以市场为取向，以民营经济为主体的"浙江模式"。[②] 改革开放大背景下的浙江取得了早期的巨大经济成就，而民营经济发展的优势地位又为进一步的改革提供了不竭动力。实践中，民营经济尤其是中小民营经济的发展不得不面临更多交易成本和运作成本的问题，政府与企业之间的关系在发展过程中会成为一组主要矛盾。

民营经济发展必然产生产权界定和市场法制环境改善的现实需求，预期收益 Wn 显著增长的同时改革成本 TC 实际上已经明显下降。因为经济状况在全国的率先改善，在区位发展优势条件下可以做到在保障政府存量利益的同时，显著增加企业增量利益。而存量利益的保障有利于化解改革阻力，降低改革成本 TC；增量利益的增加会产生巨大的改革动力。为促进市场经济尤其是民营经济的全面可持续发展，浙江省在全国最早制定《浙江省村经济合作社组织条例》《浙江省保护消费者合法权益条例》《浙江省农民专业合作社条例》等创制性地方性法规，而且创设了生态效益补偿制度、工资支付保证制度、著名品牌保护制度等促进民营经

---

① 参见樊纲《两种改革成本与两种改革方式》，《经济研究》1993 年第 1 期。

② 参见陈柳裕等《论地方法治的可能性》，《浙江社会科学》2006 年第 2 期。

济健康发展、符合浙江经济发展要求的一系列地方性法规、规章和规范性文件。从地方改革进程来看，经验证明类似于"自生自发的诱致型制度变迁"① 发展的"浙江模式"有效地回应了市场需求，反过来新体制的完善同时推动了市场发展。这也就是说，制度与发展处于互动性和动态性关系框架中，两者无论是谁发生了任何变化，都意味着另一个方面随之变化。地方法治作为地方制度改革创新的重要环节和核心内容，初始无论是主动的制度建构还是被动的制度调适，本质上都是融入内生性互动过程中的制度变迁中。

因此，地方法治竞争需求的根本驱动在于内生性互动中的收益优势及各方需求最大公约数的满足。在归纳推动中国法治发展的力量时，有学者将作为法治主导力的官方力量、作为法治原动力的民间力量、作为法治建构力的职业力量归纳为中国法治发展的三种主要力量，并认为，在中国法治自然产生的社会土壤相当匮乏，在短期内完全倚赖民间力量来驱动法治的愿望难以实现，中央和地方各级政府当仁不让地担当起了推动法治现代化的历史使命。② 然而，政府主导"自我革命"式的法治改革解释进路存在缺陷。③ 政府驱动型法治只能看作制度"失衡—均衡"双向互动的后果而非原因。竞争动力学提出，只要"购买者"保持敏感关注，并投入交易成本以使自己消息灵通，"销售者"之间的经济争胜（economic rivalry）就会刺激产品创新和工艺创新。因此，"购买者"（在我国，参与地方竞争的主体主要有党委、政府、域内外企业、域内外公民等，不同的主体有不同的目标函数）需求驱动而非政府驱动的解释框架具有更强说服力。以深圳为例。

---

① 方益权、项一丛：《从温州模式到温州法治模式》，《探索与争鸣》2010 年第 12 期。

② 参见孙笑侠《拆迁风云中寻找法治动力——论转型期法治建构的主体》，《东方法学》2010 年第 4 期。

③ 参见《人民日报》评论员《建设法治政府是政府的一场自我革命》，《人民日报》2010 年 8 月 28 日，第 2 版。

1980 年，深圳市成为我国第一批经济特区。但根据地方组织法，深圳市没有相应立法权，全国人大常委会 1981 年授权广东省人大及其常委会制定适用于经济特区的单行经济法规。① 但这种隔级立法的临时性安排不能满足特区重大体制改革和经济高速发展所激发的立法需求。大量的立法空白地带只能以地方政府"红头文件"填充。② 时任深圳市市长李灏感慨道："我们搞对外合资、优惠政策，我说我有红头文件，但对方说，我们一定要看法律条款。如果打官司，政府文件不可能被法院认可，只有法律条文才行。"③ 地方立法缺失已成为深圳发展的制度瓶颈。因此，从 1987 年向中央积极争取到 1992 年邓小平同志"南方谈话"，全国人大常委会最终通过决定，深圳市以特区授权方式获得地方立法权，此后制定的多部地方性法规都具有全国领先意义。深圳地方立法表明，在内在发展需求和外在竞争压力双重激励下，地方要想巩固改革成果并继续保持增量，就必须寻求新的支点，依靠地方立法来强化和巩固区位优势。④

（二）地方法治竞争的核心竞争力：掌握规则重构主动权

当代制度经济学代表人物诺思认为，制度变迁大部分都是内生性的。而对于地方法治竞争的核心竞争力而言，其力量来源也应该是内生性的。诺思认为，"无论是政治上的还是经济上的，谈判力量的改变将带来重构（restructure）契约的努力"。⑤ 这样，制

---

① 据统计，在 1981 年至 1991 年的十年间，广东省总共通过了 17 部有关深圳特区的地方性法规。

② 按照当时深圳市的立法规划，要在 5 年内制定 135 项经济和行政法规，年均通过 27 项；但由于立法周期较长及对改革的认识不同等，每年平均获批的立法仅有 3 项，且部分草案连审议都没有通过。

③ 徐天：《深圳：求解立法权之路》，《中国新闻周刊》2013 年 6 月 10 日。

④ 参见周尚君、郭晓雨《制度竞争视角下的地方立法权扩容》，《法学》2015 年第 11 期。

⑤ 〔美〕道格拉斯·C. 诺思：《制度、制度变迁与经济绩效》，杭行译，上海人民出版社，2008，第 116 页。

度均衡会开始发生变化。制度均衡是在各方谈判力量以及一系列构成整个经济交换的契约性谈判给定的情况下，任何一方都不可能通过投入资源来重构合约而获益。当改变游戏规则所获得的收益高于成本时，改变制度均衡的努力就会出现。有希望改变自身谈判地位的一方极有可能投入资源重构更高层面的规则。这就是诺思的"制度变迁模式纲要"①。虽然这一纲要没有考虑"搭便车"问题，但对于我们分析地方在新一轮改革浪潮中采取何种改革策略更具有主动权，具有极强的分析力。全面深化改革意味着制度均衡已经开始发生改变。尽管这种制度均衡的改变并不全是全面深化改革造成的，不少方面在改革之前就已发生，如"非正式规则"的盛行。在均衡被打破之后如何才有可能成为谈判力量中具有优势的一方？这就要求在新的游戏规则方兴未艾的同时，投入正确有效资源，及时获取重构新规则的主动权。

什么是规则重构主动权，我们可以从社会组织培育中的政府与社会关系方面来认识。社会组织被认为是与政府和企业并存的第三部门，具有"以志愿求公益"来弥补政府缺陷和市场不足的功能。② 然而，对社会组织的认识纠偏、逐渐接纳到制度建构，在我国仍然经历了一个漫长曲折的过程。改革开放 40 多年来，我国的社会组织在 20 世纪 80 年代兴起，20 世纪 90 年代转型，近年来更是开始呈现许多新趋势，这期间曾经进行数次清理整顿，颁布相关严厉的管理法规，取缔合作基金会等。③ 直至目前，政府对社会组织的理性认识、制度建构同国家治理体系和治理能力现代化的要求尚有不小差距。然而，随着信任危机、社会失范的加剧，

---

① 道格拉斯·C. 诺思：《制度、制度变迁与经济绩效》，杭行译，上海人民出版社，2008，第 119 页。

② 参见马庆钰《"十三五"时期我国社会组织发展思路》，《中共中央党校学报》2015 年第 2 期。

③ 参见王名《走向公民社会：我国社会组织发展的历史及趋势》，《吉林大学社会科学学报》2009 年第 5 期。

社会组织自主发展的空间在实践中不断拓展，发展增速明显。[1] 面对活跃的社会力量，很多地方加快制度调适，试图把握建构社会组织管理新规则的主动权，将自身定位从"唱戏"转换为"搭台"。有些地方在制度设计中增大社会组织培育力度，大力推进政社分开、管办分离改革。例如，2011 年 7 月，广东省委发布了《关于加强社会建设的决定》，其中明确提出"培育壮大社会组织，提升服务社会能力"的任务要求，推进政社分开、管办分离；推行政府向社会组织购买公益服务项目；编制社会组织名录及考核办法，给予资质优良、社会信誉好的社会组织承接公共服务优先权；拓宽依法参政议政渠道，鼓励有条件的市县政协设立新社会组织界别。不少地方也开始尝试，在政府向社会组织购买服务的制度架构中，给予资质优、信誉好的社会组织承接公共服务优先权，进一步减少社会组织在公共服务中的信息成本和服务成本，并以地方性法规方式确立下来，虽走向并不明朗，但前景可期。

（三）地方法治竞争的约束条件

地方法治竞争包含纵向法治竞争与横向法治竞争两个层面。前者涉及央地关系，后者涉及地方与地方关系。纵向法治竞争主要是指在确保国家法制统一原则和法律位阶效力前提下，通过放权试错等方式，实现立法、行政和司法权的优化配置。横向法治竞争则是指各级地方根据各自历史传统、资源优势和发展定位，以立法、行政和司法方式定位其独特的区位优势，通过建立正向激励结构实现区位优势与制度建构良性互动。然而，要形成纵横交错的法治竞争格局，从当前制度框架体系来看，存在三个方面的制度约束。

一是受制于中央与地方关系的规则型治理结构的基本定型。

---

[1] 参见马长山《社会资本、民间社会组织与法治秩序》，《环球法律评论》2004 年秋季号。

在我国历史上，中央地方关系往往处于"一放则乱，一收则死"的矛盾局面中，究其根源在于中央地方关系中的规则型治理结构的长期缺位。当然，在《中华人民共和国宪法》、《中华人民共和国地方各级人民代表大会和地方各级人民政府组织法》和《中华人民共和国民族区域自治法》等法律文件中涉及中央和地方政府职权，但对中央和地方职权范围、权力属性和专属权项都没有作出明确规定。权力的中央专属权、地方专属权及共同享有权的界限并不明确。邓小平在讨论党的中央与地方、上级与下级组织职权范围时说，"凡属全国性质的问题和需要在全国范围内作统一决定的问题，应当由中央组织处理，以利于党的集中统一；凡属地方性质的问题和需要由地方决定的问题，应当由地方组织处理，以利于因地制宜"。[①] 邓小平的讲话实际上指明了中央与地方权限划分的标准在于"各得其所"。因此，首先是要推进中央地方各级政府事权、财权法治化，完善不同层级政府事权和财权法律制度。确保中央政府的宏观管理权、制度设定权及明确其行使范围；强化地方各级政府尤其是省级政府的公共服务职责；将国防、外交、出入境管理、货币政策、金融监管和外汇政策等法定为中央事权，将"外部效应"不明显的社会治理、消防、社区、城市卫生、公共交通、城市规划等法定为地方事权；将"外部效应"明显的公共产品服务如环境治理、教育、医疗、社保、跨省交通、土地管理等以法定方式细化二级目录，在共同事权中类型化为专门事权。

在具体的地方竞争行为中，也需要注意地方治理中的"外部性"（externality）问题。周黎安在对地方经济合作失效的深层原因进行解释时提出，"在政治晋升博弈中，给定只有有限数目的人可以获得提升，一个人获得提升将直接降低另一人提升的机会，一人所得构成另一人所失，因此参与人面临的是一个零和博弈"。[②]

---

① 《邓小平文选》第 1 卷，人民出版社，1994，第 228 页。

② 周黎安：《中国地方官员的晋升锦标赛模式研究》，《经济研究》2007 年第 7 期。

因此，参与者除了做有利于本地经济发展的激励，同样也存在做不利于竞争对手的激励，经济恶性竞争背后暗含的是政治竞争逻辑。周黎安的解释提醒我们，在统一有效的治理秩序没有建立起来的情况下，其他领域中的竞争激励可能会刺激竞争走向恶化。因此，必须同时确保国家法制统一。法制统一是确保地方无序竞争的准绳，是促进地方公平竞争的前提。在统一有效的合作秩序没有建立起来的情况下，其他领域中的竞争激励可能会刺激经济竞争走向恶化。而国家法制统一就是地方法治竞争的基本条件和秩序框架，没有这个条件，法治竞争也会走向恶化。因此，必须坚守法制统一这根"红线"，确保"地方主义"不蜕变为地方保护主义和机会主义。关于地方"土地财政"依赖问题，必须从法制统一角度出发，尽快完善财政宪法框架体系：重申和完善土地制度的宪法秩序；建立起土地增值收益全民公平分享的法律机制；地方各项财政收入（包含土地财政收入）都纳入财政预决算归口管理，对来源、用途和使用过程全监督，强化预算法治约束。

二是受制于统一的司法权治理体制与运行机制的形成。司法权是中央事权的"判断权"，而判断只能有一个。现行《宪法》第 128 条规定："中华人民共和国人民法院是国家的审判机关。"这是对人民法院国家属性的宪法定位。第 129 条接着规定："中华人民共和国设立最高人民法院、地方各级人民法院和军事法院等专门人民法院。"这表明地方各级人民法院与最高人民法院、军事法院等都是由国家设立的。最高人民法院也明确提出，"严格遵循审判权作为判断权和裁量权的权力运行规律，彰显审判权的中央事权属性"。[①] 王建学认为中国地方各级人民法院符合三个属性：国家性，地方各级人民法院是国家的审判机关；地方性，地方各

---

① 《最高人民法院关于全面深化人民法院改革的意见——人民法院第四个五年改革纲要（2014—2018）》，法发〔2015〕3 号，2015 年 2 月 4 日发布。

级人民法院须对本级人大负责并报告工作；审判权一体性，地方各级人民法院与最高人民法院一起独立行使审判权，只服从法律，且其审判工作受最高人民法院监督。这三个属性在当前呈现"国家性增强，地方性减弱，审判权一体性恢复"的特征。① 实际上，司法审判是以国家名义行使司法权的活动，司法权只能由司法机关来行使，其他任何组织和个人都不能具有此项权力。司法权是国家权力的重要组成部分，具体指国家特定的机关依法所享有的将法律适用于具体案件，并对案件作出裁判的权力。作为中央事权，司法审判必须体现审判权的独立性、中立性、程序性和终局性特征，通过"唯一正确答案"（the right answer）来保障司法的权威性与公信力。从推进地方竞争而言，建立一个强有力的国家司法系统对于统一全国市场竞争环境的重要性不言而喻，同时，司法监督作用对于克服地方政府决策行为的短期性、主观性尤其是行为恶性等有一定效果。程金华指出，统一司法系统既为地方与地方间贸易清除壁垒，又相对防止因为过度中央集权而损害地方发展的动力。他从美国各州贸易公司由全能商人向专业商人转变视角提出，在州际贸易出现"州民待遇"歧视，而各州所适用的规则又不一致的情况下，统一的司法权治理体制就会成为地方竞争中市场主体获得宪法上的平等保护的根本保障。②

三是受制于"条条块块"权力纵横制约的规范有力。权力规范制约是防止地方晋升压力体制和社会稳定体制"趋坏"的有效途径。在中国政治权力体系中，"条块"制约指的是中央权力对地方权力的制约（"条条"制约）和地方权力结构中的相互制约（"块块"制约）。刘忠在研究法院院长产生机制时，把"条条"

---

① 王建学：《地方各级人民法院宪法地位的规范分析》，《法学研究》2015 年第 4 期。

② 参见程金华《地方政府、国家法院与市场建设》，《北京大学学报》（哲学社会科学版）2008 年第 6 期。

界定为从中央到地方纵向的、工作性质一致的部门体系，如最高法院、高级法院、中级法院、基层法院之间所形成的体系；将"块块"界定为中共中央、省、市、县/区地方党委。而且他认为，"条条"与"块块"关系之间的权力配置中最重要的是人员任用权力的分配，财税汲取的支配权划分只居于其次。① 这里所指的"条块"制约较之更宽。中央权力对地方权力的制约主要通过人事任免和财政激励来实现，其治理优势和缺陷前面已经作了论证。作为中央事权的司法权正可谓中央制约地方权力的"利器"。坚持司法中央事权有利于加强中央权力对地方权力的纵向法治制约，同时将原有的官员绩效考评压力转化为司法治理能力，将司法体系提升为对官员行使法定职责的有力约束机制。同时应当推进地方权力结构的横向法治制约。在地方层面，地方人民代表大会和同级司法体系等横向问责机制是用以引导、规范地方政府行为的关键性制度安排。② 当前地方人民代表大会对地方公共政策制定和实施尚缺乏实质影响力，司法对地方政府的约束力不强，"块块"制约无法切实实现，权力寻租现象仍然存在。因此，应当大力增强人大及其常委会职能，落实人大监督职权。坚持基层自治原则，严格遵循人大代表选举法定程序和机制，确保人大代表来自人民，以选票制约地方权力。根据宪法和人大组织法、监督法等，充分发挥人民代表大会制度的根本政治制度作用。

五 结论

国家是由地方构成的，地方特性的集合深刻影响着国家特性。因此，至少从 17 世纪开始，"地方主义"（localism）就已经成为

---

① 参见刘忠《条条与块块关系下的法院院长产生》，《环球法律评论》2012 年第 1 期。
② 参见郁建兴、高翔《地方发展型政府的行为逻辑及制度基础》，《中国社会科学》2012 年第 5 期。

西方政治传统中的重要元素而获得足够重视。① 在我国，重视地方并将之作为学术研究"焦点"，一直是地方志、民族学、经济史等学术领域的重要传统，且成果斐然。但在社会学、法学、公共政策学等研究领域还有很多值得提升的理论空间。当前，地方经济和社会事务分权管理已经成为中国经济持续高速增长的重要前提和基本动力，"央地关系法治化"并不是一个框架或一种分析工具，而是发展进程中实际发生作用的基本制度预设，是推动经济社会健康发展的基本保证。在新一轮改革浪潮中，"放权红利"将逐步升级为"制度红利"，高成本的地方制度体系不利于地方在新一轮经济竞争格局中胜出，而压力型发展模式将会越来越表现出明显的"负效应"。地方法治竞争需求在"诱致型"（公共服务质量的制度化提升与"用脚投票"导致的人口资源集聚效应）和"倒逼型"（社会矛盾的集中凸显）社会变迁过程中必将逐步显现。在此背景下，必须充分论证和解释，地方在经历了以"忠诚度"为核心的政治竞争，以 GDP 为核心的经济竞争之后，是否可能趋向以规则型治理为核心的法治竞争。蒂布特"用脚投票"的理论模型虽然告诉我们，人们之所以愿意聚集在某个地方，是在全国地方政府所提供的服务与征税之间寻找到了一个精确调和，以使自己的效用达到最大化，从而形成内部公民偏好均质的区域（在中国类似于深圳）。但是，他并没有进一步告诉我们，由此地方就必然会产生推行法治的现实激励。因此，"诱致型"激励背面是"倒逼型"激励，两者合力才是社会变迁的内生动力。当前国家治理体系和治理能力现代化进程中，地方压力型发展模式的明显缺陷促使推进治理结构"趋好"的竞优路径最大限度地指向法治建设。当然，这些并非地方法治竞争的充分条件，中央地方关系、司法治理体制、权力纵横机制等基础条件制约着地方法治

---

① 参见 Ian Loveland, *Constitutional Law*, *Administrative Law*, *and Human Rights*, Oxford University Press, 2012, p. 302。

竞争需求的趋向与限度，因此，只有逐步将压力型治理结构转变为规则型治理结构，形成统一的司法权治理体制与运行机制，"条条块块"权力制约规范有力，地方发展模式尤其是地方竞争模式才能逐步实现良性运转。

美国经济学家海恩（Paul Heyne）讲过这样一个故事：一家苹果派的老板为了促销在下午 3 点后把派的价格略微下调，吸引来喝下午茶的顾客款待一下自己。他甚至告知顾客还可以免费喝咖啡。然而这导致了一个危险：一些用午餐的顾客推迟享用他们的饭后甜点，直到 3 点降价之后再来吃。而竞争对手则使用同样的优惠手段，削弱这种促销行为的效果。因此最终每个老板并没有赢得更多顾客，也没有多卖一个派，价格反而更低了。① 经济学家当然会进一步论证销售者眼中的需求曲线。然而，从另外的角度我们可以思考一个问题：通过简单降价和提供额外优惠的初级激励根本无法达到刺激消费获得更大边际收益的效果。中国地方法治竞争范式同样吻合于这个逻辑。对于地方而言，通过生产要素和投入的原始竞争，简单的政策性让利、低成本人力资源、土地低价出让、降低环境评估标准竞争等方式都已经被整条街的"苹果派老板"在"觅价"过程中使用过，而且还有不少人在竞相使用。认识上的"时滞"效益会让很多地方吃尽苦头，最后不仅让出了自己固有的不可再生的优质资源，而且还无法从资源出让中获取利益。当前，不少地方对自身固有发展模式缺乏反思能力，对经济下行、增长结构调整以及全面深化改革目标函数的合理排序能力也极为有限，导致其对为何及如何推行法治的认识模糊不清和坐等观望，在制度与发展的辩证互动关系中迷失方向，甚至以"非正式规则"盛行来阻塞正式规则的运行轨道，这必将使其在"先富带后富"的新一轮地方改革浪潮中失去攫取法治竞

---

① 参见〔美〕保罗·海恩等《经济学的思维方式：经济学导论》，史晨等译，世界图书出版公司，2012，第 181 页。

争"第一桶金"的机会。

Local Rule of Law Competition: Analytical Paradigm and Institutional Framework

Zhou Shangjun

Abstract: The locality is the main body of implementation of state governance and an important driving force for the comprehensively promoting law-based governance. In the context of comprehensively deepening reforms, in order to fully play a role in promoting the rule of law, providing good governance, improving the level of social governance and the quality of public services, we must respect and benefit the sustainable development of society, promote positive incentives, and vigorously Innovate a local competition paradigm and analytical framework with practical explanatory power. The high-cost system is not conducive to the local victory in the new round of competition. The traditional local pressure-based development model shows a clear "negative effect": fiscal pressure leads to pre-institutional fiscal prevalence; only the GDP-based growth model causes social problems to be concentrated; maintenance The method of social stability contradicts the goal of stability. From the perspective of national top-level design, only the pressure-based governance structure will be gradually transformed into a rule-based governance structure, and a unified judicial power governance system and operational mechanism will be formed. The "block" power restriction and regulation will be strong, and the local development model, especially the local competition model. In order to gradually achieve a benign operation. As a local, passive or active institutional adjustment will become the inevitable choice for the next round of reform, and the demand for local rule of law competition will become more prominent in the process of "inducing" and "cracking" social changes. However, due to the obvious difference in the cost-benefit ratio of the reform of the local institutional system, the ability to reasonably rank the reform objective function is limited, and the "informal rules" prevail. The local understanding of why and how to promote the rule of law presents gradualism and even waits and sees the situation. The superposition of the constraints of the rule of law competition may lead to the phenomenon of "gradualism" and "first rich and then rich" in the rule of law. Therefore, we cannot expect the development of the rule of law in China to be uniform and synchronized.

Keywords: "Voting with feet"; Local Trial; National Governance

（责任编辑：石建）

《法律和政治科学》（2019 年第 1 辑·总第 1 辑）

第 137～165 页

© SSAP，2019

"做工作"：策略型乡村治理的逻辑与局限[*]

谭　力[**]

【摘　要】"做工作"是基层干部实施乡村治理的重要方法，不仅体现了村干部的治理能力，也清晰展现了当前我国乡村基层治理独特的生成逻辑。通过对"做工作"这一本土术语的分析，可以从乡村基层干部的工作方法中抽象出关系型、程序型和权力型三种工作类型。面对中国社会内部伦理社会、程序社会和压力社会这三重属性及其矛盾关系，村干部在"做工作"具体方法的选择上表现出实用主义特征。乡村基层干部将各类方法、技术、规则、手段和策略——不论其性质和实施成本如何——作为实现治理目标的规则，从而在乡村治理过程中形成策略型治理模式。这一治理模式作为转型时期乡村基层社会治理的现实选择，在一定程度上契合目前乡村基层社会运行的混合逻辑。但是，策略型治理模式也包含着

　＊　基金项目：国家社会科学基金重大项目"社会主义核心价值观融入基层社会治理研究"（17VHJ006）。

＊＊　谭力，西南政法大学立法科学研究院助理研究员。

诸如排斥规则之治的局限。

【关键词】 "做工作"；乡村治理；策略型；生成逻辑

一 引言

基层社会治理能力是国家治理能力的重要组成部分，是推进国家治理体系和治理能力现代化的关键所在。当前，我国基层社会治理呈现独有的特征。一方面，规范的正式制度适应了现代理性科层制在乡村的展开，满足了村民日益增长的法治需求；另一方面，依靠私人关系运作的各种非正式制度在中国乡村治理中仍然具有顽强的生命力。因此，要让基层治理在推进国家治理体系和治理能力现代化进程中充分发挥正向作用，就必须清楚地认识当前我国基层治理的现实状况，深刻分析制约基层治理的结构性因素。而基层干部作为基层治理的主要实施者，时时刻刻直面着基层社会本身。一方面，基层社会的现实情况决定了基层干部的工作方法及成效；另一方面，基层干部的行为方式又深刻地影响着基层治理的样态，也在很大程度上反映出我国基层社会的现实状况。因此，通过对村干部诸如"做工作"等具体工作方法的深入分析，有利于我们认识当前我国基层治理的现实状况，有以小见大之效。

2018 年 7 月下旬至 8 月初，笔者跟随调研组一行十余人至贵州安镇①专门对此进行调研。在半个月的时间里，我们走访了 9 个村庄，集体访谈了 45 位乡村基层工作者，获得了 20 多万字的一手材料。此次调研正值国家扶贫工作的关键时期，而贵州省又是脱贫任务较为艰巨的省份。因此调研地区在脱贫攻坚、产业扶持

---

① 本文所引事例中的地名、人名等信息均已按照社会科学惯例作匿名处理。

等方面工作繁重、矛盾突出。村干部既要妥善解决村中的日常纠纷，又要保证脱贫工作的顺利完成，工作面临着不小的压力。面对这样的状况，访谈中村干部屡次谈到给村民"做工作"的重要性，并且十分愿意和调研人员分享"做工作"的心得和成功事例。我们发现，"做工作"在村中贫困户的识别、村务管理和村庄纠纷的解决等方面发挥了很大的积极作用，"做工作"这一工作方法极大地提升了乡村基层干部的治理能力。进一步的观察发现，村干部往往会实用主义地在不同的"做工作"方法中进行选择。通过"做工作"的方法，村干部因事制宜地在各种正式制度与非正式制度之间辗转腾挪，从而充分利用各种乡村治理资源。我们认为，村干部这一实用主义的行为逻辑深刻体现了我国目前乡村治理的重要特征——"策略型治理模式"。

因此，本文从村干部"做工作"的角度切入，以基层社会治理特别是乡村治理为认识背景，以贵州 9 个村庄的调研材料为基本素材，分析"做工作"的具体类型，并试图揭示出在乡村混合逻辑的支配下，策略型治理模式的生成逻辑与现实局限。

二　既有研究回顾

乡镇政权的运作逻辑和乡村治理一直是学界研究的热点，现有研究总体上从三个方面展开。在税费时代和市场经济背景下，研究主要强调乡镇政权的经营性特征，把乡镇政权形容为企业经营者。[1] Shue 就用"经营者"这个概念来描述 20 世纪 80 年代行政和经济体制改革后乡村基层干部的双重身份特征。[2] 张静则首次

---

[1]　参见 Walder, Andrew G. , "Local Governments as Industrial Firms: An Organization Analysis of China's Transitional Economy", *American Journal of Sociology*, vol. 101, no. 2, 1995。

[2]　参见 Shue Vivienne, *The Reach of the State: Sketches of the Chinese Body Politics*, Stanford University Press, 1988, pp. 130 – 137。

提出"基层政权经营者"概念。张静指出由于基层权威来源的官方授予及其公共规则、公共关系的缺失，一系列正式制度失效，从而构造了一个与社会利益分离的，具有高度自主性与自利性的基层政权。① 有学者指出，随着中国社会从计划经济向市场经济的转变，乡镇政权也逐渐从"代理型政权经营者"向"谋利型政权经营者"转变。②

为了克服上述研究片面强调结构分析的弊端，许多采用"过程 – 事件"分析方法的学者开始关注国家与乡村社会互动时的权力运作策略和技术。如孙立平等就采取这一方法，通过对定购粮收购案的分析，表明目前中国农村存在着正式权力的非正式运作，即权力并不以正式规则为基础，而是借用民间社会中的本土性资源，比如人情、面子、常理等。③ 吴毅采用"深描"的手法，揭示出乡村治理中非正式的"搐"与"媒"，"示蛮"和"怀柔"等基层政府惯用的策略。④ 黄宗智则提出了"集权的简约治理"这一概念，即中国地方行政实践广泛地使用了半正式的行政方法，广泛采用非正式组织或非正式方式来完成乡村社会的治理。⑤ 应星则通过对大河移民上访的追踪，以"拔钉子""开口子""揭盖子"等手段为例，展现了基层政权在执行国家政策时的"变通"特点。⑥ 周雪光则用组织学的理论剖析了基层政府间

---

① 参见张静《基层政权：乡村制度诸问题》，浙江人民出版社，2000，第 49 ~ 82 页。

② 参见杨善华、苏红《从"代理型政权经营者"到"谋利型政权经营者"——向市场经济转型背景下的乡镇政权》，《社会学研究》2002 年第 1 期。

③ 参见孙立平、郭于华《"软硬兼施"：正式权力非正式运作的过程分析——华北 B 镇收粮的个案研究》，载清华大学社会学系主编《清华社会学评论特辑》，鹭江出版社，2000，第 21 ~ 46 页。

④ 参见吴毅《小镇喧嚣：一个乡镇政治运作逻辑的演绎与阐释》，生活·读书·新知三联书店，2018，第 501 ~ 511 页。

⑤ 参见黄宗智《集权的简约治理——中国以准官员和纠纷解决为主的半正式基层行政》，《开放时代》2008 年第 2 期。

⑥ 参见应星《大河移民上访的故事》，生活·读书·新知三联书店，2001，第 91 ~ 104 页。

的"共谋现象"。他的研究指出，中国基层政府间的共谋现象不仅有其独特的制度环境和组织基础，而且已经成为一个制度化的非正式行为。①

农村税费改革后，乡镇政权的运作方式发生了极大变化，迫切需要新的理论模型从整体上解释乡镇政权的运作方式。学界迅速对此作出反应，提出了"悬浮型政权"、"协调型政权"、"依附型政权"和"维控型政权"等新理论模型。周飞舟通过对政府间财政关系的考察指出，基层政府由过去的"要钱""要粮"变为向上"跑钱"，完成了"向下关系"向"向上关系"的转变，其从过去的"汲取型政权"变为"悬浮型政权"。② 在此基础上，付伟等人的研究揭示了资源、权力被上收后乡镇与村的独特关系。他们指出在财政资金项目化的趋势下，乡镇政权迎来了"项目治国"的时代。乡镇政权一方面资源和权力继续被上收；另一方面又不得不开始为项目进村"跑腿办事"。乡镇政权由"悬浮型政权"走向"协调型政权"。③ 针对上述研究揭示的乡镇财政主要依靠转移支付、没有实质性财权、人事权和事务权这一事实，饶静和叶敬忠认为乡镇政权事实上成为县级政权组织的派出机构，成为高度依赖县级政权组织的"政权依附者"。④ 反映在治理能力上，乡镇的这一特征则直接导致了其治理能力的下降。比如欧阳静通过对桔镇的考察指出，目前乡镇政权缺乏回应乡村社会治理需求的主动性与能力，只能援引各类权力技术，调动一切正式和非正式力量，来完成任务、应对突发性事件。乡镇政权变成了只

---

① 参见周雪光《基层政府间的"共谋现象"——一个政府行为的制度逻辑》，《社会学研究》2008 年第 6 期。

② 参见周飞舟《从汲取型政权到"悬浮型"政权——税费改革对国家与农民关系之影响》，《社会学研究》2006 年第 3 期。

③ 参见付伟、焦长权《"协调型"政权：项目制运作下的乡镇政府》，《社会学研究》2015 年第 2 期。

④ 参见饶静、叶敬忠《税费改革背景下乡镇政权的"政权依附者"角色和行为分析》，《中国农村观察》2007 年第 4 期。

能基本维持乡村社会稳定的"维控型政权"。①

相较之下，学界对"做工作"这一特定问题的研究还有很多值得提升的理论空间。现有研究大体可以分为附带性研究、政论性研究和专门性研究三类。附带性研究中对"做工作"的讨论是在对党的群众工作的研究基础上附带展开的，"做工作"本身不是其研究重心。该类研究关心的是提炼党长期以来践行的群众工作的主要方法和历史经验，并以史为鉴，强调群众工作在当代的创新及意义。例如王学俭、金德楠对延安时期党的群众工作的研究就概括出"以理想信念引领群众""以优良作风鼓舞群众"等五点成功经验。② 此外，类似的还有田青刚对大别山时期、于昆对井冈山时期党的群众工作的研究等。③ 政论性研究主要是探讨在今天"做工作"的具体方法，其目的在于提醒党员干部要密切联系群众。④ 总体来看，这两类研究大多具有深厚的历史感和开阔的理论视野，讲求从理论高度回应作为党重要工作方式的群众工作实践。但对经验世界中有关"做工作"具体实践的微观分析还略有不足。

在对"做工作"这一问题的专门性研究中，最具有代表性的是易江波的《"做工作"：基层政法的一个本土术语》和郭政政的《村庄治理中的非正式权力运作机制研究——以湘西北平村"做工作"为例》两篇文章。郭文⑤以其在湘西北平村的调研为基础，将"做工作"看作乡村治理中非正式权力的运作。以农村税费改

---

① 参见欧阳静《"维控型"政权 多重结构中的乡镇政权特性》，《社会》2011年第3期。

② 参见王学俭、金德楠《论延安时期党的群众工作的基本经验》，《理论学刊》2014年第2期。

③ 参见田青刚《大别山革命斗争时期中国共产党群众工作的历史经验》，《中州学刊》2013年第6期；于昆《井冈山时期中国共产党群众工作的历史经验》，《中国高校社会科学》2017年第5期。

④ 参见申国华《今天我们该如何"做工作"》，《光明日报》2015年1月16日，第2版。

⑤ 指上述郭政政的文章，下文"易文"同理。

革为界，其认为税费改革前乡村的非正式权力运作是"做工作－
国家暴力"模式，而税费改革后是"做工作－给好处"模式，村
庄治理逐步呈现无序化的样态。① 郭文很好地分析了"做工作"
作为非正式权力运作的重要面相，不足之处在于对"做工作"具
体方法的分类过于笼统。而易文关注的是基层民警"做工作"的
方式和功能。该文以公安机关的工作简报为分析材料，提出"做
工作"是国家与社会、官方与民间力量之间的一种重要的组织化
中介机制。基本操作法包括做思想工作、诉诸私人资源、多方博
弈行动。易文指出，"做工作"这样面对面的关系可以具体可感
地形塑民众关于民族、法律与国家的认知，层累地建构民族观、
法律观和国家观。② 易文很好地抽象了民警"做工作"的具体类
型，分析了"做工作"的制约机制和具体功能。但将"做工作"
放在政法传统的框架中来理解，容易使之狭义化。

三 "做工作"的概念及类型

（一）作为特定策略的"做工作"

学界一般把"做思想工作"视为"做工作"的重要表现形
式。比如易江波指出，"面对面"（face to face）是"做工作"的
基本要素。其认为"做思想工作"的方法包括宣讲法律规定、解
释来龙去脉、好言相劝、嘘寒问暖等。其作用机理是使特定观念
得到传播、信息得到传递，当事人的情绪得到控制、情感得到沟
通、意志发生可预期的转变。③ 毫无疑问，"做思想工作"当然是

---

① 参见郭政政《村庄治理中的非正式权力运作机制研究——以湘西北平村"做
工作"为例》，硕士学位论文，华中科技大学，2014，第 18～40 页。
② 参见易江波《"做工作"：基层政法的一个本土术语》，《法律和社会科学》第
13 卷第 2 辑，法律出版社，2014，第 89 页。
③ 参见易江波《"做工作"：基层政法的一个本土术语》，《法律和社会科学》第
13 卷第 2 辑，法律出版社，2014，第 96 页。

乡村基层干部"做工作"的重要表现形式。但这种方式既不是乡村基层干部特有的，也不是对某种特定策略的运用。"做思想工作"更多强调的是干部密切联系群众的工作作风和良好的工作态度。而本文需要从村干部"做工作"的不同策略选择中提炼出隐藏其后的乡村治理模式及其生成逻辑与现实局限，所以不讨论"做工作"中的"做思想工作"，也不将其抽象为"做工作"具体类型中的一种。

（二）"做工作"的三种类型

根据"做工作"具体方法所依赖治理资源的不同，可以从村干部众多的"做工作"方法中抽象出以下三种类型。

1. 关系型

该类型的主要表现形式是借助乡村中的关系网络实现治理目标，其背后的治理资源是乡村中的人际关系网络和对应的伦理行为准则。针对村民间的关系网络，宋丽娜指出，乡村社会以人情谱系与网络延续社会生活，以人情往来规范社会关系，人情的社会运作在根本上构建了一套社会秩序。[1] 具体而言，该类型可细分为两种。第一种是村干部利用自己和村民之间的亲密关系。这一点在村主任身上体现得尤其明显，作为生于斯长于斯的"村内人"，村主任不仅对村民情况了如指掌，而且和绝大多数村民都有极为亲密的关系。在调研中我们发现，第一书记也把培养自己和村民之间的亲密关系视为完成工作的极大助力。[2] 因为第一书记主要是从上级机关、国有企业和事业单位的后备干部中选派下村的，对村民而言是一个"局外人"，所以尽快融入村庄共同体就往往

---

[1]　参见宋丽娜《人情、人情秩序与熟人社会》，载贺雪峰主编《华中村治研究：立场·观点·方法》（2016 年卷），社会科学文献出版社，2016，第 168 页。

[2]　参见《中央组织部、中央农村工作领导小组办公室、国务院扶贫开发领导小组办公室关于做好选派机关优秀干部到村任第一书记工作的通知》（组通字〔2015〕24 号）。

成为第一书记的首要任务。C 村第一书记 H 某给调研人员讲了这样一个实例。该地许多村庄有人畜混居的现象，在同样位于该镇的另一村 Y，因某村民长期不打扫屋中的牛粪，房屋恶臭熏天。这使得邻居不堪其害，多次与其发生纠纷。在劝说无果的情况下，为了化解纠纷，该村第一书记决定亲自上阵。他推着小推车，拿着铁铲子自己帮村民打扫牛圈。在打扫了整整一周之后，该村民深深为第一书记的行为所感动，从此主动打扫自家牛圈。① 而 H 某自己也十分在意与村民培养亲密关系，除了经常到村民家走访调查之外，村中的红白喜事他也会随个份子。在 H 书记带调研人员在村中走访的过程中，不仅许多村民主动和他打招呼，甚至村民养的狗都对其十分熟悉，以至于每次遇到恶狗挡道，总是 H 书记出面摆平。在 B 村，该村第一书记则充分利用自己作为中年女性的优势，不仅帮助村中两个双胞胎女大学生积极申请助学贷款，平时对她们也关心有加。在调研期间，调研人员就碰到两姐妹主动到村委会办公楼询问是否可以帮上忙的情况。

第二种是利用村中固有的和村干部无关的关系网络。P 村村主任形象地把这一方法称为"借力打力，迂回找人"，典型表现就是利用村中老党员、老干部等"寨老"的权威关系。此外，村干部还可以整体性地利用村中的关系网络。比如 L 村村主任兼支书 W 某在处理本村一起赡养纠纷时，就把不愿尽赡养义务的儿子叫到村民中间，向大家揭露其不愿赡养老人的事实，并表示村委会可以替这个儿子来赡养这位老人，但前提是老人的存款、房屋等要归村集体所有。那位不孝的儿子在听完这番话后，主动将老母亲接回家中赡养。而当调研人员询问村委会是否当真会帮其赡养老人时，村支书 W 某明确表示不会。他说之所以这么做只是为了让那个儿子在大家面前"丢丢脸"，看看自己的母亲如果都由

---

① 资料来源于调研材料，材料编号 20180730QF。

集体来赡养了，那个儿子"面子上挂不挂得住"。①

2. 程序型

这一类型的主要表现方式是严格遵守国家法律法规和上级政策的相关规定，严格履行程序，杜绝优亲厚友的情况出现。它所依赖的是国家法律法规和各种具有合法性的程序性工作规定，总体上可以说是一种现代法治话语资源。就扶贫工作而言，一旦被评上贫困户，其在就业、医疗等方面就能享受相应的优惠政策，这相对于非贫困户来说是一个巨大的利益。② 因此，贫困户的识别就成为扶贫工作中矛盾相对集中的环节。对此，L 村村主任 W 某除了"丢丢脸"的工作方式之外，还十分强调村民民主评议在扶贫工作中的重要性。针对民主评议在贫困户识别这一环节的重要作用，W 某说了如下这番话：

> 现在扶贫进入瓶颈，但是所有程序需要民主评议、公示，抓得比较严，不存在以前那种靠关系进入贫苦户。现在我要先申请进入贫苦户……集体讨论其是否可以进入贫困户……如果不通过民主评议，那么就有可能出现人情扶贫。以前可能出现这种情况，因为以前也不公示，只需要按照政府下达的指标确定几户贫困户就好。③

不仅村中贫困户的评定必须经过村民民主评议会的评议，村中低保户的评定也需要经过这一程序。我们见到过一份格式规范的"L 村低保民主评议会"会议记录（见表 1）。

---

① 资料来源于调研材料，材料编号 20180727QF。
② 比如贫困户可以申请"一村七岗"职位，这些工作一般比较轻松，每月工资 800 元。
③ 资料来源于调研材料，材料编号 20180727QF。引文中着重号为笔者所加。

表1　L村民情议事会议记录

会议时间	2018.4.16	主持人	王某
会议名称	低保民主评议会议		
会议地点	L村办公室	应到人数	28人
记录人	伍某	实到人数	25人
会议记录	王支书宣读某某镇人民政府文件《某某镇2018年城乡低保提标方案的通知》 严格按照有关文件精神，认真进行民主评议。到会25人，参与投票人数23人，发出选票23张，收回23张，有效票21张，废票2张，弃权票1张 唱票人：伍某　计票人：范某　监票人：赵某，伍某某 投票结果：伍玲某19票，韦永某17票，吴某14票，伍文某13票，伍康某7票，罗某11票，韦学某15票，韦朋某3票，韦达某3票 新增：韦平某10票，韦连某1票		
形成的决议或决定	经村两委、村民代表民主评议，采用无记名投票，得票多的可以保留，得票少的取消		

此外，村务公开也十分规范。在每个村的村务公开栏中都公示有各种民主评议的结果。比如贴在P村村务公开栏的，一份是"对某某组村民潘某某申请困难救助进行讨论的结果公示"，另一份是"贵州省城市居民最低生活保障村'民主评议'结果公示"。在后一公示中，27位参与评议人得到的"同意票数"从0票到19票不等，其中得0票的共有5人，得1票的共有3人，得票在5票及以下的共有12人。

3. 权力型

这一类型的主要表现方式是村干部或上级部门运用权力对村民办事设置障碍或者对其施加压力，从而实现治理目的。它依赖的是治理者拥有的各种行政权力与事实权力。这一专指基于权力而产生的方法可以大致分为两种。第一种是基于村干部自身权力而产生的。此种方式下权力的运用相对较弱且多采取间接的方式，可称之为"弱权力型"模式。比如多个村的村干部都谈到，如果遇到村中一些人的工作确实难做，他们通常采取的方式就是不给村民办事。比如，村委会会以各种方式拒绝为村民就业、子女入学等开具相应的证明，直到村民主动将之前的工作配合村委会完成。P 村村主任对此的说法是"你不配合我的工作，那么我也不配合你的工作"。[①] 这种情况下村干部一般不与村民发生正面冲突，多是在其他方面给村民设置障碍，让其生产、生活产生不便。

第二种是村干部借助上级或者公安机关等政法系统的力量。此种情况下权力的运用相对强劲，可称之为"强权力型"模式。C 村第一书记告诉调研人员，在扶贫工作的危房改造项目中，该村某村民坚决不愿搬出其所住危房，在各种方式都无效的情况下，最后是动用公安机关的力量强行将其从危房中搬出。针对这一问题，调研地区的法院、检察、公安、司法四部门联合下发了专门通知，明确要求："赡养义务人有安全住房，但被赡养人仍居住在危旧房的，赡养义务人应立即主动将其接入安全住房生活，否则政法机关将视情节对赡养义务人进行处罚。"此通告张贴于镇政府门口和各个村庄内。虽然该通告不是村干部主动所为，但是它无疑使村干部借助政法系统的力量而对村民施加压力具有了可能性和正当性。

总体而言，村干部拥有乡村伦理关系网络、现代法治话语资源和自身权力等诸多治理资源，并将其运用于乡村治理中。具体到"做工作"这一微观层面，其表现形式就是形成了"关系型"、"程序型"和"权力型"三种具体方法。当然，以上分类都是从众多实例中抽象出来的"理想类型"。在实际工作中，村干部完全有可能综合运用以上三种方式。比如在对村民违反村规民约进行处理时，村干部通常会综合使用关系型方法和权力型中的"弱权力型"方法。

---

① 资料来源于调研材料，材料编号 20180801QF。

四　策略型治理模式及其生成逻辑

（一）策略型治理模式

我们发现，面对"做工作"的具体方法，村干部的选择并不是任性而为、毫无逻辑的。恰恰相反，村干部的行为方式符合"策略主义"的运作模式。有学者在对我国乡镇政权进行了长期调查后总结出，当下乡村基层政权的运作既不是遵循理性的官僚制逻辑，也不是依照"简约主义"逻辑，而是一种"策略主义"的逻辑。也就是说，乡镇政权缺乏稳定、抽象和普遍主义的运作规则。基层干部往往功利地将各类方法、技术、规则、手段和策略——不论其性质和实施成本如何——作为运作的规则。[1] 同样，村干部对"做工作"具体方法的选择也符合"策略主义"模式，即村干部为了完成治理任务，往往"策略主义"地调动乡村治理中的伦理关系、法治程序和自身权力等治理资源。

具体而言，关系型方法本质上依靠乡村中传统伦理关系的力量，明显地体现了乡村伦理关系所发挥的重要作用。而程序型方法则是以严格遵循程序为代表的法治原则的具体体现。最后，权力型方法体现了权力关系对乡村治理的影响。而村干部选择利用哪种力量来推进乡村治理并没有一定之规，往往是针对具体情况，哪种方式管用便采取哪种方式。比如，伦理关系的力量往往用于处理村中日常纠纷和敬老孝亲问题。因为村中日常纠纷大多是些鸡毛蒜皮的小事，涉及的人数少，村干部很容易针对特定的当事人寻找针对性的关系解决纠纷。再加之事情不大，争议双方很容易妥协。而敬老孝亲自古以来就是我国的传统美德，这一传统观

---

[1]　参见欧阳静《运作于压力型科层制与乡土社会之间的乡镇政权——以桔镇为研究对象》，《社会》2009 年第 5 期。

念属于村中的"强伦理力量"，对村民的约束力比一般的伦理观念更强。而且赡养纠纷本身是非明了、道理简单，所以也很容易解决。但假如村务纠纷中涉及的是比较顽固的村民，村干部又会采取权力型模式中的"弱权力型"方法来解决问题。这就是 P 村村主任所谓的"你不配合我的工作，那么我也不配合你的工作"。而一旦遇到贫困户的评定、低保户的认定和村集体资金的使用等问题，村干部就会拒绝采取关系型方法，果断放弃对伦理关系的运用。相反，在这些涉及大多数村民现实经济利益的问题上，村干部往往强调公平对待、一视同仁，绝不因为和村民之间的特殊关系就区别对待。这时，村干部便会动用法治的力量，采取以严格程序为代表的程序型方法。严格按照法律规定和上级政策行事，以此避免村民最担心的村干部"优亲厚友"现象，降低纠纷发生的可能性。就像 L 村村主任 W 某反复谈到的，像民主评议这样的程序型方法，最大的好处就是能"杜绝优亲厚友，做到公平公开"。① 最后，村干部作为国家政权的代理人，需要完成上级交代的任务，应对相应的绩效考核。特别是面对专项治理时期巨大的任务压力时，一旦前两种方法收效甚微，村干部就可能采取"强权力型"方法来完成任务。

因此，在对"做工作"具体方法的选择中，村干部的行为方式符合"策略主义"运作模式，即村干部总是着眼于某个暂时的或阶段性的目标，力图"摆平"乡村治理中出现的问题。② 然而在方法或手段的选择上通常不问合理性与合法性，实用主义地运用乡村治理中的伦理、法治和权力关系三种资源。由此，在乡村治理过程中形成了"策略型治理模式"。

---

① 资料来源于调研材料，材料编号 20180727QF。
② 参见欧阳静《策略主义——桔镇运作的逻辑》，中国政法大学出版社，2011，第 12 ~ 13 页。

（二）三重属性——策略型治理模式的生成逻辑之一

村干部需要针对不同的事项选择不同的"做工作"方法，这说明了乡村社会本身具有不同的结构性要素，正是这些要素构成了策略型乡村基层治理模式的社会基础。进而言之，策略型治理模式是在中国社会内部的伦理性、程序性和压力性这三重属性及三者之间的多重矛盾关系中生成并运作的。首先从伦理社会、程序社会和压力社会这三重属性谈起。

第一，伦理社会既是传统中国社会的显著特点，也是当前中国社会的重要特征，以乡土属性为代表的伦理社会是策略型治理模式产生的重要因素。很多学者在对中国社会治理的研究中注意到了中国社会"乡土属性"这一特征。费孝通在《乡土中国》和《乡土重建》等书中指出，传统中国的政治有两轨，即"自上而下的中央集权专制体制一轨"和"自下而上的地方自治民主体制一轨"。而在自下而上的地方自治体制中，所遵循的是"熟人社会"中的"礼治秩序"。人们被束缚在土地上，"生于斯，老于斯"，人口流动很小，是"长老统治"。而梁漱溟更是直接指出传统中国是"伦理本位的社会"。[①] 秦晖在对传统中国治理结构的研究中，归纳出"国权不下县，县下惟宗族，宗族皆自治，自治靠伦理，伦理造乡绅"的中国国家治理格局。[②] 黄宗智则通过对清代民事司法体系的考察，提出了"集权的简约治理"这一概念。在黄宗智看来，中国地方行政实践广泛地使用了半正式的行政方法。这些方法无疑又依赖于官方治理之外的士绅精英和宗族的作用，士绅精英和宗族起作用的方式主要就是用传统儒家的道德治

---

① 参见梁漱溟《中国文化要义》，上海人民出版社，2005，第70页。
② 参见秦晖《传统十论：本土社会的制度、文化及其变革》，山西人民出版社，2019，第2页。

理模式。① 在当代中国社会治理研究方面，贺雪峰等人通过对贵州湄潭县聚合村的调查，也指出村组干部往往凭借"给面子""讲人情""讲感情"等熟人社会的方式来维持乡村社会的基础秩序，并且借此来完成国家任务。②

近代以来，中国传统的社会结构遭遇到前所未有的冲击，国家权力比过去任何时候都更加深入乡村社会。此外，乡村共同体还面临着城市化进程和乡村"空壳化"的冲击，而乡村传统伦理也不断面临着各种新兴价值观念的挑战。有学者就指出，目前的乡村社会已经不完全是一个以传统礼治规则为行为模式的社会，但也不是一个依据现代公共规则行事的"公民社会"。但就调研所见，以"人情社会"、"长老统治"和"礼治秩序"为特征的伦理社会依然是乡村基层社会的重要特征。比如在调研的有些村，绝大部分村民往上数三代基本上都是亲戚关系。在一些较为偏僻的少数民族聚居村，村庄作为一个传统伦理共同体的地位并没有发生根本性改变。一些学者的研究也发现，家族、家庭、亲属、同乡、邻居等各种非制度因素对乡村基层政治运作仍然产生着重要影响，传统人伦关系的变化仍然制约着乡村政治运作的方式、逻辑和效果。③ 因此，作为乡村基层社会治理必须面对的一个事实，中国社会尤其是中国乡村社会的伦理性特征既是关系型方法产生的原因，也是塑造策略型治理模式的重要前提。

第二，现代社会是一个"抽象社会"，程序性是现代抽象社会的重要特征。④ 我们认为，不能局限于仅仅从中国经验来理解中国问题，相反，必须把中国置于世界现代化进行史这一宏观

---

① 参见黄宗智《集权的简约治理——中国以准官员和纠纷解决为主的半正式基层行政》，《开放时代》2008 年第 2 期。

② 参见贺雪峰、刘锐《熟人社会的治理——以贵州湄潭县聚合村调查为例》，《中国农业大学学报》（社会科学版）2009 年第 2 期。

③ 参见孔德永《传统人伦关系与转型期乡村基层政治运作——以南镇为中心的考察》，中国社会科学出版社，2011，第 166 页。

④ 参见李猛《论抽象社会》，《社会学研究》1999 年第 1 期。

背景中才能使中国问题得到更深刻的理解。当前中国正在通过不断参与世界现代化进程而逐渐走向现代化。因此，中国社会亦将不断把其本身推向抽象化，不断把社会互动推向程序化，进而形成一定程度的程序社会。而在现代抽象社会中，许多互动过程需要借助某种程式化和类型化的做法，这些做法在国家治理方式中体现得尤为明显。具体而言，基层治理作为典型的社会互动过程，程序社会对其的影响突出体现在村民的权利意识和乡镇政权科层化的制度安排中。在涉及经济利益的诸多村务上，村民的参与欲望很强，权利意识很高。在上文提到的 P 村"贵州省城市居民最低生活保障村'民主评议'结果公示"中，参评的共有 27 人，得赞成票为 5 票及以下的共有 12 人，占 44.4%，得 0 票的有 5 人，占 18.5%。① 这说明很多不具备条件的村民在有利可图的情况下，都想来民主评议会中"试一试"，村民对这类事情的关注度高、参与欲望强。其次，乡镇政权与村级组织科层制的制度安排为村干部在这些敏感问题的处理上提供了平台，而与科层制相配套的法治价值则为村干部提供了正当性依据。L 村村主任 W 某提到民主评议的重要性时说了这么一番话：

> 非贫困户觉得他也贫困，他也可以写申请……现在国家制定的贫困户的进入和退出机制特别特别重要……因为这个是大家说了算，而不是村支部或村委会说了算，是你们的村民代表选出来的……如果你觉得你真的贫困申请评议就可以，然后公示出去。……每个村民都有申请的权利……大家来一起决定……如果不经过民主评议会，不把工作公示出去，你永远都说不清楚……现在最好的方法就是经过民主评议……

---

① 资料来源于调研材料，材料编号 20180801ZP。

你觉得他不应该享有这个政策也（可以）来反映。①

这透彻地揭示出程序型方法在贫困户识别环节具有的独特优势。首先，该方法尊重村民的权利诉求。不仅每个村民都有权申请成为贫困户，而且审核贫困户的决定权属于村民代表会议，再加上有异议的村民还可以向村里反映。这充分尊重了每个村民在贫困户识别过程中事前申请、事中决定和事后监督的法定权利。其次，该程序由国家规定，本身具有法理正当性。村干部严格按照程序进行贫困户的进入和退出工作，既有法律法规的根据，事后也便于和村民解释。最后，结果公平公开，易被村民认同。严格根据程序作出的结果，不仅是村民意志的反映，而且程序公开能最大限度减少纠纷的产生。就如同 W 主任所说，在涉及经济利益的问题上，如果不经过民主评议会，不把工作公示出去，你永远都说不清楚。事实上，程序型方法将村民的权利意识、乡村治理中的法治精神和科层制的制度安排统合了起来。具体而言就是以乡镇政权中的科层制制度结构为平台，以法律法规等为正当性依据，用严格遵守程序的方式去回应村民的权利诉求。可见，中国社会本身的程序化以及社会互动和社会管理的类型化，都促进了策略型治理模式的形成。

第三，压力社会是中国社会管理的主要特点，是党政体制下中国社会的独特现实，具体体现在学者提出的"压力型体制"这一概念中。本来，"理性主义"是科层制运作的一般精神。通过明确职责、建立规章制度，使科层制组织服从一个非人格性的无私规则而非某一个人，以实现组织最初设定的理性目标。但应星指出，中国1949年后形成的科层制并不是完全意义上的理性科层体系，正式科层组织的各种理性化的规范程序未能充分地发育起

---

① 资料来源于调研材料，材料编号 20180727QF。引文中着重号与"可以"二字为笔者所加。

来，各种程序技术难以真正按照程序来运作。① 西方科层组织各种理性化的形式规则、规范化次序是有意识地被拒绝或无意地被忽视的。② 另外，欧阳静的研究显示了压力型体制会嵌入科层制之中，深刻塑造科层制的运作逻辑。上级政府为了完成各项政治任务和行政任务，往往利用"高指标""乌纱帽"等手段给下级政府"加温加压"③，从而使各项任务指标在科层制的行政等级中层层下达，出现"层层加码""上面千条线，下面一根针"等现象。这种体制的运作结果就是暂时打断、叫停科层体制中各就各位、按部就班的常规运作过程，代以自上而下、政治动员的方式来调动资源、集中力量和注意力来完成某一特定任务。在乡村治理中，压力型体制的运作方式一方面会打断村支两委的常规工作计划。比如在 S 村，村委会本来打算兴建一个幼儿园，但是面对扶贫攻坚专项治理时期巨大的绩效考核压力，村委会不得不把这一计划搁置起来。目前该村 178 个适龄儿童只能去五公里外的幼儿园读书。④ 另一方面，在压力型体制的高强度激励方式下，作为"自利性共同体"的乡村基层干部会想尽一切办法来完成上级交代的任务。而这就为村干部借助诸如政法系统的国家强制力提供了可能。调研中我们发现，村干部虽然会慎用"做工作"中的"强权力型"模式，但一旦遇到强大的政治、任务压力，"强权力型"模式就会成为村干部的现实选择。

伦理社会、程序社会和压力社会这三重属性是乡村基层社会具有的三种结构性力量，这些现实的制约条件要求村干部因事制宜，采取有针对性的"做工作"方法，这都给策略型治理模式的

---

① 参见应星《大河移民上访的故事》，生活·读书·新知三联书店，2001，第 324、368 页。

② 参见 Whyte M.，"Who Hates Bureaucacy？" In Stark ed.，*Remaking the Socialist Economic Instiutions*，Stanford University Press，1989，pp. 239 - 241。

③ 参见欧阳静《策略主义——桔镇运作的逻辑》，中国政法大学出版社，2011，第 119 页。

④ 资料来源于调研材料，材料编号 20180724QF。

运行提供了实际内容。可以说，伦理社会、程序社会和压力社会这三重属性实际上是为该模式提供了具体的内容支撑。然而，策略型治理模式的本质在于基层干部基于治理目标的需要，以实用主义态度对上述治理资源的灵活调用。这种调用是具体的、特殊的、实用性的，所以才称之为"策略主义"。进而我们认为，决定村干部在上述治理资源中采取"策略主义"行为模式，并赋予策略型治理模式"策略主义"特征的，是这三重属性之间的三重矛盾关系。换言之，伦理社会、程序社会和压力社会三者间的三重矛盾关系是其生成逻辑的另一重要方面。

（三）三重矛盾关系——策略型治理模式的生成逻辑之二

首先，乡村社会的伦理属性与程序社会之间存在深刻冲突，即非程式化的乡村社会与程式化的科层组织之间存在复杂的矛盾关系。一方面，科层治理能够促进乡村有效治理的实现。比如上文提到的程序型方法就能很好地解决村干部"优亲厚友"的问题。但另一方面，伦理本位的乡村社会具有不规则性。欧阳静指出，相对于现代城市生活和交往行为的规则化、程序化，农民和农村生活中的思维、行为、交往是不规范的、凌乱不堪的。① 现代生活及与之相对应的科层体系与乡村社会是两套完全不同的运作逻辑，以"人情社会""长老统治"为主要特征的伦理社会排斥以规则化、理性主义为原则的现代理性主义科层制。因此，乡村治理事实上就处在科层化体制与乡土社会的夹缝之间，在不同的行为逻辑间相互掣肘。在乡村治理中过分强调规范化的科层治理反而会适得其反。在调研地区，伴随着现代理性科层制而来的大量繁杂的官僚规章、程序和文书工作给基层干部增加了极大的工作负担。接受访谈的村干部普遍反映做材料、填表等文书工作挤

---

① 参见欧阳静《策略主义——桔镇运作的逻辑》，中国政法大学出版社，2011，第 133 页。

占了大量工作时间。C村第一书记H某在谈到这一问题时略带愤怒地说："我觉得我要实实在在做工作，不要形式主义！""我经常问他们，你要这些数据干什么！他要数据要得很无聊，要得太详细！"① 除了抱怨，H某还采取不交材料、敷衍了事、请人代填等方式应对这一问题。② 如若不然，按照H某书记的原话，他就要"天天被困在办公室里，没办法做其他工作了"。③ 事实上，这一问题并不是调研地区的个例。2018年7月26日，由新华社主办的半月谈网站刊发《警惕！"痕迹主义"在基层流行，已成形式主义新变种》一文。文章揭示出"搞一次卫生清扫需要9份档案"和"脱贫攻坚资料大比武"等现象，直指基层流行的"痕迹主义"和形式主义问题。④ 虽然这类现象的发生有基层干部自身的原因，但科层化的治理方式与非程式化的乡村社会之间的冲突无疑是其发生的结构性原因。

其次，乡村社会的伦理属性与压力社会中管理体制的运作方式之间的矛盾关系也为策略型治理模式提供了前提条件。一方面，作为"上面千条线，下面一根针"的"针"，压力型体制下的村干部"事情多，任务重"。巨大的任务压力能够倒逼村干部融入乡村伦理共同体，利用村民的关系网络完成治理任务。因为在乡村治理过程中，村干部需要天天与本村村民打交道，而且每天都可能出现新的纠纷和工作任务。再加上村庄的治理过程不会结束，永远也没有尽头。这些都决定了乡村治理不是一次性博弈，而是

① 资料来源于调研材料，材料编号20180726QF。
② 需要说明的是，该书记年龄较大、资历较高，且该镇党委书记还是他原来的学生。这些有利条件使得他敢于用实际行动表明自己对"交资料""走程序"的排斥态度。
③ 资料来源于调研材料，材料编号20180726QF。
④ 详见《警惕！"痕迹主义"在基层流行，已成形式主义新变种》，半月谈网，http：∥www.banyuetan.org/jrt/detail/20180726/1000200033134991532567300154659118_1.html，最后访问日期：2018年8月14日。

重复多次博弈，甚至是"无限次重复博弈"。① 这就要求村干部反复多次地利用村庄资源完成治理任务，不能对相应资源一次性用尽。而村庄伦理关系这一资源简单易得，行之有效，在乡村治理中能给村干部极大的助力。培养和维护乡村的伦理关系，是村干部应对压力型体制下巨大工作压力的有效手段。但另一方面，乡村社会具有的伦理共同体地位决定了在乡村"做工作"绝不是普通的行政业务，也绝不能简单地将其庸俗化为政策执行的推手，压力型体制的运作方式时时有可能破坏乡村脆弱的伦理关系。如果压力型体制的目标有悖于村民的共同情感，不能在乡村伦理共同体内部消化，两者就会产生激烈冲突，最终两败俱伤。

最后，压力社会中管理体制的运作方式与程序社会中科层法治的理性精神之间的矛盾促进了策略型治理模式的形成。一方面，以程序型方法为代表的科层法治有助于村干部对涉及经济利益等敏感问题的处理，有助于村干部借助科层制的制度安排与法治正当性完成压力型体制的目标任务。但另一方面，压力型体制始终与法治精神之间存在深刻的矛盾。就拿村干部津津乐道的不给村民办事这一"弱权力型"模式来说，我国《村民委员会组织法》第 2 条规定，村委会是村民自我管理、自我教育、自我服务的基层群众性自治组织，实行民主选举、民主决策、民主管理、民主监督。《村民委员会组织法》中没有规定村委会或其成员可以因村民"不配合工作"而剥夺其法定权利。相反，该法第 10 条和第 27 条分别明确规定："村民委员会及其成员应当遵守宪法、法律、法规和国家的政策，遵守并组织实施村民自治章程、村规民约，执行村民会议、村民代表会议的决定、决议，办事公道，廉洁奉公，热心为村民服务，接受村民监督。""村民自治章程、村规民约以及村民会议或者村民代表会议的决定不得与宪法、法律、法

---

① 关于重复博弈的具体问题可以参见张维迎《博弈与社会》，北京大学出版社，2013，第 127 ~ 156 页。

规和国家的政策相抵触，不得有侵犯村民的人身权利、民主权利和合法财产权利的内容。"因此，村干部的这一做法明显不符合法律规定。在调研中我们发现，村干部本身也意识到了这个问题。比如在访谈中 P 村村主任就表示，严格说起来，村庄治理中的个别做法并不是完全合乎法律规定。① 另外，面对压力型体制下巨大的工作压力，村干部往往采取"对人不对事"的工作方式。与法治化、规范化的科层制中"就事论事"的原则相反，村干部会把村民的其他诉求或过失与治理争议问题联系起来。P 村村主任所说的"你不配合我的工作，那么我也不配合你的工作"其实是两个完全不同的"工作"。前一"工作"可能是村民违反村规民约而拒不接受处理，不配合村委会维护村庄基本秩序的工作安排。而后一"工作"可能是该村民因就业而需要村委会开具证明。在强大的激励机制下，村干部很容易利用权力的便利把这两件无关的"工作"揉捏在一起，从而为权力型方法的运用创造条件。

中国乡村社会处在伦理社会、程序社会和压力社会三种结构性力量的支配下，乡村治理面对的是三者间两两矛盾的三重矛盾关系。这表明目前的乡村基层社会既非一个"长老统治"的拥有"礼治秩序"的社会，也非一个基于现代公共规则行事的"市民社会"，而是一个传统权威与规范缺失、现代权威与秩序尚未建立、多种规范和价值相互竞争与并存的"结构混乱"的社会。乡村社会既有传统力量的残余，也有现代权利意识的萌芽，更受到党政体制的深刻影响。在这些力量的支配下，目前乡村社会的运行呈现"混合逻辑"的特征。面对转型时期乡村基层社会"不古不今，不中不西"的混合逻辑，乡村基层社会治理必须在伦理社会、程序社会和压力社会的三重变奏及其矛盾中拼凑应对，村干部也必须在不同的"做工作"方法中辗转腾挪。这既是乡村治理必须面对的现实，也是策略型治理模式产生的根源。以"做工

---

① 资料来源于调研材料，材料编号 20180801QF。

作"为代表的策略型治理模式立基于乡村社会运行的现实结构，因而极大提升了村干部的治理能力。但是，这绝不意味着该模式本身没有局限与风险。

五　策略型治理模式的局限与风险

存在丰富的治理资源是策略型治理模式的前提，但乡村社会中各类治理资源的不断耗损会使得其难以为继。以伦理关系为例，在乡村社会人口流动性增强、传统道德价值观转型的背景下，以人际关系网络和伦理行为准则为核心的关系类治理资源还能发挥多久的余热？村干部能否不断在乡村治理中寻找和创造其他有效的治理资源，从而保证策略型治理模式的内容不枯竭？另外，恰恰因为面对着形形色色的治理资源，村干部又面临着特殊的困境。因为策略型治理模式下的村干部为了有更多的治理资源，从而技术性地完成治理任务，往往会容忍村庄中各种权威力量的兴起，甚至与较强的权威力量妥协。而当前乡村社会处于传统向现代、乡村向城市的漫长过渡期。一方面，村民生活日趋城市化，逐渐在摆脱乡村社会生活的约束；另一方面，都市生活的社会约束和心理约束还没有完全取而代之。在这样的条件下，一些学者讨论的乡村社会中的"混混""派系"等灰色力量就有可能在乡村滋生，进而登上乡村治理的舞台。① 这不仅会危害乡镇基层政权，使村级公共权力的性质与运作方式发生偏离，造成乡村治理的无序现象②，而且更有可能造成村干部与村内其他权威力量的利益联合。村干部借助灰色势力的力量操纵选举、整治村民，从而树立威风、方便自己；村内灰色势力则可以借助村干部的力量横行霸

---

① 关于"混混""派系"等问题可以参见陈柏峰《北方村庄的派性政治与日常生活》，《开发研究》2008 年第 1 期。

② 参见孙琼欢《派系政治——村庄治理的隐秘机制》，中国社会科学出版社，2012，第 156 ~ 157 页。

道，攫取大量经济利益。因此，要让策略型治理模式得到维系，村干部们就必须在治理资源上"开源"，而又不能陷于各类灰色治理资源中不能自拔。这对基层治理实施者们来说既是一个不得不面对的困境，也是一个不小的挑战。

其次，从规则之治的角度而言，该模式在维持和促进基层社会治理形成稳定的一般规则结构上作用有限。在策略型治理模式下，村干部往往对村庄现存规则机会主义地运用，这使得基层社会规则工具化、手段化。村干部无论是对于村庄传统伦理规则的运用还是对于现存法律规范的运用，都是服务于特定的短期目标。这不仅使得既有规则工具化，更无助于在基层社会治理中形成新的稳定的一般规则。比如在贫困户的识别这一环节，村干部都倾向于使用程序型方法，严格按照相关法律规则进行。但这既不意味着法治资源成为村干部治理村庄的垄断性资源，也不意味着法治精神在乡村落地生根。村干部只是借助现有的法律规范与法治正当性来减少工作中产生的纠纷，从而完成治理目标。而策略型治理模式的策略性之一就在于，只要能够完成治理目标，就可以完全不排斥不具合法性与正当性的方法。因此，坚持依法治国，推进国家治理体系和治理能力现代化的目标，在乡村治理层面还任重而道远。

最后但也是最重要的，在价值层面，该模式在促进社会主义核心价值观建设上收效甚微。任何形式的社会治理都不只是一个技术问题，更是一个超越技术、规则，关涉价值观和基础性规范的价值问题和政治问题。任何一种程序技术，都需要一套抽象的价值体系支撑。因此，脱离价值取向而单纯地谈治理技术无异于舍本逐末。就以"做工作"为代表的乡村治理而言，这就是关乎人心的治理。因为只有群众内心认同相关治理理念和政策目标，有效治理才能达成。但是策略型治理模式的具体方法既包括灵活的、因地制宜的合理合法的策略，也包括不讲原则、不具合法性与正当性的策略。所以策略型治理模式呈现只顾治理技术的改进，不顾精神价值的养育；只管短期效用，不管核心价值和基础性规范建设的特征。① 这种只从治理技术层面来看待基层社会治理，不关心基层社会治理中的政治问题与价值问题的治理模式很大程度上落入了施特劳斯对韦伯的批判："追随你的守护神，不管它是善还是恶。"② 然而，要想实现基层治理的法治化，首要前提就是法治价值与法治精神在中国社会价值观的"诸神之争"中胜出。而在层层技术治理包裹下的策略型治理模式，其核心的价值观念却表现出浓厚的实用主义与机会主义特征。这不仅无助于法治价值在这场殊死搏斗中胜出，更加可能的是，它会使法治价值与法治精神在这场"诸神之争"中面临腹背受敌的局面。一方面，法治精神要应对"讲人情""讲关系""拿钱办事"等社会价值观念的冲击。另一方面，法治精神还要面临公共社会治理体制背后"机会主义""摆平逻辑"③ 等价值取向的腐蚀。从这点来看，策略型治理模式下的乡村社会不仅难以保持长期稳定的状态，而且难以形成一套供人们信守的核心价值与基础性规范。这使得它成为一种真正贫乏的治理方式。

六　结语

基层治理最终是由基层干部直接实施的，基层干部的行为方式深刻地影响着基层治理的样态。在我国，对基层治理的研究大多从基层政权的组织结构、财政关系和官员职务晋升等中层因素

---

① 参见欧阳静《策略主义——桔镇运作的逻辑》，中国政法大学出版社，2011，第 235 页。
② 〔美〕施特劳斯：《自然权利与历史》，彭刚译，生活·读书·新知三联书店，2003，第 47 页。
③ 参见郁建兴、黄飚《地方政府在社会抗争事件中的"摆平"策略》，《政治学研究》2016 年第 2 期。

入手，对于基层干部行为方式的微观分析还有很多进步空间。"做工作"作为村干部最日常化的工作方法，不仅直接体现了村干部的行为样态，更可以从中窥见我国基层治理独特的生成逻辑。在乡村治理过程中，村干部首先面对的是一个充满伦理性的不规则的乡土社会；其次，村干部需要在乡镇政权科层制的制度安排与琐碎的村务现实之间协调，以回应村民日益增长的权利诉求；最后，作为压力型体制中工作最为繁重的一员，村干部还要应对随之而来的巨大任务压力。因此，面对伦理社会、程序社会和压力社会这三重属性及三者之间的多重矛盾关系，村干部只能实用主义地在"关系型"、"程序型"和"权力型"三种"做工作"方法中进行选择。村干部策略性地将各类方法、技术、规则、手段——不论其性质和实施成本如何——作为运作规则的微观行为方式，充分展现出策略型治理模式的独特运作逻辑。作为转型时期乡村基层治理的现实选择，该模式在一定程度上契合了目前乡村社会运行的混合逻辑，提高了村干部的乡村治理能力，也在一定程度上展现出我国基层治理从"策略型治理"走向"规则型治理"①的特点。

当然，不可忽略的是，策略型治理模式并不必然走向基层善治。策略型治理模式本身高度依赖丰富的治理资源，时时面临着治理资源枯竭的"阿喀琉斯之踵"，并可能在基层社会滋生灰色势力，破坏基层社会秩序；而其策略主义特征则会使得基层社会既存规则工具化、手段化，无助于一般规则结构的形成；更重要的是，忽视核心价值观建设与缺乏民众敬畏感的治理方式，更加可能只顾技术性地完成治理任务，罔顾基层社会现实，从而在治理过程中激化基层矛盾，恶化干群关系，并最终损害党的执政基

---

① 参见 John Shuhe Li，"Relation-based versus Rule-based Governance：An Explanation of the East Asian Miracle and Asian Crisis"，*Review of International Economics*，vol. 11，no. 4，2003，p. 651。

础。因此，国家基层治理策略仍然需要重视法治，提倡规则之治，并加强基层社会核心价值和基础性规范的建设。基层干部则需要在工作中充分尊重基层社会自身的运行逻辑，培养提升自身的民众敬畏感。只有如此，基层善治的目标才能真正实现。

最后，本文的主要目的是通过"做工作"来探讨当前中国基层治理模式的现状、生成逻辑与风险局限。但在研究中我们发现，"做工作"这种非规则的工作方法其实恰恰契合了基层社会这样一个尚未被正式规范格式化的场域。从一个更大的视角来看，我们认为不可能社会的任何角落都落实"规则之治"。因此尽管随着乡村社会的变迁，"做工作"的主体、对象、内容、形式都会发生相应的变化，"做工作"作为一种工作模式却永远不会荒芜。它本身蕴含的是对规则治理的补充和矫正，二者充满张力，但又互为背景。基层治理应该如何平衡以法治为代表的规则之治和以"做工作"为代表的非规则治理方式，是现实留给我们的又一理论难题。

"Do the Work": The Social Foundation and Limitations of Rural Strategic Grassroots Governance

Tan Li

Abstract: "Do the work" was an important working method for rural grassroots cadres to implement rural governance. It had not only demonstrated the rural governance ability of rural grassroots cadres, but also clearly demonstrated the unique generation logic of grassroots governance in today's China. Through the analysis of the local term "do the work", three types can be abstracted from the working methods of rural grassroots cadres, as relational type; procedural type and power type.

Faced with the triple attribute of the ethical society, procedural society and pressure society and the multiple contradictions among the three, the rural grassroots cadres showed pragmatic feature in the choice of specific methods of "do the work". Grassroots cadres used various methods, techniques, rules, tools, and strategies—regardless of their nature and implementation costs—as rules of operation, thus formed the strategic grassroots governance mode in the process of rural governance. As a realistic choice for rural grassroots social governance in the transition period, it fitted the current mixed logic of rural grassroots social operation. However, the strategic grassroots governance mode also contained limitations such as the exclusion of governance of rules.

Keywords: "Do the Work"; Rural Governance; Strategic Mode; Social Foundation

（责任编辑：郭晓雨）

2019年第1辑·总第1辑

法律和政治科学
LAW AND POLITICAL SCIENCE

Vol.1, 2019 No.1

治　理

《法律和政治科学》（2019 年第 1 辑·总第 1 辑）
第 169～218 页
© SSAP，2019

重回价值治理：韦伯技术治理理论研究

宋维志[*]

【摘　要】"理性"是现代社会的重要组成部分。随着科学与技术的迅猛发展，社会的理性化进程为现代人建构起了一个深度依靠技术进行治理的社会。技术治理使得人类物质文明达到了前所未有的高度，但同时也为深度依赖工业与资本的社会埋下了"现代性"的陷阱——技术治理下的社会虽然运转高效，但人在其中只是一个"零件"；人们通过理性构建起科层官僚制和形式化的法律制度，技术化的社会制度却逐渐走向了冷酷与实质的不正义；人们借助科学与知识认识了客观世界、实现了"祛巫除魅"，价值多元的时代却使得人们在面对价值领域之间的冲突时显得无所适从。韦伯对现代社会的未来感到悲观，但他同时也为如何在价值多元的"诸神时代"坚守自己的价值信念指出了道路。坚持责任伦理，在技术治理的社会中坚守自身的价值信念、实现自身的价值治理，

---

* 宋维志，西南政法大学立法科学研究院助理研究员。

是重新回到"有意义的生活"的可行路径。

【关键词】 马克斯·韦伯；理性化；技术治理；价值治理；责任伦理

一 问题：技术治理何以陷入困境

（一）技术治理的现实困境

工业革命以来，"技术"成为人类文明发展中的关键词。科学的发展带来生产技术的革新，生产效率的大幅度提升为人类推开了近现代文明的大门。种种科学的发现与科技的发明极有效率地组织了现代化企业、大幅度地提升了劳动水平；信息通信与交通运输不断提升速度，使得全世界范围内的信息交换与商品交易成为可能；公共治安持续改善，警察制度与公务行政制度的优化使得市民社会趋向稳定；法律制度的系统化建立为现代文明奠定了"法治"的基础。① 不断更新的技术成为现代社会不可或缺的基石，"持续进步"的信念成为人们对未来的坚定信仰——在科学技术带来的前所未有的巨变中，在技术渗透进社会各个领域时，工业文明与现代社会一片乐观。

然而，正当人们沉浸在技术进步带来的喜悦时，危机也悄然而至。技术时代的实质并不仅仅在于技术或机器在社会中的全面应用，技术时代的实质在于"技术理性"成为当代社会唯一的思维方式和生存方式。② 技术的大规模应用使得技术几乎控制了社会的方方面面。以技术为核心的治理仿佛一台庞大的机器，但在这

---

① 参见〔德〕卡尔·雅斯贝尔斯《时代的精神状况》，王德峰译，上海译文出版社，2013，第5页。
② 参见陈俊《技术与自由——马尔库塞技术哲学思想研究》，中国社会科学出版社，2013，第47页。

台机器中人并不完全是核心的组成部分，而是作为机器某个部件的一种"功能"；人需要根据机器对功能的要求不停地变换位置，但在持续不断的忙碌中，人与人的聚集却始终只是像沙粒一般被堆在一起。"无论是愉悦还是不适，是奋发努力或是疲劳倦怠，他都不过是执行着他的日常任务而已。"①

机器解放了人类的生产力，既使人类从繁重的体力劳动中脱离出来，又大幅度地提升了劳动的效率。但马克思也同时警示我们，技术的胜利"似乎是以道德的败坏为代价换来的"。人的确是在科学技术的帮助下控制了自然，实现了千百年来的梦想，但同时"我们的一切发现和进步，似乎结果是使物质力量成为有智慧的生命，而人的生命则化为愚钝的物质力量"②。技术在物质生产上为人类提供了极大的帮助，但当技术从工业生产渗透进社会各个部分时，似乎技术才是社会的主人，人却不知不觉失去了自己的位置。作为"零件"的人在社会这台巨大的机器中无休止地转动，疲惫不堪却已麻木不已；科学技术却已然成为一种"意识形态"③ 从幕后走向前台，在人们的日常生活中发挥着不可忽视的工具性导向作用。④ 在效率至上和提升生活水平的双重压力下，现代社会中的代表着理性与文明的技术逐渐取代了往日以恐怖与威吓姿态示人的强制权力；暴力退场，技术成为稳定整个社会的重要因素。⑤ 整个社会变成了一个没有反对派的单向度社会——因为技术只关注效能的优化，价值的赞成与反对并不是其首要考虑的因素；变成了一个人忘记了自身自由的社会——因为人的作用似乎只是尽力实现其作为"零件"的最大功效，人自身的价值并

① 〔德〕卡尔·雅斯贝尔斯：《时代的精神状况》，王德峰译，上海译文出版社，2013，第 23 ~ 24 页。

② 《马克思恩格斯选集》第 1 卷，人民出版社，1995，第 775 页。

③ 参见陈化《技术异化之消解：伦理学的进路》，《理论界》2013 年第 6 期。

④ 参见易继明《技术理性、社会发展与自由——科技法学导论》，北京大学出版社，2005，第 43 页。

⑤ 参见〔美〕马尔库塞《单向度的人》，刘继译，上海译文出版社，2006，第 2 页。

不受到关注。新的社会为人的生活提供各类必需品，它动用一切力量来满足人的物质需求，人力、物力都为了提高生产效率而忙碌不已；但是，人在其中却不易找到自己的位置，似乎人在其中已被消解，只剩下作为手段的机械劳动与象征存在的躯体，却找不到作为人存在的意义。"在这架机器中，人不可能达到满足。它并不为人提供具有价值和尊严的东西。"①

技术表面上竭尽全力为人们提供了可感的物质幸福，但在从工业生产领域向社会组织领域渗透的过程中，技术却实际上悄悄搭建了一种无形的社会治理与社会控制形式——最为典型的便是在社会组织领域作为技术治理核心形式的科层官僚制。

工业生产的进步推动着社会组织形式的转型，官僚制——作为一种将渗入一切社会组织、成为现代社会命运的组织体制②——已经走进人类文明舞台的中心。18 世纪至今，不过 300 余年的时间，官僚制已几乎掌控人类社会组织的方方面面，如同一台轰鸣的机器，搭载着人类文明不断前行。关于官僚制的迅速发展，韦伯认为，"官僚制组织之所以有所进展的决定性因素，永远是其纯粹技术上的优越性"。③ 成熟的官僚制组织拥有现代化的技术思想、采取科学合理的运行手段，正如现代社会制造的工业机器一般高效，旧的社会管理制度完全无法企及这种工业化的效率。

官僚制行政系统的优越与其对专业知识技能的要求密不可分。正如韦伯所言，"在现代科技以及经济生产企业技术的发展下，专业知识在近代已成为绝对的不可或缺"。④ 人们将对改造自然成效卓越的科学技术应用于社会治理中，社会治理的核心立场有二：

---

① 〔德〕卡尔·雅斯贝尔斯：《时代的精神状况》，王德峰译，上海译文出版社，2013，第 61 页。

② 参见陈果《走出官僚制困境》，《社会科学研究》2008 年第 1 期。

③ 〔德〕马克斯·韦伯：《支配社会学》，康乐、简惠美译，广西师范大学出版社，2010，第 44~45 页。

④ 〔德〕马克斯·韦伯：《经济与历史·支配的类型》，康乐等译，广西师范大学出版社，2010，第 311 页。

其一，科学管理，即使用效率最优的、科学的原理及最具有操作性的技术方法对社会进行治理；其二，专家政治，即将政治权力交由接受了系统的现代科学技术教育的专家来掌握。① 换言之，"专业技术"已成为现代社会治理体系中的核心要素之一，现代社会治理体系可以称为"技术治理"体系。

然而，这种被韦伯称赞为"人类行使支配的已知方式中，最为理性者"② 的官僚制技术治理，在现在社会不断受到挑战：过分专业化的分工使得官员视野趋于狭窄，繁复的制度规章限制了官员的自主能动性，不合理的激励评价机制使得官员对上级评价的重视超过了对其本职工作的关注——"官僚制"，作为"理性"的代表，却逐渐被人们与"低效率"联系在了一起。③

类似的问题在当下的中国社会同样存在，甚至于，正处在社会转型期的中国，在国家治理与社会治理上面临着更多的困境与挑战。

在农村地区，分权改革将村委会原有的自治权转移至镇聘执行单位，村委会变成基层政府的科层化延伸，"半行政化"的村级治理逐渐生成。科层制、行政化的组织结构使得村级治理组织"悬浮化"，村庄治理者逐渐脱离村民。④ 脱节的基层组织无法有效承接上下两层社会关系，来自官方与民众两边的不合作、不信任使得基层组织陷入消极作为与难以作为的行动困境，甚至出现富人和灰黑势力"主政"后的摆平式"积极"治理现象。国家资源对乡村社会的输入最终落入公共资源无效损耗的窘迫境地。⑤

---

① 参见刘永谋《技术治理的逻辑》，《中国人民大学学报》2016 年第 6 期。
② 〔德〕马克斯·韦伯：《经济与历史·支配的类型》，康乐等译，广西师范大学出版社，2010，第 311 页。
③ 参见陈国富《官僚制的困境与政府治理模式的创新》，《经济社会体制比较》2007 年第 1 期。
④ 参见王丽惠《控制的自治：村级治理半行政化的形成机制与内在困境——以城乡一体化为背景的问题讨论》，《中国农村观察》2015 年第 2 期。
⑤ 参见陈锋《分利秩序与基层治理内卷化——资源输入背景下的乡村治理逻辑》，《社会》2015 年第 3 期。

在城市治理中，执法机构"孤岛现象"普遍，各级政府、各个部门间的条块关系投射到基层执法机构中，科层体系内的不同层级、不同部门间的不同目标阻滞了基层执法机构间的相互合作，行动末端常常陷入执法无力的困境。无效率、无权威的执法使得执法人员被迫接受执法对象的讨价还价，执法行动陷入了松弛失常、"专项执法"僭越日常规范治理的局面。①

中观层面，社会治理中地方政府试图全盘依赖行政力量（动员制和科层制）代替民众的政治参与，但实际工作中又无法做到完全吸纳。政府与民众沟通不畅的压力由外而内、自上而下地转移给基层工作人员，基层工作人员又通过科层机制寻求自保，外部的"行政—政治"问题转化为官僚系统内部上下级之间的技术游戏。② 国家试图通过项目制提升社会治理效率，但项目实施过程中基层政府（组织）的自利性以及不断强化的科层间庇护结构，成为国家项目指标分配中无法克服的力量。③

宏观层面，政府间的条块结构、科层官僚体制破坏了公共政策的完整性，各自的利益诉求导致公共政策的碎片化倾向。精细化的社会治理思路要求官僚组织规模的扩大，由此势必带来组织层级的增加。科层制组织对各层级之间的管理、控制机制的强调，可能会过分扩大科层组织中最高层级的权力范围，致使科层组织体系陷入僵化。"全能政府"的退出需要不断激发社会自治的活力，但这一进程往往因科层官僚制严密的组织结构而迟缓，权力的收放与权利的兴抑间持续拉锯。④

---

① 参见陈柏峰《城镇规划区违建执法困境及其解释——国家能力的视角》，《法学研究》2015 年第 1 期。

② 参见耿羽《行政遮蔽政治：基层治理动员机制的困境——以白沙区拆迁工作为例》，《甘肃行政学院学报》2017 年第 6 期。

③ 参见李祖佩《项目制基层实践困境及其解释——国家自主性的视角》，《政治学研究》2015 年第 5 期。

④ 参见臧乃康《国家有效治理的现代性困境与超越》，《江苏社会科学》2015 年第 6 期。

正如有学者所指出的，技术治理是"当前中国社会治理领域改革和政策实践的主导逻辑，基本特征是强调风险控制、事本主义原则以及工具主义地动员社会，这一总体性转型逻辑虽对改革初期启动具有重要意义，但近来开始引发治理转型深层次瓶颈"。①

站在更宏观的角度，后发国家在社会治理过程中更容易陷入技术治理的困境。"与'早发型'国家现代化的主动渐进、稳步协调、整合从容相比较，后发国家现代化呈现出被动激进、仓促偏颇、整合失调的样态，这就使得后发国家的现代化矛盾丛生，现代化挫折纷繁复杂。"② 后发国家在现代化的进程中，至少面临差距和规模问题、缺乏可直接转换的财富、高速追赶问题、协调和控制四类问题。③ 在后发国家对先发国家的追赶中，"制度的引进、程序技术的形式化挪用，往往是通过国家权威进行的自上而下的制度移植"。④ 制度的移植、治理体制的模仿隐含着合法性的危机，诸如民主主义与民族主义间的冲突、本国政治传统与西方政治特征间的矛盾、社会变革需求与民主政治特征之间的矛盾等问题蠢蠢欲动。⑤ 甚至由于历史、文化、传统习惯等原因，后发国家的"模仿"仅停留在制度的外表层面，官僚技术治理仅是旧有制度体制的新外套，建立的制度形似却神异。⑥ 更进一步，技术治理中居于核心地位的专家政治本应是自下而上地形成，但对迅速发展的急切渴望推动国家权威自上而下地建构技术治理的外形框

---

① 黄晓春、嵇欣：《技术治理的极限及其超越》，《社会科学》2016 年第 11 期。
② 徐子棉、王继：《"后发型"国家现代化挫折的研究》，《云南社会科学》2014 年第 2 期。
③ 参见〔美〕列维《现代化的后来者与幸存者》，吴荫译，知识出版社，1990，第 8 页。
④ 李猛：《除魔的世界与禁欲者的守护神：韦伯社会理论中的"英国法"问题》，载李猛编《韦伯：法律与价值》，上海人民出版社，2001，第 239 页。
⑤ 参见张家栋、吴经泳《论后发国家落后的政治根源》，《国际观察》2009 年第 5 期。
⑥ 参见童星《现代性的图景：多维视野与多重透视》，北京师范大学出版社，2007，第 32 页。

架。被动建立起的技术治理虽然有其外观，但缺乏伦理理性化的内化过程，容易走向貌合神离的技术治理。官僚制技术治理本应"只是像件披在圣徒肩上的随时可以卸下的薄斗篷"，但"当自由的制度条件，脱离了个性与自由的技术，变成单纯的工具和形式的时候"[1]，便如韦伯所预言的那样："这斗篷变成了钢铁般的牢笼。"[2]

（二）文献综述

韦伯所谓的理性化是一个非常复杂的概念。他使用的这一术语一般涵盖三组相互关联的现象：世界的智识化，理性的增长，伦理的形成。[3]

葛拉伯（H. J. Grab）试图回答理性包含哪些价值的问题。他认为，在韦伯的价值相对主义框架中，如果缺乏一个普遍有效的价值体系，那么主观约束只能取决于个人对终极价值的认可程度。[4] 兰茨胡特（S. Landshut）追溯了韦伯区分"理性"与"非理性"的根源，他认为，韦伯语境下作为现代资本主义内核的"理性"归根结底是"可计算性"。他同时指出，韦伯在"理性化"问题上的讨论与马克思颇为相同，二人都试图用"科学"解释现代资本主义社会，只是韦伯最终没有走向马克思"改变世界"的路径。[5] 弗里尔（Freyer）为兰茨胡特的论述作了补充，他指出，韦伯对理性的赞成并非像启蒙时代的学者般毫无保留，而

---

[1] 李猛：《除魔的世界与禁欲者的守护神：韦伯社会理论中的"英国法"问题》，载李猛编《韦伯：法律与价值》，上海人民出版社，2001，第239页。

[2] 〔德〕马克斯·韦伯：《新教伦理与资本主义精神》，康乐、简惠美译，广西师范大学出版社，2010，第182页。

[3] 参见〔英〕安东尼·吉登斯《政治学、社会学与社会理论——经典理论与当代思潮的碰撞》，何雪松、赵方杜译，格致出版社，2015，第31页。

[4] 参见 H. J. Grab, *Der Begriff des Rationalen in der Soziologie Max Webers*, Leipzig, 1927, p. 42。

[5] 参见 Siegfried Landshut, *Kritik der Soziologie und andere Schriften zur Politik*, Berlin: Luchterhand, 1969, p. 35。

是更关注在"价值中立"的立场上评价世界的"理性化"——理性不是人类社会全能的新"神"，而是"一经发动即无法逆转的'命运'力量"。① 谢尔廷（A. von Schelting）试图将韦伯的责任伦理与知识获取联系起来，他认为，理解韦伯的"理性化"必须从责任伦理切入。谢尔廷指出，韦伯并未将"理性"视为"有自身价值"，而只是将其作为行动的责任伦理倾向中的一种意义元素；责任伦理在一定程度上即意味着"理性"，但这种理性只是手段、方法上的合理选择，而并不及于目的、价值领域。② 洛维特（Löwith）强调韦伯对独立个人的"自由"的关注，他认为，韦伯对现代社会的悲观正是源于理性化了的社会对现代人内心造成的"不自由"。③

卢卡奇（Lukács）在韦伯的"理性化"概念基础上进一步衍生出"物化"理论，他认为韦伯的"形式理性"正是社会生活"物化"的来源。资本主义生产模式下的技术化、形式化的"计算"逐渐掩盖了人际的交往沟通，卢卡奇所指的"物化"实际上与韦伯的"理性化"一体两面。④ 霍克海姆（M. Horkheimer）和阿多诺（T. Adorno）延续了卢卡奇对韦伯的理解方式，他们更关注韦伯学说中的"工具理性"，并指出技术化的工业文明社会可能面临着"意义丧失"与"自由丧失"的问题。韦伯所描绘的现代社会理性化吊诡的局面在霍克海姆和阿多诺看来更加严重，"充分得到启蒙的地球却放射出灾难"。⑤ 韦伯的学说在其生前时代并未大放异彩，"在那个时代……除了少数例外，很快就成了一个其

① Hans Freyer, *Soziologie als Wirklichkeitswissenschaft*: *Logische Grundlegung des Systems der Soziologie*, Leipzig, 1930, p. 157.

② 参见 Alexander von Schelting, *Max Webers Wissenschaftslehre*, Tübingen, 1934, p. 16。

③ 参见 Karl Löwith, *Max Weber and Karl Max*, London, 1982, p. 18。

④ 参见〔匈〕卢卡奇《历史与阶级意识》，杜章智等译，商务印书馆，1999，第96页。

⑤ T. Adorno and M. Horkheimer, *Dialectic of Enlightenment*, New York, 1972, p. 3.

影响被根据学科而瓜分成片段的牺牲品"。①

帕森斯（T. Parsons）通过对韦伯著作的英文翻译将韦伯的学说建构为自己的"结构功能主义"学说。帕森斯认为人们经常根据他们的终极价值、文化规范等来设定自己的行动目标，这说明价值规范在"行动"中仍扮演着动力来源的角色。② 由此，帕森斯尝试使用功能分析的路径取代理想型的研究方式。但帕森斯对韦伯的过度诠释反倒使得学界开始反思如何去发现"去帕森斯化的韦伯"。腾布鲁克（F. Tenbruck）认为对韦伯的研究不能仅限于对韦伯作品的考证，他指出"理性化"才是韦伯学说中的中心概念。③ 施路赫特（Schluchter）同意这一研究路径，他指出，"事实上，我们的主要任务便是在韦伯研究课题的引导下，来重建西方精神风格的由来及它今日呈现的特色，并且——当作这一重建工作的结果——试图回答现代社会中什么是'适当的伦理生活格式'这一问题"。④ 在施路赫特的观点中，"人类的意志并非完全自由的，它会发现形塑世界已受到种种条件的限制"⑤，或是对效率的关注，或是对道德的要求。哈贝马斯（Habermas）在霍克海姆的批判上更进一步，他认为韦伯过分偏重工具理性行为的弱点，没有意识到历史研究中社会行为的多元解释。⑥ 韦伯暗示现代社会最终将会呈现工具理性占据主导、形式理性支配实质理性的局面，

---

① 〔德〕迪尔克·克斯勒：《马克斯·韦伯的生平、著述及影响》，郭锋译，法律出版社，2000，第 263 页。

② 参见〔美〕帕森斯《社会行动的结构》，张明德等译，译林出版社，2003，第 250 页。

③ 参见 Friedrich H. Tenbruck, *Das Werk Max Webers: Gesammelte Aufsätze Zu Max Weber*, Mohr Siebeck, 2002, p. 180。

④ 〔德〕施路赫特：《理性化与官僚化——对韦伯之研究与诠释》，顾忠华译，广西师范大学出版社，2004，第 10 页。

⑤ 〔德〕施路赫特：《理性化与官僚化——对韦伯之研究与诠释》，顾忠华译，广西师范大学出版社，2004，第 51 页。

⑥ 参见〔德〕尤尔根·哈贝马斯《交往行为理论》，曹卫东译，人民出版社，2004，第 256 页。

哈贝马斯尝试通过"沟通理性"来补充纯粹工具理性可能带来的不足。哈贝马斯虽总体上对韦伯学说持反省态度，"但他独将韦伯提出的问题意识视为最具有根本性于讨论价值，不啻为'理性化'诠释典范做了极成功的宣传"。[1]

蒙森（Mommsen）不赞成过于狭隘的定义"理性化"，与腾布鲁克和施路赫特不同，蒙森甚至主张避免过分使用这一概念。蒙森认为，韦伯对新教伦理与资本主义之间历史变迁的研究，显示出历史的发展并不是存在着必然的阶段性，而是有着多种可能，历史的发展可能更多呈现为多种力量的冲突与辩证。[2] 亨尼斯（Hennis）认为早期兰茨胡特和洛维特的诠释是由于过于关注韦伯和马克思间的关系才会过分关注"理性化"主题，他认为"人格与生活秩序的关系才是其主题"。[3]

国内学者对韦伯的关注也集中在"理性化"问题上。苏国勋从"法律和法规所支配的事物"、"法律关系的体系化特征"、"法律分析方法"和"消除分歧的手段"四个方面来概括韦伯所谓的"理性化"，他将韦伯在形式理性与实质理性上的矛盾视为"现代社会的二难抉择"。[4] 顾忠华高度评价韦伯思想中的人文主义关怀，他指出，韦伯"对现代性并非一味赞扬"，在其所处的时代为工业文明、工具理性欣喜若狂时，韦伯已预见现代人将面临的意义丧失困境，他所关注的是全人类文化发展的前景。[5] 陈介玄等企图从"方法概念、知识论及价值意涵的角度处理韦伯的合理化"问题，他认为韦伯关注的核心是社会历史变迁中现实的、具

---

① 顾忠华：《韦伯学说》，广西师范大学出版社，2004，第37页。

② 参见 Wolfgang Mommsen，"Personal Conduct and Societal Change"，in S. Lash，S. Whimster（eds.），*Rationality and Modernity*，Routledge，1987，p. 50。

③ 唐爱军：《马克斯·韦伯的现代性理论研究》，上海三联书店，2015，第9页。

④ 苏国勋：《理性化及其限制——韦伯思想引论》，商务印书馆，2016，第220～221页。

⑤ 参见顾忠华《韦伯学说》，广西师范大学出版社，2004，第184页。

体的人，"他质问的对象总是人"。① 王小章指出，韦伯"不甘于
虚无，又拒绝牺牲理智"的态度是其"悲剧英雄式的气息"的来
源，但同时也正是在这种悲观主义情绪中，"韦伯的思想搭上了存
在主义的脉搏"。② 汪行福认为韦伯的学术由两大主题贯穿——
"从欧洲文明中生发的理性主义是否具有世界性的普遍意义；塑造
现代西方文明的合理化将给人类带来什么命运"。③ 这正如李猛所
总结的，韦伯对现代社会的关注与思考，"无论在思想和现实
中"，都紧紧围绕着两个核心问题——"理性化和自由"。④

　　诚如学者所言，"韦伯学说并不止有一个主题，而是具有多个
主题，因为不仅韦伯一生关怀颇多，而且韦伯所研究的题目牵涉
极广，它们迫使也诱使韦伯采取不同的视角，应用不同的方法，
不断地去探讨新的社会现象"。⑤ 但如今，以"理性化"为线索研
究韦伯学说已获得学界较多赞同，以"理性化"为切入口进入韦
伯学说是一个较为妥帖的选择。

二　溯源：韦伯的技术治理理论

（一）工具理性与价值理性

　　在《新教伦理与资本主义精神》的开篇，韦伯从科学、艺
术、建筑、政治制度等多个方面考察了仅出现在西方世界却又
"具有普遍性意义及价值"的文化现象，并自信地得出结论，"问

---

① 陈介玄、翟本瑞、张维安：《韦伯论西方社会的合理化》，巨流图书公司，
1989，第 264 页。
② 王小章：《现代性自我如何可能：齐美尔与韦伯的比较》，《社会学研究》2004
年第 5 期。
③ 汪行福：《走出时代的困境——哈贝马斯对现代性的反思》，上海社会科学院
出版社，2000，第 123 页。
④ 李猛：《除魔的世界与禁欲者的守护神：韦伯社会理论中的"英国法"问
题》，载李猛编《韦伯：法律与价值》，上海人民出版社，2001，第 121 页。
⑤ 韩水法：《韦伯》，东大图书公司，1998，第 10 页。

题的核心毕竟是在于西方文化所固有的、特殊形态的'理性主义'"。① 在韦伯的社会学体系中，"理性"是一个非常重要的基础概念，现代世界就是一个"理性化"了的世界。理解韦伯的"理性"，工具理性和价值理性是一个合适的入口。

韦伯的社会学思想以"行动"（handeln）为原点展开。"所谓'行动'意指行动个体对其行为赋予主观的意义。'社会的'行动（Soziales Handeln）则指行动者的主观意义关涉到他人的行为，而且指向其过程的这种行动。"② 韦伯认为，"社会现象是追求着自己的目的、具有不同价值观的人们相互作用的结果……社会行动是社会学研究的最基本单位"。③ 在韦伯语境下，社会行动既明确地包含着"主观意义"的要素，更强调此"主观"对他人的关涉，即行动者对他人、对世界的联系与互动。

韦伯进一步将社会行动区分为四种类型化行动：工具理性式（zweckrational）④、价值理性式（wertrational）、情感式（affektu-ell）和传统式（traditional）（见图1）。⑤

其中，工具理性和价值理性行动的行动者在采取行动时，有明确的目的意识，会把追求的目标视为某种特定的价值，故而属

---

① 〔德〕马克斯·韦伯：《新教伦理与资本主义精神》，康乐、简惠美译，广西师范大学出版社，2010，第12页。

② 〔德〕马克斯·韦伯：《社会学的基本概念·经济行动与社会团体》，顾忠华译，广西师范大学出版社，2010，第20页。

③ 苏国勋：《理性化及其限制——韦伯思想引论》，商务印书馆，2016，第83页。

④ 关于zweckrational（德文zweckrationalität）的含义，学术界有"工具理性"和"目的理性"两种译法。顾忠华先生认为："'目的理性'含摄了两层关系：一是目的设定的合宜程度，一是目的和手段间的联系。'工具理性'则仅偏重手段的选择，这样的用法可能来自法兰克福学派的影响……"（参见〔德〕马克斯·韦伯《社会学的基本概念·经济行动与社会团体》，顾中华译，广西师范大学出版社，2010，第52页注释）参阅国内论及韦伯的文献资料，"工具理性"的译法是较早在学界使用的，也因此流传更广、接受程度更高，故本文选择使用这一译法。

⑤ 参见〔德〕马克斯·韦伯《社会学的基本概念·经济行动与社会团体》，顾忠华译，广西师范大学出版社，2010，第51页。

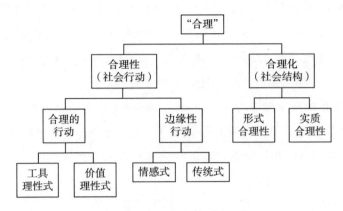

图 1　社会行动中的"合理"

合理性社会行动；情感行动和传统行动则属非理性社会行动。韦伯的关注重心在合理性社会行动上，工具理性和价值理性是其社会学概念体系中最为重要的一对范畴之一。

工具理性行动以行动目的的合理性为根基，运用多种方法评估即将采取的行动，在充分比较各种可能性之后去追求一个设定得合理的目标；价值理性行动则以行动者主观的理想信念为基础，行动者可以采取一切办法去实现其追求的理想价值。易言之，前者所看重的是行为是否可以有效地实现目的，是不是付出成本最小的方法；而后者所追求的是行为本身所内在的价值。①工具理性行动的"理性"是基于对行为的结果的考察，而价值理性行动的"理性"是基于对行为的价值的考虑。②

虽然工具理性与价值理性同属"合理"范畴，但相较而言，价值理性行动更充满"激情"甚至"非理性"。就像韦伯所说，"从工具理性的观点而言，价值理性始终是——而且当它愈将所指

---

① 参见王锟《工具理性和价值理性——理解韦伯的社会学思想》，《甘肃社会科学》2005 年第 1 期。

② 参见唐爱军《马克斯·韦伯的现代性理论研究》，上海三联书店，2015，第 42 页。

向的价值提高为绝对价值，则愈表现为——非理性的"。① 价值理性行动的这种行动偏好，明显地具有卡里斯玛（Chrisma）式的非常态、革命性的性质，因而可能成为推进理性化的动力——有趣的是，这种以"非常态、非理性"推进社会理性化的方式，恰恰也是价值理性"合理性"的一个侧面。另一方面，从价值理性的角度来看，工具理性行动也可能是非理性的——过于功利的计算及行为方式使得工具理性在对价值信念的坚守上并不牢靠。

工具理性行动指向的是"存在是什么"（is），而价值理性行动指向的是"存在应该是什么"（ought）。工具理性和价值理性各自证明着自身的合理性及对方的不合理性，试图在理性化进程中占据主导地位，在韦伯看来，现代社会正是构建于这一对价值范畴的对立交互中的。工具理性为现代人提供了先进的技术和治理手段，却消解了价值上的统一；价值理性实现了人对行为意义的追求，实现了价值理念上的满足，却可能忽视了行为与目标间的成本收益。二者冲突的直接结果是社会生活不再为个体提供统一的精神产品，"自由的"个体由于缺乏治理自我的成熟，反而在精神上陷入了灾难。这即是在价值理性视角下工具理性的非理性。

值得注意的是，"类型化"是韦伯论著中常用的手法，所谓的工具理性和价值理性，只是韦伯对合理性社会行动的两种纯粹分类。韦伯自己也承认，"绝对的工具理性行动基本上一样也只是一种建构出来的边界情况"。② 这就启发我们，理解工具理性和价值理性，并不能完全地割裂开、对立起来理解。"工具理性行动的成立，是行动者将其行动指向目的手段和附带结果，同时他会去理性地衡量手段之于目的、目的之于附带结果，最后也会考量各种可能目的之间的各种关系。……对于彼此竞争或相冲突的目的

---

① 〔德〕马克斯·韦伯：《社会学的基本概念·经济行动与社会团体》，顾忠华译，广西师范大学出版社，2010，第54页。

② 〔德〕马克斯·韦伯：《社会学的基本概念·经济行动与社会团体》，顾忠华译，广西师范大学出版社，2010，第54页。

与结果之间的抉择，在另一方面可以是带有价值理性的指向的：这时候，行动只有其手段部分属于工具理性的范围。"① 亦即，二者间的关系并非单线条对应，而是可能存在多种可能。例如，如果行动者以追求某种价值——例如一种荣誉或美德——为目的，在这一过程中精密计算、权衡各种手段；或者，行动者为了某种信仰而不顾一切——这二者哪种为纯粹的工具理性或价值理性？在这样的例证中，似乎无法完全将两种行动类型区分开；在一定程度上，工具理性就是价值理性，反之亦然，二者之间的区别被消解了。② 这便是韦伯所指的相对性。

工业革命后的现代社会借由工具理性的力量迅速发展，可以说，工具理性是现代社会的底色。但事实上，正如后文将论述的一样，工具理性的产生、发展并不是突兀的，它的产生与价值理性有着千丝万缕的联系。一定程度上，我们可以将此二者视为人们对物质利益与精神价值的不同追求。近代以来的人们在快步地追求物质生活、世俗功利，更深层次上我们却可以发现，这种追逐明显受到精神世界中某种价值观念的鼓励。物质利益和精神价值，正是这二者推动着人们进入社会行动之中。③ 在韦伯看来，现代文明的发展和问题就存在于工具理性和价值理性的对立与联系之中，把握住这二者的关系，就能理解现代文明的生长脉络。

（二）形式理性与实质理性

除了前文所详述的"工具理性与价值理性"这一对概念外，"形式理性与实质理性"是"理性"中的另一对重要范畴。

---

① 〔德〕马克斯·韦伯：《社会学的基本概念·经济行动与社会团体》，顾忠华译，广西师范大学出版社，2010，第 54 页。

② 参见王善英《理性化与人类生存境况——韦伯理性化思想研究》，安徽大学出版社，2012，第 36 页。

③ 参见 Richard Swedberg, *Max Weber and the Economic Sociology*, Princeton University Press, 1988, p. 4.

韦伯首先是在经济行动中论述这对概念。"所谓经济行动的形式理性（formale Rationalität），在此是指经济行动中，不仅技术上可能且实际上真正运用的计算程度。反之，所谓实质理性（materiale Rationalität），是指一定的群体通过经济取向的社会行动所进行的种种财货供给总是从某种价值判准（wertender Postulate，无论其性质为何）的观点出发，且受此一判准检验。"[1] 经济行动中的形式合理性主要表现为一个经济行动能够在多大程度上以数字、计算性的方式表现和执行出来，在这个意义上形式合理性主要体现为在经济行动中的货币计算；而实质合理性的概念相对要模糊一些，其所要衡量的，不仅是技术性计算的精确与完备，还要引入某种主观的、相对的标准（如伦理的、政治的、宗教的等）对经济行动的结果进行评判。[2]

在法律社会学部分，韦伯在讨论法的制定与发现时也对形式合理性与实质合理性的概念作出了规定。"法律之为形式的，是指无论在实体法或诉讼法上，唯有真确无疑的一般性的事实特征才会被列入考量；实质合理性则意味着，个别性的规范——而不是透过逻辑性的通则化而推演来的规范——对于法律问题的决定理应具有影响力。换言之，诸如伦理的绝对命令、功利的或出自其他目的的规制等超越了纯粹形式主义的判断标准而主导法律问题的判定。"[3]

从支配的根据的角度去理解，韦伯指出，"形式的合理性方面，它的最后依据是一个形式的（法律的）原则，是在抽象、逻辑方式下解释意义问题；并以逻辑归纳的方式抽取理论，这样的

---

① 〔德〕马克斯·韦伯：《社会学的基本概念·经济行动与社会团体》，顾忠华译，广西师范大学出版社，2010，第150～151页。

② 参见刘莹珠《资本主义与现代人的命运——马克斯·韦伯合理性理论研究》，人民出版社，2014，第150页。

③ 〔德〕马克斯·韦伯：《法律社会学》，康乐、简惠美译，广西师范大学出版社，2010，第250页。

合理性能获得形式上的自由。相反的，实质的合理性，它的最后依据是社会秩序中的实质原则，不是经由抽象逻辑概念分析得来的，而是不断地回归到具体的问题和现实秩序中的冲突上，查看它的适用性；实质的合理性应该被视为是可以付诸实践、并合乎实际社会设计的相关理论系统"。①

在韦伯那里，形式合理性偏重对程序的考量，指的是可以准确计算的合理性，仅仅涉及事实的客观判定，是用于表达不同事实之间"原因—结果"逻辑的概念。形式合理性主要体现为对于行为的方法和程序合理性的可行性评估，自然科学、技术、资本主义、现代法律、官僚体制等都体现了这种纯粹的形式合理性。实质合理性是一个与形式合理性相对的概念，指由政治、伦理、阶级或者其他任何带有主观立场、情感、好恶来衡量的合理性。它重视考量结果的优劣，对行为结果的评判带有价值取向，是从某种立场上来看的价值或目标的合理性。② 易言之，形式合理性关注不同事实之间的"原因—结果"逻辑，着重考察二者间的关联；而实质合理性更侧重于考察各种事实背后所隐含的诸多价值之间的关系，并试图从中作出判断。

在韦伯语境下，现代社会将社会秩序的理性化——实现社会秩序最大限度的可计算性——视为追寻的目标。而理性的计算所带来的纯粹工具理性不存在立场，实际上是中立的。现代社会的这种纯粹的中立性工具倾向，可以用以追求各种各样的目的，而无论其是否有实际的意义或价值；但同时也正是这种对目的漠不关心的工具性，使得形式理性所希望达到的社会理性化并不能真正地成为"目的"，"可计算性"在试图成为目的的道路上，自身

① 〔德〕马克斯·韦伯：《经济与历史·支配的类型》，康乐等译，广西师范大学出版社，2010，第 459~460 页。
② 参见刘莹珠《资本主义与现代人的命运——马克斯·韦伯合理性理论研究》，人民出版社，2014，第 151 页。

却成了用以实现其他所有主观目的的普遍手段。[①]

韦伯在对现代社会秩序的合理性进行强调时，并不是试图为这种社会秩序辩护，尤其是在价值立场上；韦伯的目的是希望引起人们对社会行动可计算性的关注、对合理性的重视。[②] 这种合理性是纯粹形式的，合理性指导下的行动甚至可以实现任何在理性的计算范围内可以达到的行动目标——因为"合理"即意味着"可计算"。这种合理性的概念在现代社会中不可或缺，不论是在社会的工业生产还是在人们的日常行为中，只要人们试图对眼下及未来的生产生活作出预测，合理性－可计算性就能显现出其重要性。而实质合理性是一切前资本主义社会秩序的本质特征，这种合理性依据的是人们内心的想法，亦即依据人们对社会事物的事实理解与价值判断，而非对事物或行动可计算性的追求。在这个意义上，实质合理性和价值合理性相通；反之，形式合理性则与工具合理性相连。[③]

在这里，我们可以清晰地发现，"理性"中的两对范畴——工具理性和价值理性、形式理性和实质理性——发生了关联。前者描述的是社会行动的理性取向，后者反映的则是社会制度层面的价值分野。"形式理性的突出特点就是技术性和计算性，而实质理性的突出特点却是一种伦理性和价值性，就此而言，在本质上，形式理性与工具理性是相通的，而价值理性与实质理性也是相通的。"[④] 当把工具－形式理性、价值－实质理性联系起来时，展现出的便是社会发展的两种路径：前者重视社会发展的效率，试图通过社会制度的规范化来构建高效、合理的社会生活；后者则关

---

① 参见唐爱军《马克斯·韦伯的现代性理论研究》，上海三联书店，2015，第47页。

② 参见 Rogers Brubaker, *The Limits of Rationality: An Essay on the Social and Moral Thought of Max Weber*, George Allen & Unwin, 1987, pp. 36 – 37。

③ 参见苏国勋《理性化及其限制——韦伯思想引论》，商务印书馆，2016，第222页。

④ 王善英：《理性化与人类生存境况——韦伯理性化思想研究》，安徽大学出版社，2012，第42页。

注社会内在精神品质的培育，希望从内而外、从价值到行为来实现社会的理性化。

现代资本主义经济秩序是建立在形式理性基础之上的，它在诸多方面都实现了形式理性的最大化。但从实质理性来看，高度发达的形式系统、工具主义却与表征平等、博爱的实质价值不相符合。社会生产以利润最大化为导向，消费需求反而成了次要考虑对象；工业化生产流程将工人嵌入冰冷的机器和严格的制度之中，人不再是活生生的人，而是机器的一个部件、流程的一道工序；形式上公平正义的法律规范，在面对要求平等的无产大众时，进退两难；资本的聚集不再是为了实现社会富裕，贫富分化的加剧使得财富只是为了增长而增长——实质理性认为，这种形式主义理性下的社会实际上是手段统治目的、工具支配价值的矛盾社会，这种工具性的社会实现了形式上的快速发展，却在发展过程中抛弃了人本身应有的地位。这种矛盾的社会，正是韦伯技术治理理论的核心关注点之一。

三 反思：理性化进程中的价值

（一）新教伦理的入场

在探寻资本主义精神的来源时，韦伯提出这样一个问题："那个曾经是而且至今一直都是我们资本主义文化最特色独具的构成要素，亦即'天职'思想与为职业劳动献身——一如吾人所见，这从享乐主义的利己观点看来是如此的非理性——得以从中滋长茁壮的那种'理性的'思考与生活，到底是何种精神孕育出来的？"① 从寻找"那个非理性要素"出发，我们可以找到韦伯语境

---

① 〔德〕马克斯·韦伯：《新教伦理与资本主义精神》，康乐、简惠美译，广西师范大学出版社，2010，第51页。

下资本主义精神生发的踪迹。

韦伯首先把"资本主义"定义为："首先应该是指，基于利用交易机会而追求利得的行为，亦即基于（形式上）和平的营利机会。其次，在理性地追求资本主义营利之处，相应的行为是以资本计算（kapitalrechnung）为取向的。再次，将营业成果的货币计价与营业本金的货币价格作出比较的这种实际的取向，决定性地制约着经济活动，而不论其计算方式有多么幼稚。"①

那么，是否可以就此认为：掌握了更先进的记账簿的记账形式、懂得了对比收支项或者采取了持续经营的形式等"先进技术"就意味着"资本主义"到来了？韦伯给出的答案是否定的。"资本主义企业与资本主义企业家（不管是临时性还是持续的），都是自古即有且极为普遍的现象"②，即使是与传统资本主义有着深刻反差的现代资本主义，如若仅从有纪律的劳动力和有规则的资本投入等方面去进行区别，都是不够完整与准确的——这种认识仅仅是在经营形式上发现资本主义，经济因素必要但并不充分。

对于"资本主义"这种"经济的理性主义"③，韦伯认为，"特定的宗教信仰内容对于'经济心态'，也就是对于某一经济形式的'风格'（ethos）的形成所具有的制约性，特别是以近代的经济风格与禁欲基督新教的理性伦理之间的关联"。④ 在此处，韦伯明确提出，基督新教的"理性伦理"在资本主义精神的产生中

---

① 〔德〕马克斯·韦伯：《新教伦理与资本主义精神》，康乐、简惠美译，广西师范大学出版社，2010，第5~6页。

② 〔德〕马克斯·韦伯：《新教伦理与资本主义精神》，康乐、简惠美译，广西师范大学出版社，2010，第7页。

③ 韦伯认为，经济的理性主义的形成，不仅有赖于理性的技术和理性的法律，也取决于人们采取某种实用—理性的生活样式的能力与性向。一旦这种能力与性向为精神上的障碍所阻挠，则经济上的理性的生活样式亦将遭遇到严重的内在阻力。参见〔德〕马克斯·韦伯《新教伦理与资本主义精神》，康乐、简惠美译，广西师范大学出版社，2010，第13页。

④ 〔德〕马克斯·韦伯：《新教伦理与资本主义精神》，康乐、简惠美译，广西师范大学出版社，2010，第13页。

具有举足轻重的地位。

基督新教的产生改变了资本发展的模式。不管是作为支配者阶层还是作为被支配者阶层，亦不论是作为多数者或是少数者，基督新教徒总是"展现出一种走向经济理性主义的特殊倾向"。[①]这种"特殊倾向"的直观表现即是，他们总是"把宗教生活规制与事业精神的最强盛发展两相结合在一起"。[②]

在新教伦理之前，"人们并非'天生'就想要赚得愈多愈好，而是想单纯地过活，过他所习惯地生活，而且只要赚到足以应付这样的生活就好"。[③] 以加尔文教派为代表的基督新教，为教徒带来了相较于天主教更加严苛的教义。"我是被拣选的吗？我又如何能确知这预选？"虔信教徒在信仰上的不安被禁欲的劳作化解，严格控制自己的行为、努力投身俗世的事务以荣耀上帝的信念推动"天职"观念的形成。在新教的伦理中，尽力地积累财富成为救赎的手段，以"理性计算"为核心要素的资本主义顺势迅速发展。新教伦理"捣毁"了悠闲的状态，"田园牧歌的场景，在激烈地竞争苦斗展开下，全面崩解……昔日安逸舒适的生活态度，让位给刻苦的冷静清醒……仍想按老路子过活的人势必得节衣缩食"。[④] 生活、经营方式的变革，完全来自新教伦理带来的一种"新的精神"——资本主义精神——的灌注。在题为"资本主义的'精神'"一章里，韦伯详细地介绍、分析了本杰明·富兰克林的一段"以几乎古典的纯粹性包含着此处最为紧要的内涵"的

---

① 〔德〕马克斯·韦伯：《新教伦理与资本主义精神》，康乐、简惠美译，广西师范大学出版社，2010，第 14 页。

② 〔德〕马克斯·韦伯：《新教伦理与资本主义精神》，康乐、简惠美译，广西师范大学出版社，2010，第 20 页。

③ 〔德〕马克斯·韦伯：《新教伦理与资本主义精神》，康乐、简惠美译，广西师范大学出版社，2010，第 35 页。

④ 〔德〕马克斯·韦伯：《新教伦理与资本主义精神》，康乐、简惠美译，广西师范大学出版社，2010，第 42 页。

文字①——这段文字呈现的是一种"带有伦理色彩的生活样式准则的性格"，也正是韦伯所谓的"资本主义精神"。

韦伯明确地提出，所谓的"近代的经济风格与禁欲基督新教的理性伦理之间的关联"，即是禁欲基督新教指引人们树立一种全新的伦理观念，这种伦理观亦是资本主义精神最核心的构成部分——把盈利挣钱当作生活终极目的来追求的生活态度。对教徒而言，生活的最终目的是"增加上帝的荣光"，而新教伦理指引着他们从追寻彼岸的解脱转向积极投身于现世的劳动。努力挣钱、积累财富非但不再是罪恶的体现，反而是荣耀上帝、确认自己作为"上帝选民"身份的重要方法。由此，新教伦理深深地渗透进资本主义精神之中。

韦伯所谓的资本主义精神，简单地说就是一种努力工作、尽力赚钱的志业。这种"精神"有着浓厚的禁欲新教伦理的风格，即竭尽全力地积累财富，却禁欲苦行般生活——挣钱的目的不是追求功利主义的享乐，而仅仅是更加"理性"地继续经营。"如果有人问他们，这样不休不眠的奔走追逐，到底'意义'何在？毕竟，终日奔走而无暇享用财富，对于纯粹此世的生活取向而言岂不是显得毫无意义吗？他们……更常见而且毋宁更正确的响应干脆是：为事业而不停地劳动已成为'生活上不可或缺的'一部分。"②

韦伯关心的问题是新教如何塑造了一种伦理意义上的生活风格，正是这种生活风格标志着资本主义在人的"灵魂"中的胜利。③清教徒对待劳动、财富和利润的极端理性取向，最终在俗世

---

① "如果有人问起，为什么要'从人身上挣钱'，富兰克林在其自传里引用了一句圣经经文来回答……'你看见在其职业（Beruf）上办事殷勤的人吗？他必站在君王面前。'"〔德〕马克斯·韦伯：《新教伦理与资本主义精神》，康乐、简惠美译，广西师范大学出版社，2010，第30页。

② 〔德〕马克斯·韦伯：《新教伦理与资本主义精神》，康乐、简惠美译，广西师范大学出版社，2010，第44~45页。

③ 参见李猛《除魔的世界与禁欲者的守护神：韦伯社会理论中的"英国法"问题》，载李猛编《韦伯：法律与价值》，上海人民出版社，2001，第119页。

之外，在得救问题上确定了立足点——他们受到一套"具有内在约束力"的宗教价值观的激励，所有行为都和宗教救赎的目标联系在一起——这对于引发变革具有决定性的意义。① 联系到韦伯对社会行动的分类，我们可以清楚地发现，在资本主义精神扩张中起到"杠杆"作用的新教伦理，作为一种宗教意义上的伦理价值观念，属于韦伯意义上的"价值理性"的范畴——新教伦理对于信徒的指导并非功利性地要求他们实现财富的增加，恰恰相反，新教伦理教导信徒关注其自身行为所内涵的价值、关注其行为在宗教层面上的意义，至于财富的增益，毋宁说只是一个意外的副产品。

作为一种价值观念的新教伦理，其并没有像科学技术一样具体地指导人们如何行为，但这种价值观念在更深层次上抽象地指引着人们的生活方向。正如韦伯所说，"近代的资本主义精神，不止如此，还有近代的文化，本质上的一个构成要素——立基于职业理念上的理性的生活样式，乃是由基督教禁欲精神所孕生出来的"。②

韦伯将资本主义的生发视为一个宗教的理性主义精神世俗化的过程，资本主义的伦理属性便来源于基督新教的伦理教化。"宗教改革的意义并不在于消除教会对于生活的支配，而毋宁在于以另一种形式来取代原来的支配形式。"③ 资本主义是一种以合理性的经营方式与合理性的劳动组织为特征的经济形式，前者涉及营利的方式，而后者则涉及可被合理性组织的劳动者，其关键都在于是"合理性的"。④

---

① 参见叶响裙《由韦伯的"新教伦理"到"责任伦理"》，《哲学研究》2014年第9期。
② 〔德〕马克斯·韦伯：《新教伦理与资本主义精神》，康乐、简惠美译，广西师范大学出版社，2010，第181页。
③ 〔德〕马克斯·韦伯：《新教伦理与资本主义精神》，康乐、简惠美译，广西师范大学出版社，2010，第11页。
④ 参见刘莹珠《资本主义与现代人的命运——马克斯·韦伯合理性理论研究》，人民出版社，2014，第94页。

（二）新教伦理的退场

新教伦理对信徒的严苛要求指引虔信教徒寻找到一条新的救赎道路。路德的"因信称义"（sola fide）赋予了俗世职业以道德意义，上帝应许的救赎方式不再是放弃此岸生活的禁欲苦修，而是要在现世里完成他的责任与义务，"天职"即是救赎的应有之义。卡尔文派进一步把"天职观"与信仰救赎联系在了一起，"现世注定是为了——而且只是为了——神的自我光耀而存在，被神拣选的基督徒的使命，而且唯一的使命，就是在现世里遵行神的戒律，各尽其本分来增耀神的荣光"。[①] 卡尔文派放弃了路德"天职观"中的传统主义成分，把"天职"与现世的成功联系在一起，把宗教活动解释为世俗的经济活动。由此，新教教徒的救赎之路在"取得现世的成功"这里找到了出口。

作为理念的"荣耀此世"与早已有之的资本主义相结合，促使新教教徒在经济行动上焕发出前所未有的活力。禁欲的新教从内部转变了人们的伦理态度，扫清了资本主义发展的最大内部障碍——传统的对待工作的态度。[②] 理性地计算、合理地投资、稳步地积累财富，被韦伯称为"资本主义精神"的实用主义经济伦理既带给新教教徒们经济上的巨大成功，也同时塑造了一种以"理性主义"为核心的生活方式。所谓"理性主义"，既指一种通过计算来支配事物的能力，又意味着思想层次上意义关联的系统化，也代表一种有系统、有方法的生活态度。[③]

由此我们可以清晰地发现，新教伦理并非在一开始就意图为

---

① 〔德〕马克斯·韦伯：《新教伦理与资本主义精神》，康乐、简惠美译，广西师范大学出版社，2010，第86页。

② 参见刘莹珠《资本主义与现代人的命运——马克斯·韦伯合理性理论研究》，人民出版社，2014，第97页。

③ 参见〔德〕施路赫特《理性化与官僚化——对韦伯之研究与诠释》，顾忠华译，广西师范大学出版社，2004，第5页。

资本主义精神的诞生或发展铺平道路。新教伦理最初的指向只是通过在现世获取事功以证明"上帝选民"的资格，根本意义上，新教伦理的关怀仍是信仰的救赎。"巧合"的是，新教教徒对事功的追求与资本主义对资本发展的需要相互契合，新教伦理在资本主义的发展中找到了适于扎根的土壤，资本主义在新教伦理中获得了前进的动力。资本主义在生产活动中的高效与活力受到新教伦理的青睐，而资本活动所带来的巨大财富同时也反过来证成了新教对"上帝选民"的预言。对于二者而言，彼此的意义与其说是目的，不如说是手段。韦伯说道："当今，在我们的政治、私法与交易体制底下，在我们的经济特有的经营型态和结构当中，这种资本主义的'精神'，如人所说，很可以被理解为纯粹是适应的产物。"①

新教伦理孕育了资本主义精神，这种全新的经济伦理为资本主义的发展提供了巨大的内在驱动力。经济的理性化一方面严格要求生产者对生产经营活动的成本、收益、效率、产能进行精密计算，另一方面强烈要求社会制度为资本的生产活动提供可计算、可预测的保护。作为对资本经济发展要求的回应，法律体系和行政制度同样开始理性化。形式化的法律体系逐渐完善，脱离了宗教、传统等力量限制的法律体系走向自立自足；科层官僚制逐渐成为最主要、最重要的社会支配形式，严格遵照法律行政的专业化官僚系统渗透进社会的方方面面。资本主义的精神推动的不仅是资本经济的高速发展，理性化的浪潮席卷社会政治、经济、法律、行政等各个领域，构建出现代法制支配社会的巨大框架。"现代资本主义已然形成一整套严密自持的制度系统，这一庞大的系统以资本的效用最大化为终极目的，生存于这一系统中的个体迫于竞争的

---

① 〔德〕马克斯·韦伯：《新教伦理与资本主义精神》，康乐、简惠美译，广西师范大学出版社，2010，第 45～46 页。

压力和逐利的需求必须按照经济合理性的要求行动。"①

资本主义在经济上的高速发展鼓励着兴奋不已的"现代人"把"可计算"的理性主义推广到社会的各个角落，现代社会像一台庞大而精密的机器，被从政治、经济、法律、行政等各个方面精心构筑起来。但吊诡的是，这台庞大无比的"现代机器"在以令人惊异的成长速度发展成型后，并没有为新教伦理预留任何位置——哪怕是委身作为一个不起眼的小零件。新教伦理孕生了资本主义精神，资本主义精神催生了现代的理性资本主义社会，但这个理性而庞大的制度体系，与其说是依靠"资本主义精神"而前进，毋宁是主要地依靠以"利益"为核心的资本。现代生活的生产、再生产乃是由可供计算的利益来推动的，宗教的热情、新教的伦理乃至于韦伯语境下的资本主义精神，既无处灌溉，又更像是一个古老的神话。韦伯说道，"此种生活样式再也没有必要援引任何宗教势力的赞同为支持，并且觉得教会规范对于经济生活的影响——只要还感觉的到的话——就像国家对于经济生活的规制一样，不啻是一种妨碍"。②

新教伦理的入场"无意间"为资本社会的理性化打开了大门，虔诚的基督新教徒在"天职观"的指引下开始理性地计算经济行动的成本收益、设计适应资本主义发展的法律制度。但在资本主义构建起严格的工作纪律、冷静的法律规范、非人格化的行政制度后，形式理性的制度框架便毫不留情地剥离了曾经作为"资本主义精神"的新教伦理，只剩下一台运转不息的资本机器和一群无休止劳作的"现代人"。韦伯慨叹道："清教徒想要成为职业人（berufsmensch）——而我们则必须成为职业人。因为，禁欲已从僧院步入职业生活，并开始支配世俗道德，从而助长近代

---

① 刘莹珠：《资本主义与现代人的命运——马克斯·韦伯合理性理论研究》，人民出版社，2014，第87页。

② 〔德〕马克斯·韦伯：《新教伦理与资本主义精神》，康乐、简惠美译，广西师范大学出版社，2010，第46页。

经济秩序的那个巨大宇宙的诞生；而这宇宙秩序如今以压倒性的强制力，决定着出生在此一机制中的每一个人的生活方式——而且恐怕直到最后一车的化石原料燃尽为止，都是如此。"①

"获胜的资本主义，既已盘根在机械文明的基础上，便再也不需要这样的支柱。"② 开启了理性化进程的新教伦理，在资本主义的高速发展中已找不到落脚点和发力点，不得不就此黯然退场。

（三）理性化的"铁笼"③困境

理性改造了西方人的头脑与思想——像韦伯在《新教伦理与资本主义精神》开篇罗列的种种出现在西方世界却又"具有普遍性意义及价值"的文化现象一样，生活开始慢慢发生变化。最显著的变化莫过于，在经济行动上，人们开始理性地经营自己的财富，通过一次又一次科学、严谨的推算，为每一次的投资打下"理性"的基础。现实世界中可见可感的物质财富越来越重要，彼岸高高在上的"神"却逐渐走下神坛。正如韦伯所描绘的，"那个内心孤独、匆匆穿过'虚荣之市'、奋力赶往天国的'朝圣者'，被《鲁滨孙漂流记》里兼任传道工作的孤独的经济人所取代"。④

从"朝圣者"到"孤独的经济人"，宗教根基的枯萎使世界开始"除魅"。自然科学改造了人的头脑，全新的知识形态使得人们对"客观地"把握世界充满了信心。理性化了的人们相信，通过科学的计算可以了解一切，神秘和未知只是暂时没有找到合

---

① 〔德〕马克斯·韦伯：《新教伦理与资本主义精神》，康乐、简惠美译，广西师范大学出版社，2010，第 182 页。

② 〔德〕马克斯·韦伯：《新教伦理与资本主义精神》，康乐、简惠美译，广西师范大学出版社，2010，第 182 页。

③ "铁笼"的翻译虽为学界所常用，但一直备受争议。"铁笼"的译法来自韦伯著作的英文本"iron cage"，学界亦常用"铁的牢笼""钢铁般的牢笼"等相近译法；但在韦伯原著中，这一词语使用的是 Stahlhartes Gehäuse，直译为中文应当是"坚硬的外壳"，后者的程度似乎并不如前者强烈。

④ 〔德〕马克斯·韦伯：《新教伦理与资本主义精神》，康乐、简惠美译，广西师范大学出版社，2010，第 175～176 页。

适的计算方法；神灵和巫术不再享有解释世界的权利，超自然力被驱逐出人的头脑。诚然，理性化并不完全意味着人们完全了解了自身或现实世界，但这一改变实实在在地引起了人们认识世界方式的改变。正如韦伯所描述，世界的除魅（entzauberung der welt）使人们相信，"任何时候，只要我们想了解，我们就能够了解"，"在原则上，通过计算（berechnen），我们可以支配万物"。世界上再也没有什么是神秘的、不可探知的，理性化了的人"再也不必像相信有神灵存在的野人那样，以魔法支配神灵或向神灵祈求；取而代之的，是技术性的方法与计算"。①

理智化的冲击并不仅仅在于使人们掌握了"计算"的本领，更深层次上，它使人们意识到，世界本质上是无意义的。在信仰神灵的社会，此岸的繁荣兴盛只是"虚荣之市"，神指引着信徒朝宗教上的彼岸前行，宗教既是目的，亦是意义；而在除魅的世界里，唯有科学的计算才是真实的，没有了神明或宗教指引的人们只是在重复着机械般的运动，社会行动丧失了终极意义和普遍价值。"一方面，它促使符号系统按照各自不同的抽象价值标准（比如真实性、规范正确性、美和本真性）加以合理化；另一方面，它也导致了形而上学——宗教世界观的意义同一性发生解体。"② 同一性的意义世界瓦解，价值领域之间相互分化、独立——虽然不同价值领域间的分化并不是什么新鲜事物，但缺少了终极秩序的统摄，分化与独立只会逐渐走向冲突甚至无法调解。

尽管价值理性为资本主义的兴起推开了大门，工具理性却后来居上，在资本主义的发展中展现出越来越大的推动力及统治力，通过提高生产力、控制生产工具而间接地控制了人本身，逐步成为现代社会的主导理性观念。工具理性的主导地位一方

---

① 〔德〕马克斯·韦伯：《学术与政治》，钱永祥等译，广西师范大学出版社，2010，第171页。

② 〔德〕尤尔根·哈贝马斯：《交往行为理论》，曹卫东译，人民出版社，2004，第159页。

面来自其对社会生产的深刻影响，即通过科学的计算使得生产效率实现最大化，并使得从工业生产到社会组织等诸领域均以科学理性为行为准则；另一方面是由于宗教的根基在解放了资本主义之后迅速萎缩，神圣价值的"祛巫除魅"使得价值理性逐渐失色，功利化的工具理性得以迅速填补价值理性退场后留下的真空。"十足功利主义计算的手段——工具理性的行为特征，'不知不觉地渗入了'原本那种观念和价值理性化的格局，如今只剩下了条理性的劳动。"① 如果说形式合理性是在程序外观上实现了理性的现代化，那么实质合理性就是试图在这一外壳中添加一些作为边界或限制的"固定内容"。"现代社会剔除了这些固定内容，而留下的则是一个可以仅仅根据其形式来加以描述的生活过程。"② 在韦伯看来，现代西方世界已经陷入"形式的合理性与实质的非理性"的困境，理性化却导致了最不合理的生活方式。

理性化困境的最典型的实例莫过于官僚制的发展陷入阻滞。"韦伯把官僚制刻画成是现代政治和经济制度中的一个关键因素：技术上有效、由专业化知识所支撑、作为一个组织性机器在现代生活中每个领域都不可或缺。"③ 但同时，官僚制在专业化、法制化方面的要求使得官员不得不严格遵照上级的指令办事，排除了"感情"和"狂热"的"非人格化"的工作标准使得官员更像是机器中的零件而不是活生生的人。"职业官僚只不过是个不断运转的机构中的小齿轮，遵照指示循一条（基本上已经）固定的道路前进。"④

---

① 叶响裙：《由韦伯的"新教伦理"到"责任伦理"》，《哲学研究》2014 年第 9 期。

② 〔美〕大卫·库尔珀：《纯粹现代性批判——黑格尔、海德格尔及其以后》，臧佩洪译，商务印书馆，2004，第 39 页。

③ 〔德〕弗里茨·林格：《韦伯学术思想评传》，马乐乐译，北京大学出版社，2011，第 248 页。

④ 〔德〕马克斯·韦伯：《支配社会学》，康乐、简惠美译，广西师范大学出版社，2010，第 64 页。

如同任何暴力机器一样，官僚制以奴役为其本事。[①] 作为官僚制机器中"小齿轮"的个人，尽职地奉献其所在职位所要求的专业技能便是工作甚至生活的全部，个人的发展只是努力不断完善职位所需要的专业知识。在官僚制形式下，"人类应该全面发展的想法已经让位给'专业人'的观念"。[②] 外表冰冷的科层制体制打破了旧有的生活模式，人与人之间的忠诚及对生活意义的追求已不再是人们生活关注的重心；而在科层官僚制内部，专业知识无疑比个人对工作、职位的情感上的热爱更为重要，正如对于机器而言，零件比赞美更加有用。"效率的逻辑残酷地而且系统地破坏了人的感情和情绪，使人们沦为庞大的科层制机器中附属的而又不可缺少的零件。"[③]

更长远地看，"一个发展成熟的官僚制，其权力经常极大，甚至可说是凌驾性的……政治的支配者在面对训练有素的官吏时，经常会发觉自己就像是个面对着'专家'的'外行人'"。[④] 这种"一旦建立即无从摧毁"的官僚制支配形式会使受到支配的社会对其产生巨大却无可替换的依赖，"想要排除此种组织的想法，愈来愈只不过是个幻想"。[⑤]

追求"理性"指引人们在工具理性和形式理性的路途上越走越远，用以提高行政效率的科层官僚制变成了庞大而冰冷无情的行政机器，承载着公平正义目标的法律体系变成了缺乏内在价值的文字框架，人们试图通过理智掌握世间的物质财产，却不知不

---

① 参见〔美〕杰弗里·C. 亚历山大《社会学的理论逻辑》（第3卷），何蓉译，商务印书馆，2012，第144页。

② 〔德〕施路赫特：《理性化与官僚化——对韦伯之研究与诠释》，顾忠华译，广西师范大学出版社，2004，第88页。

③ 〔美〕D. P. 约翰逊：《社会学理论》，南京大学社会学系译，国际文化出版公司，1988，第292页。

④ 〔德〕马克斯·韦伯：《支配社会学》，康乐、简惠美译，广西师范大学出版社，2010，第69页。

⑤ 〔德〕马克斯·韦伯：《支配社会学》，康乐、简惠美译，广西师范大学出版社，2010，第65页。

觉成了资本的奴隶。理性化的结果似乎不是人解放了自己，而是人束缚了自己。人们通过理性为现代社会建立了"科学的"新秩序，但"这些秩序在限制我们的同时，也赋予世界和社会生活的行为以意义。我们周围的事物不仅仅是我们计划的潜在原材料或工具，这些事物在存在之链中的地位本身也是有意义的"。① 但是，"在普通人心目中，也在许多社会理论中，社会是一架由毫无感情色彩的程序装配而成的机器，它需要组装、调试、修理甚至重构，但却没有人的任何位置，也缺乏价值的内涵"。②

在韦伯笔下由禁欲而来的理性如今戏剧性地成为世界的主宰，"这世间的物资财货，如今已史无前例地赢得了君临人类之巨大且终究无以从其中逃脱的力量"，理性化的结果反倒成了非理性。运用理性走出了神灵世界的人，却又迷失在了理性的困境中。正像韦伯悲叹的那样："命运却使得这斗篷变成了钢铁般的牢笼。"③ 在韦伯看来，资本主义世界是一个魅力业已消失的世界，现代性作为合理化的产物，是一个日益加强和固化的过程。韦伯不认为理性化的"铁笼"会随着资本主义的消失而消失，他也不认为可以通过任何人为的方式消除理性化，这个"铁笼"就像一个魔咒一样紧紧地围绕着他，也笼罩着这个时代。④

四 展望：价值治理的未来

（一）诸神时代：多元价值的现实

理性是现代社会的核心要素之一。在韦伯语境下理解"理

---

① 〔加〕泰勒：《现代性之隐忧》，程炼译，中央编译出版社，2001，第 3 页。
② 李猛：《论抽象社会》，《社会学研究》1999 年第 1 期。
③ 〔德〕马克斯·韦伯：《新教伦理与资本主义精神》，康乐、简惠美译，广西师范大学出版社，2010，第 182 页。
④ 参见安丽霞《现代性的忧郁：从颓废到碎片的灵光》，中国社会科学出版社，2017，第 42 页。

性"，其应当既包括工具理性－形式理性，也不可或缺地包括价值理性－实质理性。前者关注行动的效用，即如何通过"合理的"手段使行动获得效用最大的价值；后者则更关注行动背后的意义与价值。理想的情况是，在现代社会走向理性化时，既能实现形式上的理性化，即在社会制度、生产效能方面实现传统向现代的进步；亦能在价值上实现理性化，即在人的精神世界中实现理性意义的超越。但遗憾的是，现代社会只实现了前者——工具技能上的理性化极大地提高了现代人的物质生活水平，形式层面的理性化使得现代社会在政治、经济、法律等方面建立的制度拥有超越以往任何时期的效率；但对于后者，"理性化"却仍在路上。理性化发展的不平衡为现代语境中的"启蒙"蒙上阴影，正如韦伯所说，资本主义已经盘根在现代文明之上，但"其开朗的继承者（启蒙运动），似乎已永远地褪尽了她玫瑰般的红颜"。①

"举凡'天职的履行'无法直接与最高的精神文化价值有所关联之处，或者说，当它已不必再被主观地感受到就是一种经济的强制时，个人如今根本就已放弃对其意义多加思量。"② 对价值的思考如今已不再是"理性的现代人"所重点关注的对象，"知识就是力量"鼓励着人们鼓起勇气去改造、支配自然，甚至是尝试支配世间一切可以作为"工具"的事物。工业生产改变了人对世界的认识，一切同质化的事物都可以贴上价格标签摆上货架，世上似乎已经没有什么是不可以计算的。随着理性化消逝的不仅是人们对自然的恐惧，彼岸的神灵也同时黯然走下神坛——在"可计算"的理性世界中，它们都不再享有人们的信任。启蒙的结果似乎是科学理性弥补了神灵消退后的信仰真空，在科学的世界里，作为价值的道德在重要性上比不上作为理性的技术。失去

---

① 〔德〕马克斯·韦伯：《新教伦理与资本主义精神》，康乐、简惠美译，广西师范大学出版社，2010，第182页。

② 〔德〕马克斯·韦伯：《新教伦理与资本主义精神》，康乐、简惠美译，广西师范大学出版社，2010，第182页。

了道德感的人在追求技术的过程中降格成为"物"一样的存在。[①]
"如此一来，科学理性主义……的'天职'变得不再是启蒙，反
而是渲染神化。"[②]

事实上，无论是资本主义脱离了新教伦理独立地在现代社
会发展，还是作为工具的科学毫无遗漏地渗透进现代生活的方
方面面，形式理性对现代生活的支配并不是韦伯对现代社会哀
叹的根源。倘若我们回到韦伯对新教伦理与资本主义关系的推
理上，我们可以轻易地发现作为"近代欧洲文化之子"的韦伯
对资本主义在西方的巨大成功、理性化了的西方在诸多方面的
独一无二的"优越"的毫无保留的赞叹。形式合理性对社会的
介入并不意味着实质理性的必然缺失，然而，倘若在形式理性
全面支配生活之时实质理性悄无声息地退场，社会才会陷入韦伯
言语中的"石化现象"。

现代社会来源于"理性化"进程的全面展开。在价值领域，
传统的价值观念在受到理性化冲击后迅速瓦解——显著的表现便
是在观念价值领域占据主流话语权的宗教神灵观在"科学"的证
伪下不再为人们所信任。理性在解开生产力束缚的同时，增强了
人们对自身认识的自信；传统价值观念此时的退场，使得在理性
中分化的社会各自获得了自身的独立性。科学似乎是取代了神灵
成为现代人新的信仰，但作为"计算"的科学在根本上仅仅只能
在事实层面上回答"是什么"的问题，并不能在价值层面上告诉
人们"为什么"或"意义"的问题——而这正是千百年来各类神
灵观念在价值领域的核心任务。"虽然通过科学，人类在原则上实
现了对外在生活的理性控制，但为了实现这一控制，人不得不付

[①] 参见刘莹珠《资本主义与现代人的命运——马克斯·韦伯合理性理论研究》，
人民出版社，2014，第147页。

[②] 〔德〕施路赫特：《理性化与官僚化——对韦伯之研究与诠释》，顾忠华译，
广西师范大学出版社，2004，第45页。

出的代价是'无数价值的虚无化'。"① 理性分化了社会，分化了的社会每一部分都确立了自身独立的价值原则和价值领域；各个独立的价值领域时常相互冲突，现代社会在价值冲突中显得无所适从。"人与各个价值领域——无论其为内在的或外在的、宗教的或俗世的——之间的关系，经历过理性化与自觉性升华的过程后，各个价值领域独自内在的法则性便油然被意识到；因此，各个领域之间的紧张性——在原先与外界的朴素关系中隐而不显——即不由分说地显现出来。"② 这便是韦伯语境下"诸神之争"的现代社会。

"现在可去信奉的神有很多，但那个高高在上的上帝或统率所有这些价值观的超级价值观却是绝对不存在的。"③ 上帝在理性化的浪潮中走下神坛，"我们生存的'基本事实'是没有上帝，没有先知；知识之树在我们的时代不复存在；现代社会各文化价值领域依其自身逻辑而自行分化，并处于相互冲突之中"。④ 诸多的价值相互冲突，个人在纷繁的价值域中显得无所适从。生活走向了理性化，但在祛巫除魅后的世界中，价值合理性一再从公共生活领域退出，价值变成了纯粹的个人选择，甚至多数情况下在个人的生活中亦已失去了其地位，"理性的"现代人变成了韦伯预言中"无灵魂的专家，无心的享乐人"。⑤ 对于现代人来说，"诸神时代"既是价值观念纷繁丛生的时代，同时也是生活意义丧失的时代。

---

① 李猛：《专家没有精神？》，载马克斯·韦伯等著，李猛编《科学作为天职：韦伯与我们时代的命运》，生活·读书·新知三联书店，2018，第338页。

② 〔德〕马克斯·韦伯：《宗教社会学·宗教与世界》，康乐、简惠美译，广西师范大学出版社，2010，第455页。

③ 〔美〕大卫·库尔珀：《纯粹现代性批判——黑格尔、海德格尔及其以后》，臧佩洪译，商务印书馆，2004，第37页。

④ Wilhelm Hennis, *Max Weber: Essays in Reconstruction*, London: Allen & Unwin, 1988, p. 147.

⑤ 〔德〕马克斯·韦伯：《新教伦理与资本主义精神》，康乐、简惠美译，广西师范大学出版社，2010，第183页。

在《中间考察》中，韦伯借助宗教伦理的理性化过程剖析了多元价值的现实存在与内在于各个价值领域之间的矛盾。救赎宗教中，作为价值观念的是教徒心中"流出自体、到达不具对象的无差别主义"的"同胞意识"。然而，"这种宗教性的同胞意识总是与现世的秩序与价值发生冲突，并且，此种要求越是首尾一贯地贯彻到底，冲突就越是尖锐。现世的秩序与价值越是据其固有法则性而理性化与升华，二者间的裂痕往往也就越大"。[①]

冲突首先表现在工具理性中的经济与政治领域。理性的经济是一种以货币价格为取向的经营。货币在流通中的抽象化形象使得资本主义经济紧紧围绕着货币建立起一套"可计算"的形式理性制度。然而，"近代资本主义经济秩序，越是循其内在固有的法则性，亦即越是合理性、越是非人性化，那么与宗教的同胞伦理之间就越不容易有任何想象得到的关系"。[②] 同胞意识强调从道德伦理角度调整人们之间的社会关系，这种通行于传统社会的价值观念以人格化的人身依附为特征。以攫取收益为取向的资本主义经济行动与以相互扶助为取向的同胞意识之间，不可避免地将产生冲突——理性的经济行为必然内含着无情的市场斗争，这种取决于市场经济形式而非个人自由选择的行动伦理，与强调道德上感化、行动上扶助的同胞意识截然相反。即使是救赎宗教所强调的"爱的非个人关系化"（verunpersönlichung）对"非个性化"的资本主义经济行为仍抱有深深的怀疑。救赎宗教为了世间的存续不得不参与经营行为，但"总非上帝所喜"（deo placer non potest）是其时刻铭记的态度；而经济行动中则始终以纯粹的、指向性的利益最大化取向为其经济伦理。"究极而言，没有任何纯正的救赎宗教曾经

---

① 〔德〕马克斯·韦伯：《宗教社会学·宗教与世界》，康乐、简惠美译，广西师范大学出版社，2010，第 457 页。

② 〔德〕马克斯·韦伯：《宗教社会学·宗教与世界》，康乐、简惠美译，广西师范大学出版社，2010，第 458 页。

克服过宗教伦理与理性经济之间的紧张关系。"①

在政治领域，服从于资本主义经济行动而建立起来的科层官僚制同样建立在理性规则基础之上，"无恨亦无爱"（sine ira et studio）的价值取向是政治制度、行政体制所竭力追寻的目标。国家内部的政治功能及司法与行政的过程受到"国家理由"（staatsräson）的调节，国家在思考自身活动时，只以其本身作为"理由"。"国家的绝对目的无非是要维持（或变更）对外与对内的权力分配；此目的对任何普遍主义的救赎宗教而言，毕竟显得毫无意义。"② 同时，"暴力"作为强制手段为政治国家所必需，"缺乏这个要点，'国家'就不存在"；"权力及权力的威吓之成功，终究完全仰赖于实力关系，而非仰赖于伦理'正义'（Recht）"。概括而言，"越是能实事求是地打算、越是能免于激情、愤怒与爱恨的拘束，就宗教理性化的立场来看，这样的政治就越是疏离同胞伦理"。③

宗教的同胞伦理与经济、政治等工具理性价值之间存在着紧张的矛盾，其与作为"非理性"的审美之间同样存在着无法消解的对立。宗教与艺术最初处于和谐状态中，"宗教一方面即为艺术创作无穷尽的泉源，另一方面也是将艺术创作加以传统束缚而使其风格化的一股泉源"。但生活的理性化进展改变了这一状态。艺术在理性化过程中逐渐自觉地形成独立的、具有其固有价值的领域——此世的救赎，成为其关注对象之一。艺术的救赎形式是非理性的，它以美学评价为标准；而宗教的救赎为理性的，其以道德评价为标准。"以其声称具有此种救赎功能，艺术与救赎宗教就

① 〔德〕马克斯·韦伯：《宗教社会学·宗教与世界》，康乐、简惠美译，广西师范大学出版社，2010，第459页。

② 〔德〕马克斯·韦伯：《宗教社会学·宗教与世界》，康乐、简惠美译，广西师范大学出版社，2010，第461~462页。

③ 〔德〕马克斯·韦伯：《宗教社会学·宗教与世界》，康乐、简惠美译，广西师范大学出版社，2010，第462页。

此处于直接的竞争关系下。任何理性的宗教伦理势必对此种现世内的、非理性的救赎采取敌对的态度。这是因为在宗教的眼里，这种救赎无疑实属不负责任的享乐与私底下无爱心的领域。"①

在知性领域，价值的冲突既表现为科学与宗教的冲突，也表现为知性主义自身的矛盾。现代科学为人们建构起以因果联系为基础的世界，世间的一切事物都可以通过计算逻辑予以解释，人们自信可以通过计算掌握世界。这一理性化的过程消解了传统社会中人们对于神秘自然的畏惧，宗教中超自然的神灵力量再也找不到解释世界的空间。"经验科学的理性主义每增进一分，宗教就更进一步从理性的领域被推向非理性的领域"，科学与宗教间存在着无法消除的紧张。另一方面，理性在驱逐宗教神秘力量的同时，也将世界的意义消解。纯粹的因果逻辑链条不必遵循任何伦理的、道德的规定，在这样的世界中，行动只剩下了因果，却再也无法探究其意义为何。宗教在世间为人们指引彼岸的方向，它是一种解释，更是一种目的；知性在发现自身的过程中为解释世界找到了因果逻辑链，却同时也用理性手段消解了世界的意义。知性主义在发现自身的过程中陷入了自身的矛盾之中。

生活的理性化分化了现代社会，互不相同的价值领域各自独立地发展着。韦伯眼中的现代社会是多元价值并存的"诸神时代"，但这种"并存"并不平静，而是彼此之间陷入冲突——各种终极价值之间相互冲突，经济与政治领域所要求的纯粹的工具理性、形式理性与各种终极价值所要求的价值合理之间同样不可消弭地紧张对立。"也许我们对价值观和生活方式的直接认同不是太少而是太多，我们缺乏的是统一性，在寻求统一性时我们也许混淆了统一性的缺乏（lack）与空洞（emptiness）之间的

---

① 〔德〕马克斯·韦伯：《宗教社会学·宗教与世界》，康乐、简惠美译，广西师范大学出版社，2010，第 471 页。

区别。"① 在韦伯看来，现代社会诸神的时代便是"在一个关于价值冲突的理论架构，或者说在一个冲突模型中凸显出理性化的吊诡与矛盾"。②

（二）责任伦理：重回有意义的生活

韦伯在《中间考察》的最后指出，现代社会的非理性化隐忧不仅源于各种终极价值之间不可消解的冲突，也源于在形式理性所主宰的社会里，救赎宗教意义上的同胞伦理已经不再可能。③"在一个为了走向志业性劳动（Berufsarbeit）而被理性组织起来的文化里，除非是在那些经济上毫无顾虑的社会阶层中，否则几乎全无培养无差别主义的同胞关系的余地。在理性化的文化之技术的、社会的种种条件下，若想过着像佛陀、耶稣或圣方济那样的生活，必注定由于纯粹外在的理由而败退下来。"④

既然实质理性在各个层面都不可避免地相互冲突，那是否可以重新建构起统一的价值观念来统摄人们的生活？事实上，"重新建构"的说法似乎并不准确。理性化的进程解除了宗教与上帝的权威，但同时也在精神世界中为现代人树立起了新的权威——工具理性主义。只是，这个新来的"神"并不统一，在实用主义的外观下，它在不同的领域分化出经济理性、政治理性、科学理性等面相。工具理性主义以效用为追求，以因果逻辑为手段，这一特性为其在经济、科学、法律、行政等方面的成功奠定了基础，却也暗示了其在文化、道德、信仰等无法适用因果链的领域的无

① 〔美〕大卫·库尔珀：《纯粹现代性批判——黑格尔、海德格尔及其以后》，臧佩洪译，商务印书馆，2004，第405页。

② 〔德〕施路赫特：《理性化与官僚化——对韦伯之研究与诠释》，顾忠华译，广西师范大学出版社，2004，第136~137页。

③ 参见刘莹珠《资本主义与现代人的命运——马克斯·韦伯合理性理论研究》，人民出版社，2014，第180页。

④ 〔德〕马克斯·韦伯：《宗教社会学·宗教与世界》，康乐、简惠美译，广西师范大学出版社，2010，第492页。

能为力。如果说旧有的宗教神灵过于关注价值意义，那么现代的新"神"——工具理性主义——便是过于关注物质世界的理性化。对于人类社会而言，新旧二"神"都有所偏颇。

对于现代社会，韦伯并不满意公共领域中伦理原则的缺失，但他也并不赞同重建一个道德权威对现代人的生活进行干预。[1] 在他看来，首先并不是需要再去寻找一个新的公共权威，而是应当清醒地认识到现代社会的诸神并立。"悠悠千年，我们都专一地归依基督教伦理宏大的悲情，据说不曾有过二心；这种专注，已经遮蔽了我们的眼睛；不过，我们文化的命运已经注定，我们将再度清楚地意识到多神才是日常生活的现实。"[2]

在工具理性占据主导地位的价值多元社会中，韦伯担心的并不是理性的祛巫除魅使得世间已不再有宗教神灵至高无上的地位，也不是理性在社会各个层面所带来的形式理性化的制度外观。韦伯的忧虑是受到理性鼓励的现代人沉迷在工具理性带来的前所未有的支配感之中，发现了科学的力量却忽视了如何在诸神纷争的时代合理地安顿自己的内心。唯一的神灵已经退出，随之而来的是精神世界中权威的消逝；没有了价值的指引，科技的力量让人看到了支配现实世界的可能，却忘记了支配的方法。公共价值从生活领域中退出，价值的选择成为纯粹的私人事务；这样的时代带给现代人的并不是价值选择更容易，而是更难了——对个体而言，甚至会因这种困难而丧失达成自由的愿望。"无灵魂的专家，无心的享乐人，这空无者竟自负已登上人类前所未达的境界。"这才是韦伯所不愿看到的"现代化"景象。[3]

---

[1]　参见刘莹珠《资本主义与现代人的命运——马克斯·韦伯合理性理论研究》，人民出版社，2014，第 210 页。

[2]　〔德〕马克斯·韦伯：《学术与政治》，钱永祥等译，广西师范大学出版社，2010，第 184 页。

[3]　〔德〕马克斯·韦伯：《新教伦理与资本主义精神》，康乐、简惠美译，广西师范大学出版社，2010，第 183 页。

在工具理性的支配下，传统社会通过各种努力对实质理性的维护在现代日益转变为社会对形式理性的维护。相较于传统社会，现代社会的道德基础如同法律制度一样，更强调的是形式上的理性——形式的正义比实质的正义似乎更加重要。然而，一旦规范性伦理原则剥离了人类内在美德资源的支撑，对规范性伦理原则的偏执就会蜕变为一种纯形式主义的，甚至是律法主义的现代性偏见，成为缺乏内在价值动力和人格基础的概念图式，而非真正有效的道德资源。[1] 效用的判断从工业生存领域扩展到道德评判领域，经济理性成为抽象伦理价值的判断标准，"有效用的"便是"好的"。在这个意义上，现代社会的价值危机并不是缺乏价值标准，而在多元价值并立的时代，工具理性对价值领域过分入侵以至于作为个体的现代人在面对众多价值标准时顾此失彼、不知所措，"诸神时代"对于现代人而言反倒成了意义空白的时代。

诚如韦伯所言："我们的时代，是一个理性化、理智化，尤其是将世界之迷魅加以祛除的时代；我们这个时代的宿命，便是一切终极而崇高的价值，已自公共领域（Öffentlichkeit）隐没，或者遁入神秘生活的一个超越世界，或者流于个人之间直接关系上的一种博爱。"[2] 科学并不回答世界是否值得存在的问题；在诸神的时代，如何找到生活的意义、克服社会生活的全面理性化带来的形式与空洞，是落在每个人身上的责任。"相对于个人的终极立场，这两种伦理，一个是魔鬼，一个是上帝。个人必须自己决定，对他来说，哪一个是上帝，哪一个是魔鬼。"[3] "韦伯用'新的多神论'来表达意义丧失的主题。……理性本身分解

---

① 参见刘莹珠《资本主义与现代人的命运——马克斯·韦伯合理性理论研究》，人民出版社，2014，第 207 页。

② 〔德〕马克斯·韦伯：《学术与政治》，钱永祥等译，广西师范大学出版社，2010，第 193 页。

③ 〔德〕马克斯·韦伯：《学术与政治》，钱永祥等译，广西师范大学出版社，2010，第 183 页。

为多元的价值领域，从而毁灭了其自身的普遍性。按照韦伯的解释，这种意义丧失是对个体的存在发出的挑战，要告诉他们的是，社会秩序中再也不可能出现同一性了，只有在他们的私人生活领域当中，他们还有勇气怀疑是否能够建立一种毫无希望的荒唐希望。"①

虽然韦伯把理性化当作现代社会的最大特点，但韦伯并没有把世界解释为完全理性化，不受任何个人感情、意志影响的社会。②个人如何找回生活的意义？韦伯从构筑个人人格出发，试图为现代人找到出路。"人格"（persönlichkeit）在韦伯的哲学中同样是一个理想化的概念。韦伯认为，"一个行动越是自由……其中自然的成分就越少，则人格这个概念在其中扮演的角色就越重要"。③联系到韦伯对人的行动的分类，"主观的意义"是其中必不可少的要素之一；行动的"自由"属性同样如此。"假设在某种意义上，行动者的决策是'更为自由的'而非相反，也即在更大程度上基于他自己的'审慎考虑'，这种'考虑'既不会受'外部'限制的干扰，也不会受不可抗拒的'影响'所干扰。如果行动者的决策在这种意义上是'更为自由的'，那么，在其他条件下，就越是能够根据'手段'、'目的'范畴而非其他范畴来完整理解其动机。"④

"人格"标志着人对纯粹自然范畴的脱离，亦即意味着在多大程度上人可以是"自由的"。"人格的本质在于它与特定的终极价值和人生意义的内在一致性，这些在实际行动中被表现为目的

---

① 〔德〕尤尔根·哈贝马斯：《交往行为理论》，曹卫东译，人民出版社，2004，第 237 页。
② 参见〔法〕达尼洛·马尔图切利《现代性社会学》，姜志辉译，译林出版社，2007，第 168 页。
③ 〔德〕马克斯·韦伯：《罗雪尔与克尼斯：历史经济学的逻辑问题》，李荣山译，人民出版社，2009，第 129 页。
④ 〔德〕马克斯·韦伯：《罗雪尔与克尼斯：历史经济学的逻辑问题》，李荣山译，人民出版社，2009，第 129 页。

并最终体现为一系列有方法的合理的行动。"① 在这一意义上，"人格"表现为一种很强的道德规范，这一道德规范属性是独立的个人在价值领域纷繁的世界里坚定地固守自己所认可的价值伦理的核心动力。"人格的积极意义，在于个人能自行寻觅并坚持于某些终极价值，以成熟负责的定力达成自己追求的目标。"② 获得这种理想类型的人格，对于自认为是"最终极的任务"的现代人来说并不容易。韦伯毫不留情地评判道："当一个人把他应该献身的志业，当作是一项表演事业，并以经理人自居……的时候，我们绝不能把他当作是一个有'人格'的人。"③

如何才能获取"人格"？韦伯认为，"惟有那纯粹向具体工作（Sache）献身的人，才有'人格'"。④ "现代人如若不欲甘于随波逐流，或在童驿的乐观中虚掷一生，那么朝建立自主性的'人格'入手，仍可以发挥道德价值上中流砥柱的效果。……近代世界剥夺了人的一切外在的依靠，由而人类终于能够在独立中享受自由，在自由中负起责任。"⑤ 韦伯语境下的人格，乃是"一种能够克制、弃绝自己的欲望、激情、偏好或私利而为一项事业献出全部身心和力量的特殊的禁欲主义人格"。⑥ 具备这种人格，现代人才能在工具理性–形式理性支配下的世界中，在冲突不止的多元价值时代里找到并坚守自己所信奉的终极价值，从而在物质与精神层面共同回到有意义的生活之中。韦伯所要求的"人格"并不容易，这是一种"英雄主义的伦理"。"这种伦理对每个人所提出的根

---

① 〔德〕马克斯·韦伯：《罗雪尔与克尼斯：历史经济学的逻辑问题》，李荣山译，人民出版社，2009，第130页。
② 顾忠华：《韦伯学说》，广西师范大学出版社，2004，第63页。
③ 〔德〕马克斯·韦伯：《学术与政治》，钱永祥等译，广西师范大学出版社，2010，第168页。
④ 〔德〕马克斯·韦伯：《学术与政治》，钱永祥等译，广西师范大学出版社，2010，第168页。
⑤ 顾忠华：《韦伯学说》，广西师范大学出版社，2004，第64页。
⑥ 刘莹珠：《资本主义与现代人的命运——马克斯·韦伯合理性理论研究》，人民出版社，2014，第224页。

本要求，只有当这个人在其生存非同寻常的'杰出'状态中，才有可能实现。"① 新教伦理中"天职观"的呼唤再次响起，韦伯通过"责任伦理"为现代人获取"人格"指明了一条道路。

在《政治作为一种志业》的演讲中，韦伯提出了心志伦理与责任伦理的区分。"一个人是按照心志伦理的准则行动（在宗教的说法上，就是'基督徒的行为是正当的，后果则委诸上帝'），或者是按照责任伦理的准则行动（当事人对自己行动［可预见］的后果负有责任），其间有着深邃的对立。"② 心志伦理的行动关心的是信念或意图本身的价值，至于行为的结果，"则委诸上帝"；责任伦理指的是一种事先的行为选择，履行责任伦理最重要的就是要顾及后果——由此，为达到或避免这一事先预计的后果，行为过程中就要选择恰当的手段。显然，对行为结果重要性的考量，是心志伦理与责任伦理的重要区分点。韦伯责任伦理中对"行动结果"的看重，并非出于一种功利主义的考量，而更接近一种形式主义的义务论。责任伦理对"结果"的考察是一种事先行为选择时的"顾及后果"，它不是把"结果"作为道德评价的最终标准，与其说它关注的是如何获得最大效果，不如说它最关注的是如何防止最坏后果。③ 如果说心志伦理由于其过度关注信念自身而具有"彼岸性"的特征，那么责任伦理则具有鲜明的"此岸性"。责任伦理要求行动者事先对后果有所预计，并据此在行动过程中关注后果的实现；在这一伦理中，俗世中的行动者切切实实地承担着在现实世界中实现价值的使命。"'责任伦理'所暗含的是一种'入世性'的思考方式，它在实质上否认了彼岸的神圣

---

① 李猛：《除魔的世界与禁欲者的守护神：韦伯社会理论中的"英国法"问题》，载李猛编《韦伯：法律与价值》，上海人民出版社，2001，第126页。

② 〔德〕马克斯·韦伯：《学术与政治》，钱永祥等译，广西师范大学出版社，2010，第264页。

③ 参见刘莹珠《资本主义与现代人的命运——马克斯·韦伯合理性理论研究》，人民出版社，2014，第234页。

价值实体的存在地位，认为生活价值只能由现世的个体自我创造和负责。"①

在诸神纷争的价值多元时代，"我们该信奉哪一位?"② 责任伦理要求行动者清楚地认识周围的世界与自身的行为，在认清自己的责任与信仰后，勇敢地向预定的目标前进。"在实践中人可以采取这样或那样的不同立场。但是，如果你采取了如此这般的一种立场，那么，根据知识的经验，你必须采取如此这般的一种手段，才能在实际中贯彻你的信念。可是，这种手段本身，可能是你认为你必须拒绝使用的。在这种情况下，你必须在目的与达成该目的无法避免的手段之间，做一抉择。"③ 在此过程中你或许会为实现目的而采取的道德上可疑的手段付出代价，或许会因此承受心理上的负担，但倘若你能"真诚而全心地对后果感到责任"，并在一切努力之后用"我再无旁顾；这就是我的立场"④ 评价自己，那么你便实现了自身在志业上的担当。

理性化的社会是一个分工明确的社会，在这样一台庞大的机器中如何避免个人成为一颗毫无灵魂的螺丝钉？韦伯通过责任伦理指出，人应当对自身的志业充满激情——"我活着只是为了我的'志业'"。⑤ "惟有那纯粹向具体工作（sache）献身的人，才有'人格'。"⑥ 韦伯毫不吝啬对投身志业行为的赞许，这种"激

---

① 贺来：《现代人的价值处境与"责任伦理"的自觉》，《江海学刊》2004 年第 4 期。

② 〔德〕马克斯·韦伯：《学术与政治》，钱永祥等译，广西师范大学出版社，2010，第 189 页。

③ 〔德〕马克斯·韦伯：《学术与政治》，钱永祥等译，广西师范大学出版社，2010，第 186~187 页。

④ 〔德〕马克斯·韦伯：《学术与政治》，钱永祥等译，广西师范大学出版社，2010，第 275 页。

⑤ 〔德〕马克斯·韦伯：《学术与政治》，钱永祥等译，广西师范大学出版社，2010，第 164 页。

⑥ 〔德〕马克斯·韦伯：《学术与政治》，钱永祥等译，广西师范大学出版社，2010，第 168 页。

情"既可以在新教伦理时代里新教教徒的"天职观"中发现，也可以在韦伯对年轻人"以学术为业"和"以政治为业"的激情演讲中发现。"凡是不能让人怀着热情（leidenschaft）去从事的事，就人作为人来说，都是不值得的事。"① "现代的'职业化'社会的典型生活之道，既不是'登山宝训'指引下不顾后果的信念伦理，但同样也不是对'意义'或'价值'毫不关心，只关注后果和工具的伦理现实主义或适应道德。恰恰相反，现代社会对'手段'和'后果'的精心计算与对'价值'或'意义'的无限追求，乃是职业生活中的伦理理性化的'双生子'。"② 把职业当作志业，在分化的社会系统中充满"激情"地去完成作为"天职"的工作，"如果做到这点，那么，虽然所从事的是狭隘的专业工作，但由于把它视为一种'神圣'的'天职'，因而职业化的活动就被赋予了超越性的精神价值，人的生命也因此而获得了充实的意义"。③

"为上帝服务的禁欲使命已经从过去'回归'至当前，以应对那些'旧有'的神；作为一种与当前的'神明'相联系、持续的且有意义的方法，唯一能够自我验证，并且符合'日常需要'的生活形式就是选择一个神并使自己服膺于他。"④ 诸神的时代并不必然是价值荒芜的时代，韦伯通过责任伦理的构建，试图为现代人重回有意义的生活找到一条道路。倘若现代人能够在志业中"承担应付'眼下的要求'（Forderung des Tages）"，那么他们或许

---

① 〔德〕马克斯·韦伯：《学术与政治》，钱永祥等译，广西师范大学出版社，2010，第 165 页。
② 李猛：《专家没有精神?》，载马克斯·韦伯等著，李猛编《科学作为天职：韦伯与我们时代的命运》，生活·读书·新知三联书店，2018，第 300 页。
③ 贺来：《现代人的价值处境与"责任伦理"的自觉》，《江海学刊》2004 年第 4 期，
④ 〔美〕查尔斯·卡米尔、〔美〕菲利普·戈尔斯基、〔美〕戴维·特鲁贝克：《马克斯·韦伯的〈经济于社会〉：评论指针》，王迪译，上海三联书店，2010，第 30 页。

便能找到"那掌握了他生命之弦的魔神"。①

五 结语

韦伯在《新教伦理与资本主义精神》的结尾处走向了悲观，失去了新教伦理意义上以"天职观"作为支撑的资本主义，只是一个"钢铁般的牢笼"，理性化后的现代社会变成了一台冷酷的机器。而在"政治作为一种志业"的演讲中，韦伯又热情地呼唤青年学子勇于依照责任伦理规训自己，通过对自身价值领域的有效治理来回应"使命与召唤"。对于现代社会，韦伯预言了其可能落入的"铁笼"困境，但同时，他也并未放弃试图为现代性找到一条可能的出路。

现代社会是理性作为主导的社会，是技术治理全面渗透的社会，也是法治作为核心治理模式的社会。人类文明在现代走向了法治，实现了人在"理性"的指导下通过技术手段对社会的全方位治理，这正是韦伯对"法制型支配"的热切期盼。技术治理下的社会可能会存在诸多的问题——或称之为"现代性难题"，但这些并不应完全地、单一地归咎于"理性"，"决定性的问题其实是，理性社会在制度化经营上的不断推进，是否最终会反噬其根本精神动力"。② 或许，我们可以据此认为：韦伯所担忧的，并不是科学的不断进步、技术治理的全面渗透等所带来的更为"技术化"的社会——倘若如此，我们倒应毫不犹豫地退回原始时代去寻求精神上的安慰，而是在现代社会持续理性化的进程中，为物质成就所自负的现代人在纷繁多样的价值领域中迷失了方向，彻底变成了"无灵魂的专家"和"无心的享乐人"。在价值多元的

---

① 〔德〕马克斯·韦伯：《学术与政治》，钱永祥等译，广西师范大学出版社，2010，第 194 页。

② 李猛：《专家没有精神?》，载马克斯·韦伯等著，李猛编《科学作为天职：韦伯与我们时代的命运》，生活·读书·新知三联书店，2018，第 304 页。

时代失去了生活的意义，这才是韦伯所不愿看到的。如何在现代性所带来的纷繁多样的价值中找到能为个人所坚守的价值，这既是韦伯苦苦思索的问题，也是现代人应当反思的现状。

现代法治社会无疑是——且应当是——技术治理的社会。在理性技术的社会中如何避免成为冷冰冰的庞大机器中毫无生机的小螺丝钉，在科学"祛巫除魅"的理性世界中如何辨别"哪一个是上帝，哪一个是魔鬼"，在价值领域纷繁的诸神时代如何坚守自己的信念、守护生活的意义，在现代化中如何为自身、为作为整体的人类找到未来的希望，正是本文试图在韦伯的作品中寻求的答案。韦伯通过责任伦理启发我们，在行动中关注后果，在形式化的社会交往中考虑实质的价值伦理，通过对自身信念的价值治理，实现对生活意义的坚守，以至于不被技术化的形式社会吞没。

这一意义上的价值治理，并不是拒绝了以形式理性法为外观的现代法治社会，更不是放弃了以理性为核心的技术治理；而是在对社会的技术治理中同时追求对个人自身的价值治理，通过个人的自我治理实现现代社会的实质理性化。"社会"是一个宏观的概念，但再宏观的概念最终的落脚点还是生活中的每一个个体。人与人的联系与交往构成了社会，人对富足生活的向往推动了社会的不断前行——无论社会的发展阶段如何，无论现代工业社会在生产力上多么发达，在技术治理模式上多么有控制力，人始终应当是社会的主体，是自己的主人。承认人自身的意义与价值，这是韦伯责任伦理的基础所在，也是在技术治理的时代重回价值治理的出发点与最终目的地。技术治理为人类带来了生产力的大幅度提高，为现代社会构建起了法治的框架——这一切已经在外观上实现了韦伯在法制型支配中对现代社会的理想性期许，下一步需要做的，便是实现社会的内在价值充实、实现人对自身价值的确认，在形式理性化的同时保持实质的理性化，避免落入"石化"的社会。

重回价值治理，为的是在冰冷的社会框架中保持个人信念价值的温暖，在轰鸣的生产机器中守护内心世界的平静。"重回"，并不是要求现代人放弃科学技术带来的高效与便捷，也不是要走向只关注行为价值本身的价值理性，而是要在过度工具化、理性化、机械化的现代社会中，"矫枉"只关注结果而忽视行为自身价值的工具化生活态度。"重回"，回到的是人类对自身内心世界的关注与坚守。正如韦伯所言，"重要的，是在正视生命的诸般现实时，那种经过磨炼的一往无旁顾的韧性，和承受这些现实以及在内心中料理这些现实的能力"。①

Return to Value Governance: Research on Weber's Theory of Technical Governance

Song Weizhi

Abstract:"Ration" is an important part of modern society. With the rapid development of science and technology, the rationalization process of society has created a society for modern people to rely on technology to govern. Technological governance has brought human material civilization to an unprecedented height, but at the same time it has laid the trap of "modernity" for a society that relies heavily on industry and capital. Although the society under technical governance is efficient, people are only one "Part" in it; people build a bureaucratic system and a formal legal system through rationality, but the technicalized

---

① 〔德〕马克斯·韦伯：《学术与政治》，钱永祥等译，广西师范大学出版社，2010，第275页。

social system has gradually moved toward cold and substantial injustice; people have realized the objective world with the help of science and knowledge, and realized "The era of sorcerer and enchantment", but the era of multiple values makes people seem to be at a loss when confronted with conflicts in the value field. Weber is pessimistic about the future of modern society, but he also pointed out the way to adhere to his own value beliefs in the "divine gods" of value diversity. Adhering to the responsibility ethic, adhering to its own value beliefs and realizing its own value governance in the society of technological governance is a feasible path to return to "meaningful life".

Keywords: Max Weber; Rationalization; Technical Governance; Value Governance; Responsibility Ethics

（责任编辑：胡敬阳）

《法律和政治科学》（2019 年第 1 辑·总第 1 辑）

第 219~248 页

© SSAP, 2019

机器人"邻避"*

〔美〕约翰·弗兰克·韦弗** 著

郑志峰*** 译

一 引言

提及广泛传播的人工智能，人们脑海中首先浮现的是自动驾驶汽车和机器人管家，而不是城市与乡镇。迄今为止，我个人最后一次关于人工智能和城市之间关系的严肃对话发生在我十岁的

* 基金项目：2017 年司法部青年项目"自动驾驶汽车的私法挑战与应对研究"（17SFB3031）；重庆市教育委员会人文社会科学 2017 年研究项目"积极推动'互联网 +'行动的法律保障机制研究"（17SKG005）；2018 年工信部工业和信息化法治战略与管理重点实验室开放课题一般项目"人工智能与社会立法研究"。本译文节选自〔美〕约翰·弗兰克·韦弗《机器人也是人：人工智能时代的法律》，郑志峰译，元照出版公司，2018。本书还有简体中文版，即〔美〕约翰·弗兰克·韦弗《机器人是人吗？》，刘海安、徐铁英、向秦译，上海人民出版社，2018。

** 〔美〕约翰·弗兰克·韦弗，男，法学博士，美国新罕布什尔州 McLane Middleton 律师事务所执业律师，主要研究方向为人工智能法。

*** 郑志峰，法学博士，西南政法大学与贵州省社会科学院联合培养博士后研究人员。

时候，主要围绕猛大帅、铁甲龙以及博派城能否击败霸天虎指挥的基地这一话题展开。① 很少有人会去思考，人工智能将会对我们有关社区、市政和区划的基本法律法规产生什么影响。地方性条例规定市民可以在何处建造房屋、开展商业活动、遛狗、停放车辆以及其他许多日常生活中方方面面的事务。为了应对人工智能对本地经济的影响，乡镇、城市政务会和选民委员会将不得不修订地方性条例，颁布实施相关的配套法规。就像州和联邦的法律都假定只有人类才能作出决定一样，地方性条例也同样假定只有人类才能作出决定以及（and）使用城市道路和财产。然而，这种假定正在日益受到挑战。

当自动驾驶汽车能够接送车主上下班并自行返回家中时，市中心停车费将因为很少有人停车而需要进行调整。当经营者可以依靠人工智能工人来经营家庭企业（home business）时，通过限制员工数量来控制居民区中家庭企业规模的区划条例将会失效。② 当孩子们上下学都由父母的谷歌自动驾驶汽车来完成时，学校董事会将不得不重新修订有关接送孩子的规则。当人工智能商店和人工智能工人能够全天候营业时，这在一些地方已经出现了③，为保护附近的居民免受商店和工厂每天 24 小时、每周 7 天不间断工作的干扰，那些从未遭受噪声或夜间限制性生产活动困扰的乡镇将不得不修改其条例。

本文主要探讨地方性条例——主要涉及市政和区划，同时去揭示人工智能是如何迫使我们改变这些条例的。市政和区划条例的主要目的是防止土地的滥用和税收的流失。如同下文所述，

---

① 猛大帅（Metroplex）、铁甲龙（Trypticon）、霸天虎（Decepticon）都是《变形金刚》里面的角色，博派城（Autobot City）则是博派变形金刚所在城市。

② 家庭企业（Home Business）是美国企业的一种形式，指经营者以家庭为基础而经营的企业，这种企业雇佣的员工数量一般会受到限制，通常是经营者的直系家庭成员。

③ 参见 John Markoff, "Skilled Work Without the Worker", *The New York Times*, August 18, 2012。

美国联邦最高法院在 1926 年①的一个判例中，已经允许乡镇和城市对本地的发展和规划拥有极大的控制权。许多乡镇和城市通过适当的城市规划和区划控制，振兴了本地的房地产市场和经济。然而，人工智能潜在地会让聪明的土地所有者绕过区划限制，在本应该只能是住宅、学校和教堂的地区从事工业和商业活动。

此外，乡镇和城市还会依赖地方性条例来保障税收。然而，人工智能的普及将会威胁这一目的的实现。在不使用人工智能的情形下，经营者只被允许雇佣两名员工来帮助他经营家庭酿造企业，这一措施能够有效地限制家庭企业的生产规模和销售总额。如果他想要雇佣更多的员工，那么就需要取得商业用地。然而，在借助人工智能工人的情况下，同样的经营者在原有家庭的基础上也能实质性地扩大家庭企业的规模，而这种情况并不为地方性条例所禁止。通过在家中经营，他的财产收入的纳税标准将继续以居民区的税率为准，而不用适用更高的商业区税率。同样，那些依靠停车费来作为税收来源的乡镇和城市将会失去一部分收益，因为越来越多的人选择让他们的自动驾驶汽车自行返回家中供其他家庭成员使用，而不是花钱让它们停在停车场闲置。

为了证明地方性条例调整的必要性，我将追溯工业机器人的历史，讨论当前人工智能工人的发展现状，然后阐述市政当局应该如何修订地方性条例。但在此之前，我们有必要对地方性条例及其发展历史进行一番更加全面的了解。

二　地方性条例——它们是干什么的？

尽管市政条例主要调整本辖区内人们的行为，而区划条例主要调整本辖区内土地的利用，但两者是有着各自发展史的不同法

---

①　参见 Village of Euclid v. Ambler Realty Co., 272 U. S. 365（1926）。

律形式。

（一）市政条例

在法律体系中，根据法律位阶排序，市政条例的法律效力最低。它们从属于美国宪法、联邦法律、条约、总统行政命令、州宪法和州法律。事实上，市政当局也只能通过州特许或授权而设置。[①] 考虑到这一现状，许多人都认为乡镇和城市并无实权[②]，因为它们无权决定自身存续，无权控制地方资源，也无权管理地方土地。[③] 与此同时，从实践情况来看，市政当局又拥有很大的权力，因为它们通常有权作出许多重要的政策决定——涉及安全、公共卫生、娱乐等，并且不存在任何强有力的外部监督。[④] 这种权力上的矛盾——理论上很弱但实践中很强——也反映了市政当局以及由其制定的法律的历史发展线索。

在中世纪的英国，许多人为了寻求外部力量的保护而结成群体，进而形成乡镇。[⑤] 特别是，商人们联合起来以增强他们的经济实力。中世纪的市民和房地产都是各司法管辖权主体——贵族、国王、治安官等——竞相争夺的对象。通过联合在一起，新乡镇的商人可以与那些相互竞争的势力进行谈判，并通过取得特许状的方式来成立市政公司（municipal corporation），从而拥有一定程度的自治权。考虑到商业型企业也需要特许状，而几个世纪以来

[①] 参见 Hunter v. City of Pittsburgh, 207 U. S. 161, 178 (1907); Harvey Walker, *Federal Limitations upon Municipal Ordinance Making Power*, Columbus: Ohio State University Press, 1929, pp. 2 - 3。

[②] 参见 Gerald E. Frug, "The City as a Legal Concept", 6 *Harvard Law Review* 93, 1980, p. 1059。

[③] 参见 Richard Briffault, "Our Localism: Part I—The Structure of Local Government Law", 1 *Columbia Law Review* 90, 1990, pp. 111 - 112。

[④] 参见 Richard Briffault, "Our Localism: Part I—The Structure of Local Government Law", 1 *Columbia Law Review* 90, 1990, p. 112。

[⑤] 参见 Harvey Walker, *Federal Limitations upon Municipal Ordinance Making Power*, Columbus: Ohio State University Press, 1929, p. 4。

的英国法律又一直将公共公司（城市和乡镇企业）与私人公司（如东印度茶公司）一视同仁，根据英国公司法的规定，这就允许市政当局去制定相关法律法规管理本乡镇内的活动，特别是商业活动。而作为市政当局管理委员会的乡镇协会（town association），负责保护工人免受剥削，制定有关劳动条件和劳动报酬的政策，惩罚商业活动中的欺诈行为，并在与邻近乡镇的竞争中维护本乡镇的利益。①

几个世纪以来，这种模式一直没有受到大的挑战，因为公司特许状能够保障本地市政当局拥有自治权，免受国王的干扰。但这并不是说国王没有试图进行过干扰。早在 13 世纪，国王就宣称君主可因公司的不当行为而撤销公司特许状，尽管后来成功的例子并不多。直到 17 世纪晚期，君主才在与乡镇和城市独立性的对抗中取得显著性胜利。通过声称伦敦市收取了不合法的通行费，并发表了"恶意和煽动性的诽谤言论"②，英国国王赢得了一起诉讼案件的胜利，并使国王至少在短暂的时间内拥有了对城市的皇家控制权。之所以说短暂，是因为随后的光荣革命（Glorious Revolution）将斯图亚特王朝推翻了，伦敦案自然也随之反转。这使得市政特许状能够保护市政当局免受皇家（royal）控制，但并不能避免议会（parliamentary）控制。同时，这也延续了乡镇和城市并无实质性的自治权，而必须仰仗中央政府授权的理念。③

---

① 参见 Harvey Walker, *Federal Limitations upon Municipal Ordinance Making Power*, Columbus：Ohio State University Press, 1929, p. 4；Gerald E. Frug, "The City as a Legal Concept", 6 *Harvard Law Review* 93, 1980, pp. 1083 – 1084。

② 参见 Gerald E. Frug, "The City as a Legal Concept", 6 *Harvard Law Review* 93, 1980, p. 1092。詹妮弗·莱文（Jennifer Levin）在《伦敦城的宪章争议以及它的影响：1660—1688 年》（*The Charter Controversy in the City of London* 1660 – 1688, *and Its Consequences*）一书中对这一法律争议作了深入探讨。

③ 参见 Gerald E. Frug, "The City as a Legal Concept", 6 *Harvard Law Review* 93, 1980, pp. 1090 – 1095。

在上述政治传统的影响下，就像中世纪的商人那样，美国殖民者起初创造乡镇也是为了利用乡镇协会来维护自己的共同利益。然而，由于独立战争前的美国大约只有 20 个联合的城市，所以市政公司并不常见。这部分原因可以归结于一个事实，即殖民时期的美国并没有一个强大的中央政府来与之进行谈判或抗争。英国国王和议会都远在大西洋彼岸，故此，殖民地并无依靠特许状来保护城市免受中央权力干涉的迫切需求。即使到了 18 世纪晚期，殖民地（后来的州）政府有所发展，这些管理性机构也是由维护各自乡镇利益的乡镇代表所组成的。①

然而，独立战争后，美国的政治和法律生活开始越来越多地围绕州立法机构展开，各州慢慢在市政当局中占据主导地位，可以随意干涉乡镇、城市的条例和其他事务。② 这种局面的形成，部分原因可归结于美国州政府特殊的历史发展，部分原因则是受到英国有关中央政府管辖市政公司思想的影响，这一传统法律理论使各州对本地政府享有完全的权力。③

19 世纪，为了回应人们对市政府有限的权力范围和能力的担忧，许多州都修改了自己的宪法，允许"地方自治"（home rule）。④ 在此基础上，州宪法和法律授予取得特许状的市政当局更大的权力，以保护市政当局在处理"本地事务"时免受干扰。今天，市政当局通过的条例被认为是永久性的行为准则⑤，能够

---

① 参见 Gerald E. Frug， "The City as a Legal Concept"，6 *Harvard Law Review* 93，1980，pp. 1096 – 1097。

② 参见 Lynn A. Baker and Daniel B. Rodriguez， "Constitutional Home Rule and Judicial Scrutiny"，5 *Denver University Law Review* 86，2009，p. 1340。

③ 参见 Gerald E. Frug， "The City as a Legal Concept"，6 *Harvard Law Review* 93，1980，pp. 1105 – 1109；Richard Briffault， "Our Localism：Part I—The Structure of Local Government Law"，1 *Columbia Law Review* 90，1990，pp. 6 – 8。

④ 参见 Lynn A. Baker and Daniel B. Rodriguez， "Constitutional Home Rule and Judicial Scrutiny"，5 *Denver University Law Review* 86，2009，p. 1340。

⑤ 参见 Harvey Walker， *Federal Limitations upon Municipal Ordinance Making Power*，Columbus Ohio State University Press，1929，p. 12。

规制诸多方面的事务，包括如教育在内的基础公共服务①、街道
和乡镇公园的使用②、乡镇和城市的选举程序、商业交易活动、
纳税评估和征收、新不动产的取得③，以及城市法院的设立。④

当然，这并不是说各州就不能再对市政当局进行监督；事实
上，有关地方财产税和学校资助方面的争议仍然必须由州法院和
州立法机构来解决。⑤ 但总的来说，州立法机构通过禁止制定涉及
地方性重要事务的法律的方式，保障了市政条例的权威性。⑥

（二）区划条例

20 世纪初，地方自治规则的发展和市政条例的日益壮大共同
促成了区划条例的产生。区划条例是旨在防止土地利用（难闻的
养猪场、污染性工厂等）对相邻土地造成有害影响的地方性法规。
总的看来，区划条例的目的就是区分不同土地利用，如此不同土
地利用之间就不会相互影响。例如，住宅在乡镇的一个区域，商
店在另一个区域，公共建筑在一个区域，而工业用地则在另一个
偏远角落。⑦

一些人可能会错误地认为，区划条例不过就是电子游戏《模

---

① 参见 Richard Briffault，"Our Localism：Part I—The Structure of Local Government Law"，1 *Columbia Law Review* 90，1990，p. 19。

② 参见 Harvey Walker，*Federal Limitations upon Municipal Ordinance Making Power*，Columbus Ohio State University Press，1929，p. 12。

③ 参见 Lynn A. Baker and Daniel B. Rodriguez，"Constitutional Home Rule and Judicial Scrutiny"，5 *Denver University Law Review* 86，2009，p. 1409。

④ 参见 Lynn A. Baker and Daniel B. Rodriguez，"Constitutional Home Rule and Judicial Scrutiny"，5 *Denver University Law Review* 86，2009，p. 1410。

⑤ 参见 Richard Briffault，"Our Localism：Part I—The Structure of Local Government Law"，1 *Columbia Law Review* 90，1990，pp. 18 – 39。

⑥ 参见 Richard Briffault，"Our Localism：Part I—The Structure of Local Government Law"，1 *Columbia Law Review* 90，1990，pp. 17 – 18。

⑦ 参见 Jesse Dukeminier and James E. Krier，*Property*，Aspen Publishers，2002，p. 952。

拟城市》① 式的一种创新。恰恰相反，区划条例是工业革命的直接产物，因为"19 世纪大规模的生产力造就了迄今为止最为糟糕的人类环境"。② 对土地进行分区规划来源于埃比尼泽·霍华德（Ebenezer Howard）③ 的思想，当时他对工业化的伦敦所制造的混乱感到震惊，并于 1898 年写了一本书：《明日：一条通向真正改革的和平道路》（*Tomorrow：the Peaceful Path to Real Reform*）④。尽管该书取了一个在有影响力的书籍史上可能是最为黯淡的标题，但它还是风靡一时。霍华德的主要思想——将大部分城市人口重新安置到有足够空间的新乡镇，以便人们生活得更加健康和幸福——并没有引起 20 世纪初美国城市规划者的兴趣。然而，他们却对霍华德思想之下的几个原则倍感兴趣：

（1）区分不同用途；

（2）保护单式家庭房屋⑤；

（3）低层式开发；以及

---

① 《模拟城市》（Sim City）是 1989 年由美国艺电公司出品的一款城市建造类游戏。这款游戏的主要内容，就是在一个固定范围的土地上，由玩家担任市长一职，满足城市内所有市民的日常生活所需。规划住宅、商业及工业用地，建设公路、地铁、体育场、海港、机场、警察和消防局，甚至税金及各种公共设施支出的分配都由玩家自行设计。游戏中除了要妥善规划各种区域，还要考虑到人、经济、生存及政治等多项因素。

② 参见 Lewis Mumford, *The City in History：Its Origins, Its Transformations, and Its Prospects*, Harcourt, Brace & World, 1961, p. 433。

③ 埃比尼泽·霍华德（Ebenezer Howard, 1850～1928 年），20 世纪英国著名的社会活动家、城市学家、风景规划与设计师，"花园城市"之父，英国"田园城市"运动创始人。

④ 《明日：一条通向真正改革的和平道路》是一本具有世界性影响的书，埃比尼泽·霍华德在书中提出建设新型城市的方案。1902 年，该书修订再版，更名为《明日的田园城市》。

⑤ 单式家庭房屋（single-family home）指房屋在外墙结构和基础设施方面完全不依附于其他建筑物，且能提供至少一户人家居住的房子，户主拥有整块土地和房子。单式家庭房屋形式上有平房、楼房（包括一层半、两层、两层半甚至三层）和复式（又分后复式和边复式）几种。

（4）中密度的人口分布。①

尽管这些原则更适合于中小型城市，但美国的大城市是最早实行土地区划的。1909 年，洛杉矶颁布了一部区划条例，将工业用地限制在远离居民区的指定区域。1916 年，纽约市也颁布了首个整体性区划项目，不仅区分土地利用，还限制了建筑物的高度和体积。这个项目出台的部分原因是为了应对摩天大楼的盲目建造（这影响了许多居民的采光和通风自由），同时也是因为服装制造商已经开始向第五大道商店附近的区域靠近。② 商人认为这种高密度建筑物群对商业活动不利。随后，市政当局慢慢意识到分区规划对大城市来说必不可少。③

在纽约颁布区划条例后，分区规划的思想迅速流行开来（如果分区规划真的能够让纽约市有一些好的变化，那么崇尚田园式生活的美国势必会觉得这是避免肮脏的工厂破坏乡镇环境的一种很好方式），特别是美国商业部于 1922 年通过了《州区划授权法案标准》（Standard State Zoning Enabling Act），该法案让各州更加容易授权乡镇去执行区划条例，并就条例的具体运作对乡镇进行指导。④ 到 1926 年，美国共计 2700 万人口的 420 个市政当局都实施了分区规划。除了 5 个州之外，其余所有的州都通过了区划授权立法。⑤

---

① 参见 Jesse Dukeminier and James E. Krier, *Property*, Aspen Publishers, 2002, pp. 952 – 953。

② 第五大道（Fifth Avenue），是美国纽约市曼哈顿一条重要的南北向干道，南起华盛顿广场公园，北抵第 138 街。由于第五大道位于曼哈顿岛的中心地带，因此曼哈顿岛上东西走向的街道有时会以这条街道为界而加以东西的称呼。

③ 参见 Jesse Dukeminier and James E. Krier, *Property*, Aspen Publishers, 2002, p. 958。

④ 参见 Jesse Dukeminier and James E. Krier, *Property*, Aspen Publishers, 2002, p. 959。

⑤ 参见 Brief of Alfred Bettman, Amici Curiae, on behalf of the National Conference on City Planning, the National Housing Association, and the Massachusetts Federation of Town Planning Boards, Village of Euclid v. Ambler Realty Co. 272 U. S. 365 (1926), 5。

　　然而，在 20 世纪 20 年代中期，州法院开始宣布区划条例违宪。① 主要问题是财产权：乡镇是否有权限制不动产所有权人对其不动产的利用？毫无疑问，这恰恰就是区划条例的主要内容。乡镇有关部门告知不动产所有权人："我们已经决定您房产所在的区域只能被规划为住宅用地。我们根本不关心您购买它是为了开零件制造厂。"只有那些在条例通过或修改前已经以某种方式利用土地的人才能够继续以条例禁止的方式利用土地，即我们所熟知的"祖父权利"（grandfathered right）。② 如果零件制造商在条例颁布一年前就已经开办了工厂，而不是在条例颁布一年后再开办的话，那么他的工厂就可以继续开办下去。

　　许多人（尤其是房地产开发商）认为，限制不动产所有权人自主地利用不动产的行为，违反了美国宪法第十四修正案第 1 款的规定，即未经正当法律程序就剥夺了这些不动产所有权人的自由和财产。③ 这一观点在 Village of Euclid v. Ambler Realty Co. 案（简称"Euclid 案"）中得以检验，1926 年美国联邦最高法院作出的判决明确指出，区划条例是一个合乎宪法的概念，尽管它的具体条款可能会变得"武断和不理智"。④ 在 Euclid 案中，Ambler Realty 公司拥有 68 英亩的空地，打算将其作为工业用地来开发。然而，Euclid 村在 Ambler Realty 公司进行开发前就通过了一个区划条例，规定此块空地只允许进行住宅开发。这直接导致空地的

---

① 参见 Jesse Dukeminier and James E. Krier, *Property*, Aspen Publishers, 2002, p. 959。

② "祖父权利"（grandfathered right），又称为"祖父条款"（grandfather clause），指法律、法规中的不回溯条款或例外条款。新的法律、法规中规定的某些限制，不适用于已经开始的活动，并允许其继续进行。参见薛波《元照英美法词典》（缩印版），北京大学出版社，2013，第 610 页。

③ 参见 Joseph Gordon Hylton, "Prelude to Euclid: The United States Supreme Court and the Constitutionality of Land Use Regulation, 1900 – 1920", *Washington University Journal of Law and Policy* 3, 2000, pp. 1 – 37; Jesse Dukeminier and James E. Krier, *Property*, Aspen Publishers, 2002, p. 959。

④ 参见 Village of Euclid, 272 U. S. at 386, 395。

价值从每英亩 10000 美元降低到每英亩 2500 美元。Ambler Realty 公司主张其土地贬值损失是一种违宪征收：因为通过区划条例，Euclid 村在未给予任何补偿的情况下，就从 Ambler Realty 公司那里拿走了每英亩 7500 美元的利益。①

然而，美国联邦最高法院驳回了 Ambler Realty 公司的诉请，支持了 Euclid 村的区划条例。在判决过程中，美国联邦最高法院认为，Euclid 村是在妥当地行使其将工业和商业建筑从居民区隔离出来的管理权。为了促进社区环境健康和安全，市政当局有权制定一个适用于其辖区的总体性规划。②

根据这一判决，美国的乡镇和城市几乎都颁布了区划条例，到了 20 世纪末，美国 97% 的市政当局都实施了区划条例。③ 尽管小型社区常常适用的都是非常简单的区划条例——有时整个乡镇只有一个或两个分区，但为了更好地规划社区，许多市政当局制定的区划条例已经越来越复杂。尽管区划条例仍然在将工业和商业用地与住宅用地区分开来的同时进一步细化住宅用地的类型，比如区分大型单式家庭房屋和复合式公寓④，但它也常常以更为细致的方式来解决土地利用问题。在 Euclid 案中，区划条例就非常详细地列举了合法的土地利用方式；事实上，该区划条例对诸如建造 "加气和加油站（不得超过 1000 加仑）"、"疗养院" 和 "马

---

① 参见 Village of Euclid，272 U. S. at 384。

② 参见 Village of Euclid，272 U. S. at 391。

③ 参见 Robert C. Ellickson，"Alternatives to Zoning：Covenants，Nuisance Rules，and Fines as Land Use Controls"，4 *University of Chicago Law Review* 40，1973，p. 692。

④ 虽然与我文中所讨论的区划条例不太相关，但仍然值得注意的是，有批评指出，分区规划加重了财富的分配不均以及经济和种族隔离。有大量的证据支持这一说法。低收入和少数群体在法庭上已经猛烈抨击过排他性的分区规划实践——密度控制、禁止搬迁或制造房屋等，主张分区规划违反了每个市政当局应当负担的促进公共卫生、安全和公共福祉的义务。这些反对言论颇有成效。参见 Southern Burlington County NAACP v. Township of Mount Laurel，67 N. J. 151（1975）and Southern Burlington County NAACP v. TownShip of Mount Laurel，92 N. J. 158（1983）。

厩和车棚（不得超过五匹马、五辆货车或卡车）"等土地利用方式都是允许的。①

相比于 80 年前，今天即使是小乡镇，其制定的区划条例也可能需要解决以下事务：

（1）家庭企业，即在某人的住所运营的企业或专业办公场所；

（2）所有商业或工业用地所需要的停车场数量；

（3）所有新工业开发所需要的每月车辆通行许可；以及

（4）商业开发所需要的装载和垃圾处理用地。

这些规定与其他市政法规有重合之处，但又更加适于区划，因为它们会影响土地利用，并回答了临近不动产所有权人可能会询问的以下问题。"养殖场每周有数百辆卡车经过我的店铺是被允许的吗？""送货卡车在我的新餐馆前停留了一小时，妨碍了我饭店的经营该怎么办？""弗兰克的车行已经是专业的汽车零售店，那么可以允许多少人在店里工作呢？"

此外，还有一些常见区划条款，用于解决诸如电信塔的特殊审查、含水层区域的开发或者为提升已有特别用途（如体育场或剧院）的特别区划问题。然而，这些土地区划大多数都假定是人类在利用土地。随着人工智能开始帮助人们去利用不动产，同时却不需要人们在场作出决定，情况将会大有不同。

三 工业机器人与人工智能工人

没有哪个领域比工业领域内的人工智能更加真实。工业部门将会把人工智能作为降低成本的一种方式，但这无意中会破坏许多现有的市政和区划条例，而起初正是工业部门在工业革命期间推动了区划条例的产生。在展开上述讨论之前，我们先来回顾一下工业生产中的机器人和人工智能的发展历程。

---

① 参见 Village of Euclid, 272 U. S. at 380。

（一）工业机器人的构想

通常来说，"工业机器人"是一种自动化控制的、可重复编程的、多功能的操作机器，能够以固定或移动的方式适用于工业环境中。[①] 工业机器人主要被应用于以下事务：

（1）加工（机器人操作加工设备）；

（2）材料处理（配备夹具的机器人处理产品零部件）；

（3）装配（机器人将产品部件组装在一起）；以及

（4）测试/处理（机器人以各种方式检查成品与半成品）。[②]

毫无疑问，上述工业活动将会最大限度地受人工智能的影响。

"自动化工具"的概念在西方文明中根深蒂固。公元前 322 年，亚里士多德就曾写道："如果每一种工具，依靠指令甚至能够自动地去完成适合它的工作，那么师傅就不需要学徒，主人也不需要奴隶了。"1495 年，列奥纳多·达·芬奇（Leonardo da Vinci）设计了一种机械装置，看起来像一个装甲骑士，能够依据内置机械驱动像人一样移动。[③] "Robot"（机器人）一词，是由捷克剧作家卡雷尔·恰佩克（Karel Capek）[④] 于 1921 年基于斯拉夫语"robota"创造的，该词的原意是指繁重枯燥的工作或奴役（苦工）。他的剧作《罗素姆的万能机器人》就描述了一群从事人类

---

① 参见 Johanna Wallén，"The History of the Industrial Robot"，Technical Report from Automatic Control at Linköpings Universitet，Report No. LiTH-ISY-R-2853，May 8，2008。

② 参见 Kristina Dahlin，"Diffusion and Industrial Dynamics in the Robot Industry"，in Bo Carlsson，ed.，*Technological Systems and Economic Performance：The Case of Factory Automation*，Kluwer Academic Press，1995，p. 326。

③ 参见 Karl Mathia，*Robotics for Electronics Manufacturing*，Cambridge University Press，2010，p. 1。

④ 卡雷尔·恰佩克（Karel Capek，1890~1938 年），捷克著名作家、剧作家、新闻记者、童话寓言家，著有大量长短篇小说、剧本、游记等。1921 年，恰佩克发表了科幻剧作《罗素姆的万能机器人》（*Rossum's Universal Robots*），发明了"robot"这个词，该剧本已成为世界科幻文学的经典。

工作的机器人工人（worker robots）的故事。[①] 1941 年，机器人科幻迷所熟知的艾萨克·阿西莫夫（Isaac Asimov）预言庞大的机器人产业将会发展起来。[②]

（二）工业机器人的早期发展

事实上，很快机器人产业就出现了。1961 年，工业机器人开始出现在制造厂中。当时，Unimation 公司在通用汽车公司位于新泽西州特伦顿市的特恩斯特工厂安装了第一台工业机器人，一台液压机械臂。遵循磁鼓中的分步程序，这台机器臂能够堆叠压铸金属的热片[③]，而这是一份人类工人不太愿意从事的工作。[④]

Unimation 公司由约瑟夫·恩格尔伯格（Joseph Engelberger）创立，他被后世称为"机器人之父"。恩格尔伯格对科幻小说和机器人很是痴迷，他在哥伦比亚大学学习物理学，随后成为一名航空航天工业的工程师。在 1956 年的一次鸡尾酒会上，恩格尔伯格偶然遇见了乔治·德沃尔（George Devol）。[⑤] 两年前，德沃尔已经申请了专利"可编程的物体移动"（programmed article transfer），这使得通用型自动操作的机器人成为可能。[⑥] 随后，恩格尔伯格获得了德沃尔的专利许可，成立了 Unimation 公司。1961 年，Unimation 公司亏本出售了第一台机器人，此后的几年内也没有盈利。

---

① 参见 Johanna Wallén，"The History of the Industrial Robot"，Technical Report from Automatic Control at Linköpings Universitet，Report No. LiTH-ISY-R-2853，May 8，2008。

② 参见 Karl Mathia，*Robotics for Electronics Manufacturing*，Cambridge University Press，2010，p. 1。

③ 参见 International Federation of Robotics，*History of Industrial Robots*，Brochure，2012。

④ 参见 Wesley L. Stone，"The History of Robotics"，in Thomas R. Kurfees，ed.，*Robotics and Automation Handbook*，CRC Press，2005，pp. 1 - 5。

⑤ 参见 Wesley L. Stone，"The History of Robotics"，in Thomas R. Kurfees，ed.，*Robotics and Automation Handbook*，CRC Press，2005，pp. 1 - 5。

⑥ 乔治·德沃尔（George Devol）于 1954 年 12 月 10 日向美国专利局申请专利，并于 1961 年取得该项专利。

但 Unimation 公司最终获得了巨大成功,至 1983 年其销售额已经达到了 7000 万美元。[1]

上述销售额是很有可能的,因为 1961 年至 1983 年,工业制造以一种意想不到的方式去积极地应用机器人技术。机械臂慢慢占据汽车工厂主导地位的形象定格在流行史上,那么独轮手推车(wheelbarrow)呢?1964 年,挪威的劳动力短缺迫使独轮手推车制造商 Trallfa 公司开发出一种可以给手推车喷漆的机器人。[2] Trallfa 公司的喷漆部门,其工作环境非常糟糕(有烟雾等),很难招到工人。Trallfa 公司研发的喷漆机器人可以持续工作,并且很容易编程。原本 Trallfa 公司只是打算将其用于内部生产独轮手推车,但由于喷漆机器人的设计是如此的成功,以至于 Trallfa 公司开始出售这款机器人给其他制造商。[3]

在今天看来,1961 年 Unimation 公司用来向液压机械臂提供方向的磁鼓技术似乎已经过时了,就像将黑胶唱片与 iPad 进行比较一样。同样,单单依靠液压驱动的机器人也不可能完成今天工厂中的大量工作。1971 年,当辛辛那提市的 Milacron 公司开始销售工业机器人 The Tomorrow Tool(它有着朗朗上口但可能会被施瓦辛格先生吐槽的名字"T3"[4])时,工业机器人设计开始向现代计算机技术靠拢。[5] 这

---

① 参见 Wesley L. Stone,"The History of Robotics",in Thomas R. Kurfees, ed.,*Robotics and Automation Handbook*,CRC Press,2005,pp. 1 – 5。

② 参见 Wesley L. Stone,"The History of Robotics",in Thomas R. Kurfees, ed.,*Robotics and Automation Handbook*,CRC Press,2005,pp. 1 – 7。

③ 参见 Johanna Wallén,"The History of the Industrial Robot",Technical Report from Automatic Control at Linköpings Universitet,Report No. LiTH-ISY-R-2853,May 8,2008。

④ 阿诺德·施瓦辛格(Arnold Schwarzenegger),美国著名男演员、健美运动员、前美国加州州长、政治家。1984 年,施瓦辛格主演了经典科幻动作片《终结者》,在这部影片中,施瓦辛格扮演人面机械身的超级杀手 T – 800。显然,T3 名字的灵感来源于此。

⑤ 参见 Karl Mathia,*Robotics for Electronics Manufacturing*,Cambridge University Press,2010,p. 3。

是第一台由电脑控制的工业机器人。① 1974 年，总部位于瑞典的 Asea 公司②，不久之后因合并而变更为著名的 ABB 公司③，推出了第一台全电动、由电脑控制的机器人 IRB 6，该机器人是专为工业磨削而设计的。④ 事实证明，这是一款适用性很强的技术，它的第一个购买者德国的 Magnussons 公司用它来打蜡和抛光钢管。⑤ Magnussons 公司是一家员工只有 20 人的小企业。因为使用了机器人 IRB 6，该公司成为世界上首批能够每天 24 小时、每周 7 天不间断运转的无人工厂。⑥

在此期间，喷漆和焊接机器人成为最常见的工业机器人。1976 年，英国农业机械制造商 Ransome，Sims & Jeffries 公司改良了 Trallfa 公司的喷漆设计，并将其运用于电弧焊接。⑦ 随后，Unimation 公司推出了能够进行点焊的机器人，实质性地推动了工业技术中喷漆和焊接机器人的发展。⑧ 1969 年，通用汽车公司开始购买 Unimation 公司的焊接机器人。⑨

---

① 参见 Lisa Nocks, *The Robot：The Life Story of A Technology*, Greenwood Press, 2007, p. 69。

② 参见 Karl Mathia, *Robotics for Electronics Manufacturing*, Cambridge University Press, 2010, p. 3。

③ 1988 年，瑞典的 Asea 公司和瑞士的 Brown Boveri 公司合并为 ABB 公司。

④ 参见 International Federation of Robotics, *History of Industrial Robots*, Brochure, 2012；Karl Mathia, *Robotics for Electronics Manufacturing*, Cambridge University Press, 2010, p. 3。

⑤ 参见 International Federation of Robotics, *History of Industrial Robots*, Brochure, 2012。

⑥ 参见 Johanna Wallén, "The History of the Industrial Robot", Technical Report from Automatic Control at Linköpings Universitet, Report No. LiTH-ISY-R-2853, May 8, 2008。

⑦ 参见 Wesley L. Stone, "The History of Robotics", in Thomas R. Kurfees, ed., *Robotics and Automation Handbook*, CRC Press, 2005, pp. 1 - 7。

⑧ 参见 Kristina Dahlin, "Diffusion and Industrial Dynamics in the Robot Industry", in Bo Carlsson, ed., *Technological Systems and Economic Performance：The Case of Factory Automation*, Kluwer Academic Press, 1995, p. 330。

⑨ 参见 Wesley L. Stone, "The History of Robotics", in Thomas R. Kurfees, ed., *Robotics and Automation Handbook*, CRC Press, 2005, p. 10。

通用汽车公司与 Unimation 公司的合作推动了美国机器人市场的发展。与工业制造紧密相连的"标准臂"设计（想象一下修长而灵活的手臂向后翻转抓住汽车发动机罩，然后向前翻转回来安装在汽车上）起源于斯坦福国际研究所（SRI international）的一个项目，这个机构同时也是 Siri 和 Da Vinci 手术机器人系统的研发者。1977 年，Unimation 公司在通用汽车公司的支持下购买了标准臂设计。[①] 1978 年，Unimation 公司正式推出机器人 Puma（可编程通用装配机）[②]，其成为手术机器人开发的重要工具。最终，机器人 Puma 在汽车工业中得到广泛运用。[③]

（三）工业机器人的全球化普及

虽然最初的工业机器人很多起源于美国，但事实证明日本更渴望在制造业中使用机器人。到 1980 年，日本已经成为制造机器人的主要应用者。从 1978 年到 1990 年，日本工业机器人的产量增长了 25 倍。1984 年至 1990 年，全球工业经历了一段大整合时期，公司相互兼并。部分归功于日本工业机器人市场的繁荣，只有少数非日本企业幸存了下来。[④] 到了 1995 年，日本机器人占据了全球 70% 的市场份额。[⑤]

与此同时，某些欧洲制造商也逐渐在这一领域占据了支配地位。截止到 2005 年，世界上最大的两家机器人制造商都是日本公

---

① 参见 Wesley L. Stone，"The History of Robotics"，in Thomas R. Kurfees，ed.，*Robotics and Automation Handbook*，CRC Press，2005，pp. 1 - 7。

② 参见 Karl Mathia，*Robotics for Electronics Manufacturing*，Cambridge University Press，2010，p. 3。

③ 参见 Lisa Nocks，*The Robot：The Life Story of a Technology*，Greenwood Press，2007，p. 69。

④ 参见 Karl Mathia，*Robotics for Electronics Manufacturing*，Cambridge University Press，2010，pp. 3 - 5。

⑤ 参见 Kristina Dahlin，"Diffusion and Industrial Dynamics in the Robot Industry"，in Bo Carlsson，ed.，*Technological Systems and Economic Performance：The Case of Factory Automation*，Kluwer Academic Press，1995，p. 323。

司；紧随其后的是两家欧洲公司。[1] 其中有一家就是 ABB 公司，它在市场上也占据了支配地位，而这要部分归功于该公司的收购战略。1985 年，ABB 公司收购了 Trallfa 公司。1990 年，它又收购了辛辛那提市的 Milacron 公司的机器人部门[2]，后者是 20 世纪 80 年代美国最大的机器人制造商之一，占据着美国 32% 的市场份额。[3] 随着欧洲工厂需要的机器人数量不断增长，欧洲工业机器人的产量也在不断攀升。在过去的几年里，欧洲工业机器人的数量基本上已经与日本工业机器人的数量持平，而美国机器人的使用数量还不足它们的一半。[4]

工业机器人在生产中的存在感越来越强。1973 年，美国工业生产中只有 3000 台机器人；而到 2011 年，这一数字达到了 110 万。[5] 1961 年，通用汽车公司工厂安装的 Unimation 公司的液压式机器人只具有一项功能：堆叠压铸金属的热片。50 年后，工业机器人可以执行焊接、喷漆、处理和组装部件、清洗、加工产品、磨削、打蜡以及其他各种各样的任务。[6] 机器人在工业生产中的大量应用，其背后的动力在于对节约成本的追求。在日本，从 1970

---

[1] 参见 Karl Mathia, *Robotics for Electronics Manufacturing*, Cambridge University Press, 2010, pp. 4 – 5。

[2] 参见 Johanna Wallén, "The History of the Industrial Robot", Technical Report from Automatic Control at Linköpings Universitet, Report No. LiTH-ISY-R-2853, May 8, 2008。

[3] 参见 Susan W. Sanderson and Brian J. L. Berry, "Robotics and Regional Development", in John Rees, ed., *Technology, Regions, and Policy*, Rowman & Littlefield, 1986, p. 173。

[4] 参见 Karl Mathia, *Robotics for Electronics Manufacturing*, Cambridge University Press, 2010, p. 6。

[5] 参见 International Federation of Robotics, *History of Industrial Robots*, Brochure, 2012。

[6] 参见 Kristina Dahlin, "Diffusion and Industrial Dynamics in the Robot Industry", in Bo Carlsson, ed., *Technological Systems and Economic Performance: The Case of Factory Automation*, Kluwer Academic Press, 1995, p. 329; Karl Mathia, *Robotics for Electronics Manufacturing*, Cambridge University Press, 2010, p. 5; International Federation of Robotics, *History of Industrial Robots*, Brochure, 2012。

年到 1985 年——在日本工业部门开始使用机器人时，劳动力成本增加了 300%，而机器人的价格则下降了 50%。到 20 世纪 90 年代中期，世界各地的工资都要比机器人的价格上涨得更快。[1] 这一趋势仍在继续。1990 年至 2005 年，在不考虑劳动力成本的前提下，工业机器人的成本已经下降了 46%，而如果考虑劳动力成本上升这一因素的话，其成本起码下降了 90%。[2]

（四）人工智能产业工人

目前，我们没有理由认为上述数字会突然开始逆转，尤其是许多工业化国家的人口老龄化让招聘（finding）工人变得异常困难——更不用说支付（paying）劳动报酬了。相反，未来各个生产环节上的雇主都将继续寻求能够让他们减少对昂贵工人依赖的技术。当前正在应用或者开发的人工智能产业工人（AI industrial workers）就是如此（顺便说一下，为了对生产中的人工智能有一个更为广泛的认识，本部分中的 "产业机器人" 既指在制造部门工作的机器人，也指在 "第一产业" 部门开发自然资源的机器人）。

举例而言，包括以下正在探索使用人工智能工人或者已经在使用人工智能工人的领域。

• 农业。鉴于机器人与人口老龄化的密切关系，日本的公司和研究人员开始探索将人工智能引入播种和收割这种劳动密集型产业领域的方法。日本国家农业研究中心（National Agricultural Research Centre）已经研发出一款能够在稻田里自主移动的水稻种植机。[3] 它使用 GPS 来绘制种植场地，并基于 GPS 数据在脆弱和

① 参见 Kristina Dahlin，"Diffusion and Industrial Dynamics in the Robot Industry"，in Bo Carlsson，ed.，*Technological Systems and Economic Performance*：*The Case of Factory Automation*，Kluwer Academic Press，1995，pp. 325 – 326。

② 参见 Karl Mathia，*Robotics for Electronics Manufacturing*，Cambridge University Press，2010，p. 7。

③ 参见 "Fields of Automation"，*The Economist*，December 10，2009。

荒芜的野外地形中规划播种路径。① 此外，宫崎大学和京都大学的研究人员正在开发一款自主草莓采摘机器人。目前的构思是在草莓生长的基土两侧架起轨道，人工智能工人沿着轨道运行，并使用传感器来确定单个草莓是否成熟。如果成熟了，人工智能工人会利用温柔的吸力去采摘它们，并将草莓放置到传送带上或篮子中。到目前为止，人工智能工人采摘的速度还没有人工采摘那么快（尽管它们可以一天 24 小时工作），同时这种烦琐的运作机制也不受草莓种植农民的欢迎。但农民坦言，他们可能会需要这样的系统。②

在其他类似技术方面，麻省理工学院已经开发出一间番茄温室实验室（experimental tomato greenhouse），该实验室完全由小型机器人管理，并使用传感器去监测每一株番茄。如果传感器发现有番茄缺水，就会指派机器人来给它浇灌。当番茄成熟时，机器人能够在藤蔓上找到它，并且通过机械臂将它采摘下来。③ 除了采摘和浇灌，这台温室项目中名为"分布式机器人花园"（Distributed Robotic Garden）的机器人还有其长远目标，包括除草和清洁（去除枯叶）。④ 如果研究人员开发出能够有效识别和去除枯叶的人工智能，那么相较于大多数在室内种植植物的人，这些机器人将会是更好的园丁。

● 矿业。熟练技工的短缺和金属矿石的埋藏深度使得采矿业开始使用人工智能。储量丰富且容易开采的矿藏几乎没有了。过去在地球表层就唾手可得的矿产资源，现在需要矿业公司更加深

---

① 参见 Yoshisada Nagasaka, et al., "High-Precision Autonomous Operation Using an Unmanned Rice Transplanter", in K. Toriyama, K. L. Heong, and B. Hardy, eds., *Rice Is Life: Scientific Perspectives for the* 21 *Century-Proceedings of the World Rice Research Conference*, Tsukuba, Japan［CD-ROM］, pp. 235 – 237。

② 参见 "Fields of Automation", *The Economist*, December 10, 2009。

③ 参见 "Fields of Automation", *The Economist*, December 10, 2009。

④ 参见 Robotic Platform, "The Distributed Robotics Garden", Massachusetts Institute of Technology, people. csail. mit. edu/nikolaus/drg/index. php/robots。

入地挖掘。有些时候，矿井必须要深入地下 700 层。① 2008 年，英澳矿业巨头力拓集团（Rio Tinto）建立了一个由自动钻井平台和自动驾驶卡车构成的"原型矿区"（prototype mine）。2011 年，力拓集团购买了 150 辆自动驾驶卡车，它们能够利用人工智能去学习矿山布局，识别潜在的障碍，监测其他车辆，进而防止事故的发生。此外，这些卡车的人工智能还能利用 GPS 来规划最优的矿区路径，以减少卡车行程和燃料消耗。②

● 组件处理。Kiva System 公司开发了一款机器人——Magic Shelf，它可以自主搜索仓库，查找必要的组件或产品，并将其带到适当的处理区域。像 Zappos、亚马逊以及 Staples 等公司都已经在大量地使用人工智能工人——它们看上去类似于有些滑稽的大型橙色自动吸尘器——在巨大的仓库中处理在线订单。③ 亚马逊公司认为，人工智能是一种非常重要的节约成本的工具，为了降低劳动力成本以及增加仓库订单数量，亚马逊公司最终于 2012 年以 7.75 亿美元收购了 Kiva System 公司。④ 尽管 Kiva System 公司的机器人主要用于零售仓库，但亚马逊公司认为它还能用于工业环境中的部件分派。⑤ 此外，许多制造商也开始注意到人工智能工人，如富士康——生产 iPhone 手机最有名的制造商——已经停止招聘工人，预计未来几年将采用自动化技术。⑥

● 通用性工厂事务。Rethink Robotics 公司致力于研发应用于

① 参见 Julie Gordon, "Miners Take 'Rail-Veyors' and Robots to Automated Future", Reuters, October 28, 2012。
② 参见 Emma Bastian, "There's No Canary in These Mines, Features, Robotics, Technology (blog)", *Science Illustrated*, April 3, 2012。
③ 参见 Alexis Madrigal, "Autonomous Robots Invade Retail Warehouses", *Wired*, January 27, 2009。
④ 参见 Evelyn M. Rusli, "Amazon.com to Acquire Manufacturer of Robotics, Deal-Book (blog)", *New York Times*, March 19, 2012。
⑤ 参见 Industries Page, "Kiva Systems", http://www.kivasystems.com/industries/。
⑥ 参见 Mao Jing, "Foxconn Halts Recruitment as They Look to Automated Robots", *China Daily USA*, February 20, 2013。

工业领域的通用性人工智能产业工人——Baxter。Baxter 的外形近似于人类，配备一个声呐系统（用来探测周围的人和物体）、五个用来探测工作空间的摄像头以及两只用于流水线作业和其他工作的手臂。尽管它拥有可以移动的轮子，但由于不能自主移动，因而被固定在工作台上。它甚至都没有 Wi-Fi 系统，因为大多数工厂都没有设置无线网络。同样，它也无法识别语音指令，因为工厂本身噪音就很大。[1] 然而，它可以接受训练——只要你抓住它的手腕，表明你想要它做什么即可。Baxter 是一位非常优秀的学生，它甚至可以从一个醉酒的操作员那里学习。[2] 最重要的是，它被设计成一个机器人操作平台，这意味着它可以支持应用程序。Baxter 的开发者希望它能成为机器人中的 iPhone，程序员可以基于各种工业用途（比如调酒师功能，这可能是为它嗜酒的操作员准备的）创建各种应用程序，从而拓展 Baxter 在工厂中承担的职责。[3]

上面描述的人工智能仅仅是当前发展中的一小部分。人工智能产业工人将远远不止于上述功能，它们还将不断发展去完成其他工业任务，并逐渐降低制造业对人类工人的依赖。

四　人工智能产业工人（以及其他形式的人工智能）如何影响地方性条例

人工智能产业工人、人工智能农业工人以及其他形式的人工智能将进入乡镇和城市，并以一种市政当局起草法律法规时无法

---

[1]　参见 Gregory T. Huang, "Rod Brooks and Rethink Reveal an Industrial Robot for the Masses", Xconomy, September 18, 2012。

[2]　参见 Christopher Mims, "How Robots Are Eating the Last of America's-and the World's-Traditional Manufacturing Jobs", *Quartz*, February 15, 2013。

[3]　参见 Gregory T. Huang, "Rod Brooks and Rethink Reveal an Industrial Robot for the Masses", Xconomy, September 18, 2012。

预料的方式去影响市政条例和区划条例。假定大量人群的条例将会面对少得多的人，而试图保护田园牧歌生活的条例却颇具讽刺意味地引来了更多的机器和工业。

然而，与州和联邦政府相比，市政当局更加适合去解决像人类一样思考行走的人工智能问题。因为相比于州和联邦政府，市政当局面临的人工智能问题要更加具体。市政当局不需要去判定机器人是否应该承担责任，也不需要决定授予机器何种程度的人格。在某些日常生活场景中，市政当局必须将人工智能当作人一样对待，比如自动驾驶汽车可以在何处停放，乡镇的哪些区域应该向人工智能产业工人开放，等等。下面有一些涉及各种人工智能形式的具体情形，它们将对所有的市政条例和区划条例提出挑战。

● 由于自动驾驶汽车的广泛应用，汽车在接送车主上下班后自行返回家中，因而市中心的停车量将会不断减少，这会导致市政收入的大幅减少。例如，印第安纳波利斯 2012 年仅停车费的收入就高达 530 万美元。[①] 波士顿 2012 财政年度从停车罚款中收入 6220 万美元。[②] 在 2011 财政年度中，华盛顿特区停车罚款的财政收入为 9260 万美元。[③] 在洛杉矶，市政当局每年停车费的收入约 2100 万美元，停车罚款的收入为 1.2 亿美元。[④] 尽管小乡镇的停车费收入会少很多，但对于它们的社区来说同样很重要。

● 人工智能农业工人的进步让农村和城市郊区的小农场也能采用自动化技术，包括在田间工作的机器人轨道和车队。这直接

---

① 参见 Dan Human，"City Reports Rise in Parking Meter Profit，Revenue"，*Indianapolis Business Journal*，February 21，2013。

② 参见 Jon Halpern，"Boston Parking Fine Revenue Still Significantly Down from 2010 Peak"，*Boston Business Journal*，September 27，2012。

③ 参见 Ashley Halsey III，"D. C. Sets Record with Parking Ticket Revenue"，*Washington Post*，March 5，2012。

④ 参见 Transportation Profile，"Los Angeles Department of Transportation"，http：// ladot. lacity. org ／about。

与区划条例中鼓励土地农业利用部分的目的相悖。乡镇往往希望这些规定能够保护风景如画的乡村景色，创造出更具吸引力的自然景观。[①]

• 人工智能产业工人 Baxter 和 Kiva 公司的 Magic Shelf 让精品电子制造商能够在有限的空间内几乎无噪声地经营一家完整的编程和组装工厂。这两家公司的所有者——也是公司的唯一雇员——想要将自己的公司安在中等规模城市的市中心中一座历史悠久的联排别墅中，当时为了鼓励市区零售业的发展，该市中心被重新划为零售用地。这两家公司每周只需要运输一次待组装和编程的零部件，每周也只需装运一次成品电子产品。整个生产过程都十分安静，特别是相对于市中心的环境来说。市政当局希望引进类似的小型制造公司，并对它们进行征税。然而，根据区划条例的规定，商业区是禁止工业制造的。即使该区域允许进行工业制造，但条例还会要求制造厂必须配套远远超过这两家公司实际所需要的停车空间。

• 人工智能产业工人 Baxter 和 Kiva 公司的 Magic Shelf 也使大型制造商在其郊区的家中经营一家汽车零部件工厂成为可能。在人工智能的帮助下，它可以将经营从原来的有 10 名员工的中档工业用地缩减为仅有它自己的地下室。它会明确指出，所在乡镇区划条例中的"家庭办公"条款允许居民在家中经营企业，如果该企业满足以下条件：没有顾客或客户到访、不接受定期交货、没有专用车辆或外部设备、不在商店内向公众出售商品、只雇用家庭成员以及不显露任何外部商业标示。[②] 尽管汽车零部件的制造会产生干扰邻居的噪音，但这种土地利用是居民区所允许的，因为它符合"家庭企业"的定义，而后者最初是为了

---

① 参见 Joan Nassauer，"The Aesthetic Benefits of Agricultural Land"，4 *Renewable Resources Journal* 7，1989，pp. 17 – 18。

② 这些都是区划条例中有关家庭办公和家庭职业的常见条款。

让业主能够在家中经营一些小型专业服务类企业。但与此同时，该乡镇并没有一个有关噪声污染的条例。

● 一位工程学专业的大学生将他的高级项目——一台适用于农场的人工智能挤奶机——重新编程为一位人工智能性工作者（流行小说喜欢将人工智能性伴侣想象得像电影《人工智能》中的裘德·洛那样具有吸引力和互动性。① 但现实中，它们很可能不过是类似于电视剧《生活大爆炸》中霍华德·沃洛维茨（Howard Wolowitz）用于自慰的国际空间站机器人手臂②）。他把自己的设计卖给附近一家成人用品店。根据区划条例的规定，该商店被允许"出售露骨的与性相关的服务，包括……被设计用于'性行为'的工具、装置或用具"③。店主坚持认为，人工智能性工作者符合条例规定，可以在他的商店销售。而市政务会却认为它更像是卖淫，这恰恰是条例所要禁止的。

五 如何修订条例以回应人工智能

上文提到的情景仅仅是一些零星的例子，它们却展示了人工智能引入城市后可能会引发的常见问题。例如与停车费相关的税收收入将会下降。那些小心翼翼制定区划条例以保护其个性的城镇会发现，人工智能将会限制条例的有效性。人工智能能够让制造商在不扰邻的情况下更容易入驻非工业区，但现有的许多条例让制造商很难做到这一点。具有讽刺意味的是，居民区更加容易出现扰民的非居住用地现象。人工智能将会被人们用于原本非法

---

① 《人工智能》（A. I.）是由华纳兄弟影片公司于 2001 年拍摄发行的一部未来派的科幻类电影，由史蒂文·斯皮尔伯格执导，裘德·洛（Jude Law）等主演。在电影中，裘德·洛扮演一名机器人舞男。

② 《生活大爆炸》（The Big Bang Theory）是由哥伦比亚广播公司 2007 年推出的一部情景喜剧，讲述的是一位美女和四个科学家的故事。霍华德·沃洛维兹（Howard Wolowitz）正是其中的一位科学家。

③ 这是区划条例中用来规制成人娱乐业的常见用语。

的成人娱乐之中。针对以上种种情形，市政当局应该采取的策略是将人工智能的行为纳入受地方性条例约束的人类行为中去，在特定情形中赋予人工智能权利和义务。

例如，停车计时器和罚款制度主要解决的是人们停车位置以及停车时间的问题。对此，乡镇和城市应该修改条例，以解决自动驾驶汽车所带来的问题。为了弥补停车费的损失，市政当局很可能会考虑一个类似于 2007 年纽约市长迈克尔·布隆伯格（Michael Bloomberg）提出的交通拥堵费（congestion toll）的提议。该提议主张根据不同时段来征收通行费，类似于伦敦自 2003 年开始实施的做法。当进城的道路拥挤不堪时，通行费将会随之增加。而在周末和非上班时间，通行费将会减少。① 在意识到自动驾驶汽车的大幅增长以及停车费收入的相应减少后，市政当局很可能会实施一个类似的制度，对特定时段进入市区或商业区车辆的通行费进行评估，具体可能是与当前停车计时器相匹配的时段。然后，乡镇和城市可以通过 EZ-Pass② 或类似设备来收取这一费用。

市政当局必须要谨慎地评估这一收费。它们不能以通行费来一对一地取代停车计时器所收取的费用，因为停车费还包括乡镇和城市对于超时停车和停车不缴费行为的罚款。市政当局必须要核算损失的罚款收入和停车计费收入。此外，收费的重点不应是针对住在市中心或商业区的居民，因而理想的状态是这些居民的汽车将会得到豁免。

同样，为了保护风景区或农业区，现有条例限制人们对土地的利用方式，但市政当局也应该考虑去监管人工智能农业工人的发展。在某种程度上，市政当局可能需要考量的是人工智能如何

① 参见 Daniel Gross，"What's the Toll? It Depends on the Time of Day"，*New York Times*，February 11，2007。

② EZ-Pass 类似于我国高速公路上的不停车电子收费系统（Electronic Toll Collection System）。

利用土地才能保护风景区和农业区。轨道遍布农田可以接受吗？机器人可以一天 24 小时在农场工作吗？市政当局应该限制人工智能农业工人的规模吗？这些都是可能严重影响田园小镇的农业特征或乡镇自然风光的人工智能农业工人的因素。

此外，许多区划条例并没有考虑到在零售区进行制造业和工业利用的潜在可能性。人工智能会让制造业在原本并不适合 50 人工作的地方变得非常适宜，因为同样的工作只需极少的人就能完成。"更多的人"意味着成本的增加，同时对邻居造成干扰的可能性也在增加。这也是条例试图限制不同的土地利用——商业、制造等——彼此相邻的原因之一。

随着人工智能产业工人为越来越多的工厂所使用，市政当局应该考虑调整商业区、零售区和市中心的土地利用，以便容许某些制造业的存在，当然还要考虑人工智能的具体情况。那些无噪声污染、无空气污染同时不会引发其他负外部性的安静型人工智能（quiet AI）应当被允许进入，无论人们取得不动产是出于何种目的。这将使作为经济引擎的市中心和其他商业区的发展获得更多的灵活性。

这种重新思考市中心规划的方式，类似于 20 世纪末新英格兰许多前工厂乡镇在本地制造商关闭工厂后的做法。这些乡镇许多是 19 世纪由公司所有和规划的社区发展而来的。这些工厂就是社区经济、地理和建筑群的中心。当工厂关闭时，依附工厂而成长的乡镇自然也需要进行自我改造。①许多乡镇都修改了自己的区划条例，允许在前工业建筑中进行商业和住宅利用，以便鼓励乡镇

---

① 参见 Randolph Langenbach，"An Epic in Urban Design"，12 *Harvard Alumni Bulletin* 70，1968，p. 19；John R. Mullin，Jeanne H. Armstrong，and Jean S. Kavanagh，"From Mill Town to Mill Town：The Transition of a New England Town from a Textile to a High-Technology Economy"，1 *Journal of the American Planning Association* 52，1986，pp. 47 – 59。

中心区域的经济发展。①

例如，位于新罕布什尔州的曼彻斯特市就是由 Amoskeag 制造公司在 19 世纪 30 年代创建的，刚开始它不过是梅里马克河畔的一家纺织厂。② 到了 20 世纪初，曼彻斯特的 Amoskeag 工厂已经是世界上最大的制造厂，而曼彻斯特也有了 75000 名居民。③ 然而，迫于来自受到经济大萧条影响的美国南方各州以及其他国家工厂的压力，Amoskeag 工厂最终于 1935 年圣诞前夕关闭。④ 尽管市政当局在随后一段时间内成功地让其他制造商利用起这些工厂建筑，但直到 20 世纪末，曼彻斯特的这个区域才真正成为一股强大的经济力量⑤，当时市政当局重新对工厂建筑进行综合用途的规划，允许在 Amoskeag 工厂前方的区域开设办公室、学校、商店以及餐馆。⑥ 曼彻斯特的改造经验并不是独一无二的。⑦ 具有讽刺意味的是，乡镇和城市现在应当考虑从商业到制造业的反转规划，以确保市中心对人工智能保持开放，保持或成为经济增长的驱动力。

另一方面，市政当局希望保护城市居民免受不适当经济活动的影响，比如某人在地下室里开展让人厌恶至极的工业活动。随

---

① 参见 John Mullin and Zenia Kotval, *Assessing the Future of the New England Mill Town*: *What Are the Key Factors That Lead to Successful Revitalization?* Landscape Architecture & Regional Planning Faculty Publication Series, 1986, p. 22。

② 参见 George Waldo Browne, *The Amoskeag Manufacturing Co. of Manchester*, New Hampshire: A History, Amoskeag Manufacturing Company, 1915, pp. 61 – 62。

③ 参见 George Waldo Browne, *The Amoskeag Manufacturing Co. of Manchester*, New Hampshire: A History, Amoskeag Manufacturing Company, 1915, p. 152。

④ 参见 Manchester and the Amoskeag, "New Hampshire Public Television", http://www. org/kn/ itv/ ournh/ ournhtg10. htm。

⑤ 参见 John R. McLane, Jr., "*Judge*" McLane: *His Life and Times and the McLane Law Firm*, Peter E. Randall, 1996, pp. 149 – 166。

⑥ 参见 "Varied Land Use Creates Unique Challenges", *Union Leader*, February 15, 1993; Nancy Meersman, "What Will Become of the Millyard?" *Union Leader*, March 30, 1990。

⑦ 参见 John Mullin and Zenia Kotval, *Assessing the Future of the New England Mill Town*: *What Are the Key Factors That Lead to Successful Revitalization?* Landscape Architecture & Regional Planning Faculty Publication Series, 1986, p. 22。

着人工智能变得越来越普遍，乡镇应该重新修订条例中关于调整家庭职业的章节，以确保条例除了规范房主的行为之外，还规范人工智能对不动产利用的行为。房主有权在家中经营企业，但前提是不能影响邻居。坦白地说，当前大多数乡镇和城市的区划条例都有一个类似的表述，即试图让邻里的特征成为土地利用的一种考虑或者要求任何家庭职业都不应当引人注目。然而，重新审视条例中涉及人工智能发展的相关章节，将有助于乡镇去规范各个社区和居民区中人工智能的行为。

在某些情形下，乡镇和城市可能会认定人工智能的行为应该与人类行为采用同样的管理方式。人工智能性工作者就是一个例子。我猜测许多城市的领导人都不会喜欢这样的条例，即在禁止人类从事卖淫活动的同时却允许人工智能这样做（即使没有人认为卖淫是在侮辱人工智能的人格），因为犯罪等其他负面影响的增长都与成人娱乐业密切相关。[1] 尽管美国联邦最高法院已经裁定，基于宪法第一修正案对言论自由的保护，市政当局可能并不能去禁止成人娱乐业[2]，但市政当局很可能会成功地修改市政条例去禁止人工智能作为性工作者，考虑到与传统卖淫活动相关的负面影响会随之而来，同时还考虑到这样一个事实，即如果人类性工作者在卖淫过程中不能享有宪法第一修正案保护的权益的话，那么人工智能肯定也不享有。然而，市政当局也应该意识到，从现实情况来看，获得拉客教唆的定罪要比有效地执行调整成人娱乐业不动产利用的区划条例困难得多，因为在建筑物中隐藏一家商店要比隐藏一个人的活动更加困难。[3]

---

[1] 参见 Alan C. Weinstein and Richard McCleary, "The Association of Adult Businesses with Secondary Effects: Legal Doctrine, Social Theory, and Empirical Evidence", 3 *Cardozo Arts & Entertainmnent Law Journal* 29, 2011, pp. 565 – 596。

[2] 参见 Renton v. Playtime Theatres Inc., 475 U. S. 41 (1986)。

[3] 参见 "Repeal of City Ordinance Leads to Rise in Prostiturion: Neiglibors Protesting", KMOV. com, August 14, 2012, http://www. kmov. com/news/editors-pick/Repeal-of-city-ordinance-leads-to-rise-in-prostitution-neighbors-protesting-166206286. html。

六 选民委员会面前的人工智能

解决本文所探讨的潜在问题并非一项不可能完成的挑战。在许多情形下，这些问题对于乡镇和城市来说甚至都不是什么特别的难题。而在某些方面，相较于各州和联邦政府，市政当局更加适合去解决人工智能所引发的法律问题。市政当局管理具体的地方问题：公共教育、道路、城镇公园、下水道等。城市不需要像各州政府那样去制定有关人工智能用户责任和职责问题的总体性规则；乡镇也不需要像联邦政府那样去解决人工智能带来的知识产权和国际法挑战。这个角色符合市政和区划条例的历史发展，而这些工具也足以应对人工智能引发的问题。如同州和国家领导人那样，城市和乡镇的领导人也应该牢记，他们制定的条例必须更多地将人工智能当作人类来对待，并及时修改条例内容以应对人工智能的行为所引发的问题。

尽管相较于州和联邦政府，市政当局通常更多的是作出针对人工智能的管理性决策，但它们都会涉及一个区域，那就是人工智能的法律执行问题。市政警察部门在使用人工智能无人侦察机时必须要牢记宪法第四修正案的限制，但同时州、联邦政府以及司法系统将要为此提供指南。这些内容我将另文进行探讨。

（责任编辑：石建）

2019年第1辑·总第1辑

法律和政治科学

LAW AND POLITICAL SCIENCE

Vol.1, 2019 No.1

思　　想

《法律和政治科学》（2019 年第 1 辑·总第 1 辑）

第 251～273 页

© SSAP，2019

黑格尔论现代世界的意见与理性

黄钰洲[*]

【摘　要】本文首先通过意见与概念之间的关系阐明黑格尔法哲学的形而上学意图，也就是通过无预设的思维来重新建立起思有同一。黑格尔试图通过意见的自行反驳、自行瓦解来敞开科学的道路，通过概念的耐心，世界也被证明是一个完整的、合理的统一体。由于不恰当地运用了主体性的抽象概念，现代世界及其观念陷入了意见性之中，这种意见性具体体现在主体性的否定性自由理论上。黑格尔试图在其基础主义批判的视野上，通过自由思维的自我概念把握，重新建立起一种自行奠基的规范性实践理论，由此，自由也实现为自由的世界。

【关键词】黑格尔；意见；概念；理性；现代世界

---

* 黄钰洲，德国弗莱堡大学法学院博士研究生。

一 意见与概念：黑格尔法哲学的形而上学意图

对于黑格尔这样一位哲学家而言，似乎哲学的唯一目标就在于追求绝对、追求世界的整全意义，正如 Frederick Beiser 所言，"关于黑格尔哲学的一个基本的、直截了当的和无可争议的事实就在于，它的目标是认识绝对、无限或无条件者"①。在黑格尔耶拿时期的作品《信仰与知识》中，黑格尔指出，在启蒙理性所支配的现代思想中，永恒和绝对被置于彼岸，成为一个无法达成的空虚目的，由此陷入了虚无主义："然而，永恒只有在彼岸才有；以至于，永恒对认识来说是空的，而这种无限的虚空空间只能以渴望和憧憬的主体性来填充；理性放弃其在绝对中的存在，完全把自己排除出绝对，否定地对待绝对，往往被视作是哲学的死亡，而现在是哲学的最高点，通过意识到自身的虚无，启蒙的虚无转变为了一个体系。"② 在康德、雅可比和费希特的主体性反思哲学中，神、真理、世界的整体意义也被视作一个"理性之外、超出理性的信仰"，绝对和永恒成为理性的彼岸，形式的理性作为概念和无限性与经验的有限的内容相对立，最终不可避免地滑向了幸福主义，而哲学由此就再次成为神学的婢女，放弃了绝对和真理。在黑格尔看来，主观理性的哲学非但不能实现自己的理性承诺，反而只不过是对意见、经验生活的粗俗和有限性的辩护和正当化。因此，青年黑格尔就把自己的哲学努力确立为，通过恢复客观理性、绝对理性来反对主观理性所造成的理性的片面化、主观化和形式化，由于主观理性，现代世界在观念和实在方面都跌入了一

---

① F. C. Beiser, Hegel, "A Non-Metaphysician? a Polemic Review of H. T. Engelhardt and Terry Pinkard", Hegel Reconsidered, eds., *Bulletin of the Hegel Society of Great Britain* 32, Autumn/Winter 1995, p. 3.

② G. W. F. Hegel, Gesammelte Werke Bd. 4, Janer Kritischen Schriften, hg. v. Hartmut Buchner und Otto Pöggler, Hamburg: Felix Miner, 1968, S. 316.

种无可挽回的撕裂和异化之中，由此，理性非但不能实现自己的承诺，反而退化为对意见、有限性和粗俗经验生活的辩护。

通过《精神现象学》，黑格尔实现了另一种对意见生活的拒斥，或者说意见的自我拒斥，以此来满足哲学的需要。黑格尔通过一种内在批判的方式来不断地瓦解任何意识的想当然立场，证明意识、意见并不能实现它的自我构想：对象的自在不过是一种"为意识"。因此，意识不得不抛弃既定的尺度，依据意识所获得的经验重新采取一种关于对象的构想、尺度。这个过程可以说是一个围绕着确定性和真理展开的过程，而《精神现象学》的目标也就在于把确定性上升为真理，因此，《精神现象学》也就可以视为一个自然意识、意见自身转变的过程，是"通过概念的劳作赢得真实的思想，赢得科学的洞见"的过程。可以说，现象学是一个意见的教化过程。在这个过程中，意见抛弃自身的直接确定性，自己为自己开辟出真理的道路。正像黑格尔所言，"所谓意识的立场，就是不但知道客观事物与自己对立，而且知道自己与客观事物对立"①。也就是说，意识的立场始终是直接性的，始终以主体和对象的现成对立为前提，而整个现象学就是不断凸显"为意识"的主客对立立场所遮蔽的自我否定过程。意识的每一种确定性，或者说每一种直接性形式都会陷入绝望而被瓦解，借助这个过程，概念的本质被揭示出来，意识的时间过程即被转化为一种纯粹思维的逻辑顺序。由此，对精神自身而言，"这条走向科学的道路本身就已经是科学"②，精神的现象、显现着的知识就是精神自身自我产生的过程。现象学家不是外在地把意识的经验体系化，现象学的辩证运动就是意识的立场不断地深入自身并展示出自身的边界并最终陷入矛盾和瓦解自身的过程，而这就是意识的

---

① 〔德〕黑格尔：《精神现象学》，先刚译，人民出版社，2013，第17页。
② 〔德〕黑格尔：《精神现象学》，先刚译，人民出版社，2013，第57页。

颠倒。整个过程中，我们所要做的就是"纯粹的旁观"①。在意识阶段，意识和对象外在地对立着，这种外在性被瓦解的过程也是自我意识的自我产生过程。自我意识把这种对立的外在性转移到自身之内，但是自我意识不过是把实在性退缩为自身、抽象地予以否定，而没有实现内在性和外在性的真正统一。只有理性才寻求将理性实现在外在性中。但是这种理性仍然只是主观理性，理性仍然在主观理性的范围内追求与世界的直接统一。只有到了精神，主观理性才能上升到客观理性，世界之合理性不是由于其符合主观理性，而是因为理性在世界之中，世界本身是符合概念的。在"精神"的结尾处，评判意识和行动的意识放弃自己良知的坚执，各自宽恕对方的伪善与恶，并与精神达成和解，意识不再在自身中确立确定性，而是"在它的完满外化活动和它的那些完满的对立面那里取得它的自身确定性"②。也就是说，在宗教中，神不再被视为一个彼岸，而是道成肉身并且作为精神显现在神圣共同体中。而在宗教中，神、逻各斯、无限理性仍然是被视作意识的对象而不同于意识，神的道成肉身是神作为人的异在的"他者"，神是"一个陌生的施恩行为"，意识"还没有从概念上理解把握到这个自在体，或者说它还没有在它自己固有的行动之内发现自在体"③。因此，宗教意识也就转化为了绝对知识。在黑格尔看来，宗教已经表明了一种抛弃自我意见、预设而对存在进行自由思维的决心。而在绝对知识中，意识不再占据意识的立场，存在不再被视作意识的对立面，绝对理性、普遍理性或者说概念就内在于存在与思维之中，存在展示了思维可理解的逻辑形式或结构，而思维也正是借由同样的范畴结构理解存在。

因此，现象学考察的目标，是让意识进入概念："但实际上，

① 〔德〕黑格尔：《精神现象学》，先刚译，人民出版社，2013，第 54～55 页。
② 〔德〕黑格尔：《精神现象学》，先刚译，人民出版社，2013，第 414 页。
③ 〔德〕黑格尔：《精神现象学》，先刚译，人民出版社，2013，第 485 页。

这条道路让人清楚地认识到了那种正在显现着的知识的非真实性，对这种知识而言，最为实实在在的东西其实仅仅是那个尚未实现的概念。"① 因此，现象学也是一个去除意见的过程，意识的独断前提不断被瓦解的过程，也就是无预设地进行纯粹思维："意识，作为显现着的精神，它自己在途程中解脱了它的直接性和外在具体性之后，就变成了纯知，这种纯知即以那些自在自为的纯粹本质自身为对象。它们就是纯思维，即思维其本质的精神。它们的自身运动就是它们的精神生活，科学就是通过这种精神生活而构成的，并且科学也就是这种精神生活的陈述。"②

对于黑格尔而言，思维不能仅仅局限于主观思维，任何一种把思维和存在对立起来的做法都是独断的。因为这种对立的立场，也就是意识的立场，本身是一种未经检验的先行预设，而这也就导致了形式化的思维本身无法超出自身进入客体——因为给定的客体与它是始终截然分开的。所以，主观的思维本身无法消除其内容、方法的给定性，无法消除客体与它之间的界限。在思维与存在之间的外在性已经被固定的时候，无论思维被视作工具还是媒介，我们都无法认识事情本身，而停留在了意见的领域。哲学本身则要求一种彻底的自我规定，它的对象和方法应该是自主规定的，因为关于思维之内容、方法的有限性预设首先就应当被作为意见予以移除，哲学是彻底的自由："哲学要负责规定哲学之所是。它必须脱离所有的教条。它必须经由从一切未经检验的意见、从任何给定的方法或内容中摆脱出来的消极自由。另一方面，哲学必须拥有通过其自身的劳作规定任何它所要解释之是的积极自由。"③ 科学本身是无预设的思维自身展开的过程，我们所要做的只是耐心地进入这个过程，从纯粹直接性和无规定性的存在开始

---

① 〔德〕黑格尔：《精神现象学》，先刚译，人民出版社，2013，第51页。

② 〔德〕黑格尔：《逻辑学》（上卷），杨一之译，商务印书馆，1966，第5页。

③ Richard Dien Winfield, *Hegel's Phenomenology of Spirit: a Critical Rethinking in Seventeen Lectures*, Lanham: Rowman & Littlefield Publishers, Inc., 2013, p. 20.

静观整个过程。在科学的开端，任何关于整体、真理标准甚至辩证的方法本身的预设都是独断的，概念的耐心就是完全沉浸到事情本身的进展过程之中，让自己的思维被概念所限制，因为"事物的客观概念又构成了事物本身，那么，我们便不能站在那种活动之上，不能超出那种活动之外，同样也不能超出事物本性之外"。[①] 也就是说，概念的耐心无非就是内在于思维和存在之间的普遍理性自身规定自身的过程，自己建立自己、自己把握自己的过程。意见的急躁试图跳过中介的过程，一开始就超出限制和中介而直接洞见到绝对者，完全缺乏一种进入自身（zu-sich-selbst-kom-men）的过程，而且试图不借助中介而立身于绝对，由此这样一种绝对者必然也是抽象、空洞的："只想要超出规定的东西……而直接进入到绝对的东西的急躁，作为认识，面前除了空洞的否定的东西、抽象的无限的东西——或者说一个意谓的绝对的东西而外，再没有什么了，那是一个意谓的东西，因为它不是建立起来的，不是把握住了的；它只有通过认识的中介才可以把握，普遍的和直接的东西只是中介的一个环节，但真理本身只是在扩展的过程和在终结中。"[②] 急躁往往会要求对科学有一个整体的鸟瞰或者预览，但是真正来说，科学并不是以圆圈开始的，而是转变为圆圈的，最初我们所拥有的无非就是纯存在的直接性。就此而言，科学的耐心就是科学自身内在的自我形成过程。在这个过程中，任何直接的洞见、未经验证的前提都必须面对这种彻底的自我怀疑，必须悬置这些前提，从这些预设、偏见和理所应当中抽身出来。而科学也会借此来获得自身的必然性，正如黑格尔所言，"从普遍到特殊，再到自在自为的规定的整体……只是科学自身的中介"。[③]

就像 Rüdiger Bubner 所言，只有当德国唯心论能够证明全部

---

① 〔德〕黑格尔：《逻辑学》（上卷），杨一之译，商务印书馆，1966，第 5 页。

② 〔德〕黑格尔：《逻辑学》（下卷），杨一之译，商务印书馆，1976，第 550 ~ 551 页。

③ 〔德〕黑格尔：《逻辑学》（下卷），杨一之译，商务印书馆，1976，第 551 页。

存在的统一体是一个整体的时候，它才是最伟大的。① 黑格尔的方案不是把康德意义上的主体扩大化，而是要深入主观理性背后，去发现世界本身的合理性，也就是说，世界的概念本性和整体性，而这也就是包含了主体性的更深刻的理性，通过恢复世界的整体性，主体和客体之间的分裂才能被消除。在黑格尔看来，近代的主体哲学最终只不过证明了主体的合理性，但是世界本身是不是合理的，这只是一个可以思维的东西。而在黑格尔看来，"思想不仅是我们的思想，同时又是事物的自在体（Ansich）和一般对象性的东西"②，思维、概念构成了存在客观的真实内容，表现了存在的整体性，是存在自身的规定性，思维和概念不是主体对存在的某种理解，而是存在借助于思维、概念而自身产生、自我完成，思维和概念是存在自身的观念性方面。也就是说，我们的主体理性之所以是合理的，乃是因为世界本身或存在是合理的，主观的合理性奠基于概念，也就是世界的合理性和可理解性："理性是世界的灵魂，理性居住于世界之内，理性是世界内在的、最本己的、最为深邃的本性，是世界的普遍的东西。"③ 由此，思维和存在的关系不再是外在的主体性和客观性的关系，而是概念与自身的关系，概念就是事情本身："但当我思维时，我放弃我的主观的特殊性，我深入于事情之中，让思维自为地作主，倘若我掺杂一些主观意思于其中，那我就思维得很坏。"④ 在作为客观思想的纯粹思维中，思想不再为自己设定一个外在的思维对象、先行预制思维

---

① 参见 Rüdiger Bubner, *German Idealist Philosophy*, London: Penguin Books, 1997, p. xiv。

② 〔德〕黑格尔：《小逻辑》，贺麟译，商务印书馆，1980，第120页。译文根据德文版有改动，德文版参见 G. W. F. Hegel, Werke Band 8, Frankfurt a. M. : Suhrkamp, 1996, S. 116。

③ 〔德〕黑格尔：《小逻辑》，贺麟译，商务印书馆，1980，第80页。译文根据德文版有改动，德文版参见 G. W. F. Hegel, Werke Band 8, Frankfurt a. M. : Suhrkamp, 1996, S. 82。

④ 〔德〕黑格尔：《小逻辑》，贺麟译，商务印书馆，1980，第83页。

的方法和界限，不再是渴望外在内容填充的空洞形式，而只是面对自己，思维所要面对的对象只是思维，思想自己为自己奠基，思想自身思维自身，自己对自己作出规定，自己中介自己，而不再诉诸任何外在性。于是，逻辑学就成为彻底自由的科学。这种自由要求我们放弃一切的情感、感觉和自己检验一切的信念，放弃意见的急躁，唯有如此，才可以超出意见，进入思想、理性的王国中，"因此如果说到哲学思考上的谦逊或卑谦与骄傲，则谦逊或卑谦在于不附加任何特殊的特质或行动给主体性，所以就内容来说，只有思维深入于事情，方能算得真思想；就形式来说，思维不是主体的特殊的存在或作为，而是意识自身表现为抽象的、摆脱了一切其他任何的特质、状况的特殊性等等的自我，并且只是为（tut）普遍的东西，在普遍的东西中，思维只是和一切个体相同一，如是如此，哲学思考至少可以说是摆脱掉骄傲了。——所以当亚里士多德要求保持一种有尊严的态度时，那么，意识给自己的尊严即在于，放弃特殊的意见和见解，而受事情自身支配"。①

二　现代生活及其"概念"的意见性

正是在这样一种形而上学意图上，黑格尔提出了"意见的急躁"与"概念的耐心"。在《法哲学原理》第 62 节的附释中，黑格尔谈到精神进展到自我认识需要漫长的时间，在这个过程中要反对"意见的急躁"（die Ungeduld des Meinens）。② 而在《精神现象学》中，黑格尔则描述了时代的那种焦躁情绪：新的时代已然

---

① 〔德〕黑格尔：《小逻辑》，贺麟译，商务印书馆，1980，第 78 ~ 79 页，译文根据德文版有改动，德文版参见 G. W. F. Hegel, Werke Bd. 8, *Enzyklopädie der Philosophischen Wissenschaft im Grundrisse* 1830, Frankfurt a. M.: Suhrkamp, 1996, S. 80。

② 参见 G. W. F. Hegel, Werke Bd. 7, *Grundlinien der Philosophie des Rechts*, Frankfurt a. M.: Suhrkamp, 1986, S. 133。中文译文参见〔德〕黑格尔《法哲学原理》，范扬、张企泰译，商务印书馆，1982，第 70 页。

降临，但"它仅仅是一个披着简单性外衣的整体"，"意识在新出现的形态身上看不到内容的展开和细分"。这种时代的不安让人们要么退回到过去的安定之中，要么放弃科学的可理解性，去追求一种秘传的知识，渴望直接地去把握绝对。而黑格尔则强调概念的耐心，"否定性的严肃、痛苦、耐心和劳作"[①]，意识通向科学的道路不能"像子弹出膛那样，直接以一种绝对的知识为开端"[②]，而必须要经历中介的作用、分裂的痛苦，唯有如此，意识才能克服科学的彼岸性，进入科学的纯粹概念本身。因此，就此而言，科学的本性就是耐心："科学的目标是让精神洞识到知识的本质。有些缺乏耐心的人希望无需中介就达到目标，但这是不可能的。首先，我们必须忍受这条道路的漫长，因为每一个环节本身都是一个个体，都是一个完整的形态，只能被绝对地观察，也就是把它的规定性作为一个完整的或具体的东西来观察，或在这个独特的规定下来观察整体。——个体的实体，甚至世界精神都有耐心在漫长的时间里经历这些形式并承担起世界历史的庞大工作，在每一个形式里都提炼出该形式能够具有的完整内涵，因为世界精神不可能通过什么低级简单的形式来达到自我意识，所以就事情本身而言，个体也不可能仅仅借助于少量形式就理解把握到它的实体。"[③] 而我们可以看到，无论是意见的急躁还是概念的耐心始终都根源于黑格尔对现代世界这一特定历史事实的把握。

正如 Manfred Osten 所言，现代是一个记忆被劫掠的时代[④]，没有任何永恒的价值。工业生产把人抛入无止境的劳碌和繁忙之中，同时又驱使着人去追逐那些转瞬即逝同时又无限细分的需要，

---

① 〔德〕黑格尔：《精神现象学》，先刚译，人民出版社，2013，第 12 页。

② 〔德〕黑格尔：《精神现象学》，先刚译，人民出版社，2013，第 18 页。

③ 〔德〕黑格尔：《精神现象学》，先刚译，人民出版社，2013，第 19 页。

④ 参见 Manfred Osten, *Das geraubte Gedächtnis*: *Digitale Systeme und die Zerstörung der Erinnerungskultur. Eine kleine Geschichte des Vergessens*, Frankfurt a. M. : Suhrkamp, 2018。

追求更快速的货币、贸易和价值运转速度；政治革命是抽象平等原则的幻想，人们追求快速地改变现状，进行暴力颠覆和彻底的破坏；艺术宣扬的是最快速地表达个人的情感和内在性；在与自然的关系中，主体无限地拔高自己，彻底地把自己与自然割裂开来，世界本身成为一个需要通过主体才能显现并被主体所控制的僵死的客体，人要以更快速的技术认识它、改造它，而这种对更快速的技术的追求同样是无止境的；而在社会建构上，由于理性退化为工具理性，所有的社会关系都要被还原为快速的风险预估和计算，所有的传统都因为未经理性（工具理性）的检验而瓦解了：现代人生活在加速的时间中，"一切坚固的东西都消失了"。①正因为如此歌德才写道："现代世界不值得我们为它工作，因为现代事物转瞬即逝。我们必须为过去和未来工作。对于过去，我们承认它的成就：为了未来，我们努力提高它的价值。"②

对于黑格尔而言，历史本身是一个内在于存在自身之中的辩证合理性展开的过程，也就是说，在历史中，人不断扩展、深化和提炼关于存在和自身的意识，并且在这一过程中不断地重新塑造人自身的历史和社会世界。对于黑格尔而言，这样一个过程本身是不受人的操控的，但是历史的方向又不是如命运一般已经完全先定了，而是说，正是通过人的生命和行动，历史、内在于存在中的合理性才被彰显出来，正如 Stephen Houlgate 所言："对于黑格尔而言，历史是人以某种方式生活和行动于其间的领域，但是借助一种进步的、合理的和辩证的方式，人通过其个体的和共同的行动无意间深化了对人性的理解。"③ 而人对自身的意识和理

---

① Hartmut Rosa, *Beschleunigung*, *Die Veränderung der Zeitstrukturen in der Moderne*, Frankfurt a. M.：Suhrkamp, 2005.

② Johann Wolfgang von Goethe, *Goethes Werke Bd. 12*, Hamburg：Christian Wegner Verlag, 1963, S. 378.

③ Stephen Houlgate, "Introduction：An Overview of Hegel's Aesthetics", Stephen Houlgate, ed., *Hegel and the Arts*, Evanston：Northwestern University Press, 2007, xiv.

解之所在就在于，一方面认识到自己是自由的，另一方面以这种
自由来理解人所身处其中的世界。一方面，黑格尔认为，在现代
世界中，历史所达到的自我理解，它所呈现的观念形态——由康
德和费希特哲学所彻底揭示出来的理性的自主性和纯粹自律——
是"精神的自觉所达到的较高的观点"，宗教改革、启蒙运动、
法国大革命以及市民社会的诞生都是现代世界的产物，黑格尔将
之概括为主体性。不论是在黑格尔的第一部法哲学论文《自然
法》中，还是在《法哲学》中，黑格尔都称赞康德和费希特哲学
所达到的主体性原则是现代世界"更高的观点"。但是，现代世界
本身、主体性原则这样一种合理性的进展，对黑格尔而言，本身却
是一个问题，正如黑格尔所言："自此之后，理性独立的原则，理
性的绝对自主性，便被视作为哲学的原则，以及时代的偏见。"①

在《费希特与谢林哲学体系的差异》中，黑格尔称他的时代
是一个撕裂的时代，而哲学的使命就是要"重建人，为了保存已
经被时代撕碎了的总体性，它义不容辞地反对时代的混乱"。② 而
在《法哲学》中，黑格尔则认为自己的时代和苏格拉底的时代一
样是"空虚的、无精神的、不安定的"，是一个受难于无规定性
的时代。而在《逻辑学》的第二版序言中，黑格尔自己也承认，
他被匆忙和喧嚣的时代催促着，并艳羡于柏拉图所拥有的那种安
宁："作者必须满足于它目前可能的样子，因为在当前的形势下，
我们面临一种外在的必然性，面临巨大而繁杂的时代兴趣带来的
不可避免的分心，甚至面临一种怀疑，即在日常生活的大声喧嚣
中，在那些以此为荣的傲慢之人发出的震耳欲聋的无聊空谈中，
我们是否仍然能够拥有一方净土，去从事那种心平气和的、纯粹

---

① 〔德〕黑格尔：《小逻辑》，贺麟译，商务印书馆，1980，第150页，译文根据
德文版有改动，德文版参见 G. W. F. Hegel, Werke Bd. 8, *Enzyklopädie der Phil-
osophischen Wissenschaft im Grundrisse* 1830, Frankfurt a. M. : Suhrkamp, 1996,
S. 146。

② G. W. F. Hegel, Werke Band 2, Frankfurt a. M. : Suhrkamp, 1996, S. 121.

的思维认识。"① 正像黑格尔在《论自然法》论文中指出的那样，世界的经验状况和科学的观念性镜面是相互对应的，世界的异化与时代教养中人的图景的种种绝望的分裂和对立是彼此相辅相成的，或者这么说，无实体的反思终究只不过是一种同样无实体的或者说无历史的——抽象的理性——现实的反映，颠倒的世界也是进行颠倒的反思的结果，反思的颠倒和世界的颠倒是彼此互为条件的，就像《差异》中讲的那样，哲学为抽象知性所统治的状况与分裂的实在状态之间存在一种内在的关联。散布着伦理世界无神论的现时代并不是历史中的一个孤立现象，而是一种较普遍的形态，每当习传、给定的正义标准遭到瓦解，世界丧失了其既有的安定性，真理、概念的客观性便会招致怀疑，相对主义的思潮和对意见的无节制宣扬就会堂而皇之地登上公共舆论的讲坛。

而黑格尔对现代世界意见性的诊断和克服正是围绕着主体性哲学而进行的，主体性哲学本身就是一种不恰当的人的自我理解，其意见性本身就来自对"概念"本身的不恰当理解。正如 Pini Ifergan 指出的，青年黑格尔感到，这种断裂和异化感乃是弥漫于时代教养中的"人的图景"——特别是哲学，尤其是康德的批判哲学——所传递的基本讯息。② 在 1795 年写给谢林的信中，青年黑格尔的康德色彩表露无遗，他在信中提出"从康德哲学及其完成中，他期望一场德国的革命"。③ 但是，在 1790 年代末，受到席勒和荷尔德林康德批判的影响，黑格尔对康德哲学的态度发生了转变，康德道德哲学主体与客体、自由与自然的对立被黑格尔认为是一个

---

① 〔德〕黑格尔：《逻辑学》（上卷），杨一之译，商务印书馆，1966，第 21 页。译文根据德文版有改动，德文版参见 G. W. F. Hegel, Werke Bd. 5, *Wissenschaft der Logik*, Frankfurt a. M.：Suhrkamp, 1996, S. 34。

② 参见 Pini Ifergan, *Hegel's Discovery of the Philosophy of Spirit：Autonomy, Alienation and the Ethical Life：the Jena Lectures* 1802–1806, New York：Palgrave macmillan, 2014, p. 4。

③ *Briefe von und an Hegel*, hg. v. Johannes Hofmeister Bd. 1, Hamburg：Felix Meiner, 1969, S. 23–24。

无法克服的"应当"。在《差异》中，黑格尔更是把康德－费希特哲学的主体性二元论视作时代分裂的观念反映。黑格尔宣称，哲学的需要的源泉就在于分裂："当统一的力量从人的生命中消失，对立失去了活生生的联系和交互性并且获得独立，哲学的需要就随之产生了。"① 费希特的哲学尽管已经表述了唯心论的原则，也就是说，世界是理智自由的产物，但是费希特的自我为了反思性地意识到自身，就必须在自我之外设定一个非我。这种自我与非我的外在性导致自我无论如何也无法回归到绝对，由此自我与非我之间的对立就被延续下来，自我在面对非我时注定是一个奋进和无限过程，主体与客体之间的分裂就成为一个康德式的"应当"。

一方面，康德本身设定的道德法则都是空洞的，或者说，康德所强调的客观性在黑格尔看来只不过是一种主观有效性，而不是世界本身的客观性。也就是说，康德以一种先验主体结构来规定世界的应当所是，无论是在认识活动中还是在实践活动中，世界的外在性都被预先设定了，知性只是外在化地来结构世界，因此主体所能达到的只是主体内部的形式规定，而不是内在于世界之中的理性。由于这种哲学本身的空洞性、抽象性，由于其坚持无内容的自我同一性，它必然会跌回任意和感性存在，"错误地以为那里会有坚固的、一致的东西"。② 而在费希特的道德哲学中，由于良知坚持自身的确定性，良知堕落为了一种自我称义的信念和自我欣赏，和康德的道德立场一样，最终要么陷入无行动的自恋，要么采取伪善和恶的行动。在《论自然法》论文、《精神现象学》关于道德世界观和良知的讨论以及《法哲学》的"道德"部分，黑格尔都不断重复了对康德和费希特的这一批判。另一方面，在政治哲学上，由于主体性把自由与自然、概念与现实

---

① G. W. F. Hegel, Werke Bd. 2, *Jenaer Schriften*, Frankfurt a. M. : Suhrkamp, 1986, S. 22.

② 〔德〕黑格尔：《逻辑学》（上卷），杨一之译，商务印书馆，1966，第27页。

对立起来，所以无论是康德还是费希特都只能以一种否定性的方式来构想法和国家。也就是说，他们都采取了合法性和道德性的区分，在两者的政治哲学体系中，法始终只关乎外在的行动，法只要求一种合法性的行动，而不考虑公民的内心动机。在"法权学说"中，康德指出："如此外在地行动，使你的任性的自由运用能够与任何人根据一个普遍法则的自由共存。"① 因此，法本身并不关乎道德，法本身并不关心道德的改善，正如康德在《永久和平论》中所言，即使在魔鬼民族中，一种良好的法制秩序也能够建立起来，法关心的不过是如何运用"机械作用"："以便在一个民族中如此调整人的不和的意念之冲突，使得它们不得不互相强迫对方接受强制性法律，并这样来产生法律在其中有效力的和平状态。"② 因此康德对法的理解并没有超出霍布斯或者洛克多少，康德的国家构想不过是形式的、外在的强制性框架，它的目的只不过是保障每个人不受限制地追求财产，它所提供的不过是这种个人满足过程中的外在安全。而费希特的政治哲学也和康德一样，把人的自主领域限制在道德的领域，因此把法完全工具化了。在费希特看来，道德自主的根本在于义务与冲动之间的斗争，正如费希特在《伦理学体系》中所言："在与那种把我贬低入自然因果性序列的偏好的关系中，冲动表现为这样一种冲动，这种冲动给我提供敬重感，要求我尊重自己，并且给我规定了一种高于一切自然物的尊严。"③ 自然与自由对立导致了一种概念和理智的僭政，概念、理智以最为严苛的方式对自然进行统治，以致自由只能以一种最为消极的方式来构想自由。由此，在费希特的国

---

① 〔德〕康德：《纯然理性限度内的宗教、道德形而上学》，载李秋零主编《康德著作全集》（第 6 卷），李秋零、张荣译，中国人民大学出版社，2007，第 239 页。

② 〔德〕康德：《1781 年之后的论文》，载李秋零主编《康德著作全集》（第 8 卷），李秋零译，中国人民大学出版社，2007，第 372 页。

③ Fichte, Sämtliche Werke Bd. 4, Zur Rechts-und Sittenlehre II, hg. v. Immanuel Hermann Fichte, Berlin：Walter de Gruyter, 2001, S. 42.

家构想中，每一个成员的一举一动、生命的每一次悸动都要服从严酷法律和警察的监督，法律不关乎人的内在情感、共同体之间的"忠诚与信任"，而不过是一套力对力的强制体系。同时，尽管费希特宣称在一个道德共同体中人可以实现自己的道德使命，但是他心目中的这个道德共同体却不是法权上的国家，法权上的国家只不过是实现这个国家的工具，法权上的国家非但不是自由的实现，还是自我取消："一切政府的目标是让政府变得多余（die Regierung überflüssig zu machen）。"①

当黑格尔宣称，真正的哲学要必须把伦理世界引向神，超出主观的意见、情感而对自在自为存在的真理和法则表示崇敬之时，他并不是在倡导一种机械式的国家。每个人在其中都谨小慎微地服从于规律的强制——这样一种国家和共同体生活形式在他看来无非是一种知性、抽象概念式的理解。哲学的使命在于理解存在的东西，或者说，"在时间的发生的视域中思考存在"②，存在本身展现了概念的合理性形式，而概念本身则展现了存在和世界的可理解性，这也就意味着，在伦理世界中的人，不仅通过其行动在历史中思维、把握到了存在和伦理的合理性，而且其本身就是这种合理性的展现，理性不能仅仅是人对生活的自主安排、自主规划，更应该是世界本身所绕着转的核心和原则。在《法哲学》的第 132 节中，黑格尔指出了主体性哲学的意见性质："由于这种〔主观意志的〕法的形式上的规定，这种识见既可能是真的，也可能是单纯的意见和错误。"③ 主观意志如果符合自由的概念，那么主观意志这样一种确定性也就具有了真理性，但是如果主观意

---

① Fichte, Sämtliche Werke Bd. 6, Zur Politik und Moral, hg. v. Immanuel Hermann Fichte, Berlin: Walter de Gruyter, 2001, S. 306.

② Manfred Riedel, *Zwischen Tradition und Revolution*, Stuttgart: Klett-Cotta, 1982, S. 48.

③ G. W. F. Hegel, Werke Bd. 7, *Grundlinien der Philosophie des Rechts*, Frankfurt a. M.: Suhrkamp, 1986, S. 245. 中文译文参见〔德〕黑格尔《法哲学原理》，范扬、张企泰译，商务印书馆，1982，第 134 页。

志本身只是形式的、抽象的，即便它对自身抱有绝对的确定性，那么它也不过是一己之见和单纯的信念。也正是在这一意义上，黑格尔在"序言"中批判弗里斯、大学生协会以及浪漫派这些主体性哲学的肤浅化版本，他们好比是现代世界的智术师。在黑格尔看来，柏拉图的使命就在于对抗希腊启蒙运动中的智术师，驳斥智术师的主观意见和信念，重新确立起概念和真理的客观性，透过希腊诗教伦理的腐败征象去把握希腊伦理的本性。那么，我们时代哲学的使命就在于"在有时间性的瞬即消失的假象中，去认识内在的实体和现在事物中的永久东西"。哲学的使命就在于让历史本身所展现出来的人的自我理解——人是自由的这一合理内容——获得合理的形式，以自由的思维思维自由，以概念的合理性形式展现世界的合理性，而不是屈从于任何外部的实证权威、主观情感或片面的良知。当我们面对菲狄亚斯的雕塑时我们说，美必须如此，在伦理世界中我们说，自由必须如此，理性的就是现实的，现实的就是理性的。

三　自由概念的自我规定

围绕着黑格尔法哲学的真正意图有两种诠释路径。在第一种路径中，图根哈特（Ernst Tugendhat）曾经宣称黑格尔的《法哲学》中关于道德、良知的论述无关乎概念，而是道德上的扭曲。[①] 确实，在《法哲学》关于政治意向、伦理意向的讨论中，黑格尔似乎表现出了完全否定意见、反思的倾向，在第 268 节中他明确指出"赤裸裸的主观确定性不是出自真理，仅仅是意见"[②]，认为伦理

---

① 参见 Ernst Tugendhat, *Selbstbewusstsein und Selbstbestimmung*, Frankfurt a. M. : Suhrkamp, 1979, 349. ff. 。

② G. W. F. Hegel, Werke Bd. 7, *Grundlinien der Philosophie des Rechts*, Frankfurt a. M. : Suhrkamp, 1986, S. 413. 中文译文参见〔德〕黑格尔《法哲学原理》，范扬、张企泰译，商务印书馆，1982，第 266 页。

意向完全是自我遗忘，是一种习惯和信任，这就产生了一种印象，似乎在"自在自为的存在和普遍的东西"面前自我意识的权利完全被湮灭了，黑格尔对整体、绝对的追求似乎使他倒退到了旧世界的目的论秩序，似乎黑格尔的整个哲学体系也退回到了旧式形而上学，正如 Daniel Dahlstrom 指出的，即使那些试图为黑格尔辩护的人也不得不承认黑格尔的立场是片面的、成问题的。① 而 Manfred Riedel 则提出了另一种诠释可能。如果我们接受 Manfred Riedel 对青年黑格尔政治哲学谋划的描述，也就是说，耶拿前期的黑格尔首先是以一种浪漫式的希腊政治理想来反对近代的自然法构建的，但是随着黑格尔在耶拿中期对费希特哲学的重新研究，耶拿前期的谢林式自然观逐渐被一种更接近霍布斯、卢梭、康德以及费希特的自然观所取代，随着这种目的论层次的自然被否定和抛弃，希腊主义的政治理想被一种包容个体性的现代主义所取代，黑格尔借此也把自然法改造为所谓的"哲学法学"，也就是说，黑格尔的政治理想不再为一种先行给定的绝对伦理所规定——在这种绝对伦理中，人的最高使命就在于实现自己的完善和德性，过一种未经反思和分裂的实体性生活。但是，Manfred Riedel 对黑格尔法哲学的勾勒似乎把黑格尔拉回到了康德－费希特的主体哲学路线，比如说，Manfred Riedel 认为黑格尔指出自然法所谓双义性——也就是自然本身到底是自然性的自然还是事情本身、概念，很明显是在向卢梭、康德和费希特的立场靠拢。② 这就造成了一个困难，似乎黑格尔要么必须回到主体哲学之前的旧形而上学，否则无法实现它关于"绝对"的承诺；要么就是必须回到康德－费希特的立场，强调自由法则和自然规律之间的对立。

《法哲学》中阐述了现代世界的两种倾向，恰好可以对应于

① 参见 Daniel Dahlstrom，"The Dialectic of Conscience and the Necessity of Morality in Hegel's Philosophy of Right"，*The Owl of Minerva* 24，1993，p. 181。
② 参见 Manfred Riedel，*Zwischen Tradition und Revolution*，Stuttgart：Klett-Cotta，1982，S. 111。

上述这种黑格尔诠释的困境。一种是在主体性的立场上，抽象的善和良知把自己视为客观性的校准，从而完全瓦解了伦理世界的客观性；另一种则可谓对主体性的反动，由于主体性造成了"空虚性和否定性的痛苦"，然后人们反而愿意回到一种权威性的生活秩序，完全放弃良知判断的权柄，以为已然逝去的生活形式具有一种安定性。① 我们可以将这两种抉择归之于形而上学和先验哲学两种哲学取向。我们已经阐述了黑格尔哲学的基本意图，也就是说，黑格尔哲学是一种彻底的无预设的自我规定哲学，就此而言，黑格尔哲学是一种后康德哲学，黑格尔不会回到他在《哲学全书》中批判的形而上学立场上；同时，黑格尔哲学也不是一种先验哲学，尽管从某种程度上可以说，黑格尔继承了康德的自我批判事业。究其原因，无论是旧形而上学还是所谓"认识论转向"之后的先验哲学，在黑格尔看来它们本身都是一种基础主义，都是从一种给定性出发来展开哲学的叙述：在形而上学中，给定性往往是一种被假定超出一切预设和意见的直接性或第一本源，而在先验哲学中，认知的结构和条件则又被视作直接给定的，认知结构决定了什么可以被认识。形而上学的问题在于，第一本源的诉求如此之多，而我们无法决定究竟哪一主张是正当的，因为如果我们试图赋第一本源以优先性，那么第一本源本身就丧失了优先性，这种对第一本源的论证和奠基本身就必须诉诸第一本源之先的本源；而先验哲学的问题则在于一种无限的自我倒退，我们确立认知结构和条件的过程本身也是运用认知的过程，那么我们考察的对象——认知结构和条件——本身也是受到认知的限制的，同时，我们也无法对对认知进行认知的认知进行批判。正如 Richard Dien Winfield 所言，基础主义的困境就在于，我们只能把某种

---

① 参见 G. W. F. Hegel，*Werke* Bd. 7，*Grundlinien der Philosophie des Rechts*，Frankfurt a. M. : Suhrkamp，1986，S. 84 – 85。中文译文参见〔德〕黑格尔《法哲学原理》，范扬、张企泰译，商务印书馆，1982，第 290 页。

具有特权的（privileged）存在者、终极的存在者、第一本源当作给定的，要么就是把具有特权的、一种决定着客观性的认知结构的决定者当作给定的。而在法哲学讨论的规范性领域，在区分合乎规范与不合乎规范时，一种规范有效性基础首先必须被给出，以此规范性的尺度才能建立起来，然后我们才能建立起规范性的体系。①

这种基础主义困境亦可被称为意见，两者都是独断的：或是试图直接立基于绝对者，无视中介环节；或是设置主客分裂预设，假定主体结构的有效性。而黑格尔认为，要超出意见我们只能回到概念的耐心，也就是深入概念自身中介化、自我完成的过程。黑格尔在《精神现象学》中已经明确提出，我们应当"对不信任表示不信任"②，我们应当拆除意识立场的种种关于对象的外在性、内容以及方法预设：我们进行无预设的思考，被思维所引导，由此，思维自行建立其自身的规定性，同时，思维自身所揭示出来的范畴结构正是存在的结构。在黑格尔看来，他的法哲学是严格按照逻辑学的方法所展开的，黑格尔所谓的逻辑学是概念、思维规定按照严格的必然性自行展开的科学，而科学已经克服了那种意见的立场或者说意识的立场。这也就意味着，在《法哲学》中所建立起来的规范性都是意志的绝对自由、意志的概念自主建立起来的，意志不需要一种外在的、给定的规范性源泉，意志在进行自我规定的过程中就构建起了实践生活的全部领域，建立起了自由的、理性的、完整的生活方式。黑格尔之所以走出希腊主义立场，是基于历史现实性的更深刻体认，现代世界不再被视为希腊式"美的幸运"的对立面，而其本身就是自由辩证展开的一个环节，甚至可以说是决定性环节，是黑格尔所谓的"事情的理

① 参见 Richard Dien Winfield, *Hegel's Science of Logic: A Critical Rethinking in Thirty Lectures*, Lanham: Rowman & Littlefield Publishers, Inc., 2012, p. 10。

② 〔德〕黑格尔:《精神现象学》，先刚译，人民出版社，2013，第 48 页。

性的本己劳作"，也就是那种"更高级的概念辩证法"内在展开的过程和结果。① 黑格尔哲学方法的变化之处就在于，他不再像耶拿早期和谢林那样，首先预设一个把意识和对象、主体和客体统一起来的"绝对者"，然后绝对者自身把分裂又收回到自身中，这样只不过是把"差别和规定抛入空洞深渊"②，而是说"自由思维是从其自身出发"③，不再受任何给定物的限制，自身对自身作出规定，自己为自己创造出一个自由的王国、精神的世界。

Michael Forster 以柏拉图和黑格尔为例，指出古典和近代政治哲学的差异就在于，近代政治哲学把自由建立为国家的根据、目的和界限。④ 在黑格尔看来，问题的关键更在于获得关于自由的真正概念，也就是理性的、自我决定的意志："哲学考察仅仅涉及所有这一切的内在方面，被思维的概念。"⑤ 在《法哲学》中，黑格尔区分了抽象法和道德，正如 Paul Franco 指出的，这一划分更对应于康德和费希特的政治哲学构想。⑥ 抽象法有法的普遍性，却没有主观性，因此在这一领域法完全被看作外在的禁止性命令；道德是自为的意志，但在道德的意志中，客观性却完全被瓦解了，始终以一种否定性的、抽象的方式来构想自由，自由要么是为外物所拘，其根据被置于一种对规定性的依赖性之中，要么是抽象

① G. W. F. Hegel, Werke Bd. 7, *Grundlinien der Philosophie des Rechts*, Frankfurt a. M. : Suhrkamp, 1986, S. 84 - 85. 中文译文参见〔德〕黑格尔《法哲学原理》，范扬、张企泰译，商务印书馆，1982，第 38~39 页。

② 〔德〕黑格尔：《精神现象学》，先刚译，人民出版社，2013，第 10 页。

③ G. W. F. Hegel, Werke Bd. 7, *Grundlinien der Philosophie des Rechts*, Frankfurt a. M. : Suhrkamp, 1986, S. 13. 中文译文参见〔德〕黑格尔《法哲学原理》，范扬、张企泰译，商务印书馆，1982，第 3 页。

④ 参见 Michael Forster, *The Political Philosophies of Plato and Hegel*, New York: Russel & Russel, 1965, p. 72。

⑤ G. W. F. Hegel, Werke Bd. 7, *Grundlinien der Philosophie des Rechts*, Frankfurt a. M. : Suhrkamp, 1986, S. 400. 中文译文参见〔德〕黑格尔《法哲学原理》，范扬、张企泰译，商务印书馆，1982，第 254 页。

⑥ 参见 Paul Franco, *Hegel's Philosophy of Freedom*, New Haven and London: Yale Univerity Press, p. 194。

地逃离一切规定性。由于近代的主体性哲学只能把思维和概念理解为主观思维、抽象概念，相应的，近代的自然法理论也只能把自由理解为主观自由，完全无法构想共同体中自我规定的可能性。卢梭曾在古典共和主义的视野下讨论了这种自由：在卢梭看来，真正的自由在于参与公共事业的公民自由。但是他把这种共同体自由理想寄托于斯巴达这样的古代国家，这也造成卢梭无法把握一种更为具体的自由概念，公意与个别意志之间缺乏中介的环节，公意只是否定性地超出个别意志，因此也就只会毁灭性地对待个别意志。霍布斯和洛克认为自由只不过是不受限制地追求欲望，康德和费希特追溯卢梭，认为自由在于自我规定，但是这种自我规定只不过是从自然的要素中逃离出去，这样一来，自由和自然的对立就被固定下来了，不自由的要素被保留在了另一个维度：他们的自由概念始终是抽象的，他们并没有把自由、人真正的精神性的本性贯彻到底。

黑格尔试图彻底地贯彻自我规定的自由概念。自由如果要实现为一种真的无限性，那么规定性就必须被理解为自由自身的规定性，作为"它自己的东西和观念性东西（als seinige und ideelle）"①。因此，自由自我规定中的每一个驿站都是自由的定在，每一种规定性作为一种限制，都是自由自我中介化的过程，是自由的概念自己建立自己、自我规定的过程。在这一过程中，自由概念不断深入自身、不断将自身的规定性展开，这个过程完全是内在的。一方面，自由不会逃离它的每一种片面规定性，因为这些环节"始终包含着一个本质的规定，所以不该把它抛弃"。在否定物中，自由才能停留于自身中，在无限的撕裂中，概念才能获得真正的深度，瓦解一切坚固的对立，才能在时间和历史中与自己和解。因

---

① G. W. F. Hegel, Werke Bd. 7, *Grundlinien der Philosophie des Rechts*, Frankfurt a. M.: Suhrkamp, 1996, S. 54. 中文译文参见〔德〕黑格尔《法哲学原理》，范扬、张企泰译，商务印书馆，1982，第 17 页。

此，作为自由理念的伦理只有包含了无限的人格、道德与良知自由才是真正具体的，自由的真理性通过每一个人的思维和行动的确定性才真正得到实现，最终"真理便等于这个确定性，这个确定性也同样等于真理"①。同时，概念是世界最内在的本性，自由的概念也是一切人的意志与存在的最内在本性，通过我们作为自由存在者的意识和行动，通过那种高贵的良知的固执，通过概念自身的分裂，把自身转变为他者，世界对我们而言不再是一个异己的存在，而被建立为一个"肯定内容和成果"，世界正是我们自由之居所，伦理、国家不再被看作被神所遗弃的，受制于偶然和任性，而就是自由的现实化。通过概念的耐心，黑格尔一方面建立起了主观自由，而无须如 Riedel 宣称的那样回归到主体性哲学，另一方面，也不需要诉诸旧形而上学，概念通过自身又重新建立起了世界的完整性和合理性。

Hegel's Views on Opinions and Reasons in Modern World

Huang Yuzhou

Abstract：This paper first clarifies the metaphysical intent of Hegel's philosophy of right through the relationship between opinions and concepts, that is, re-establishing the unity of thinking and being through Presuppositionless Thinking. By self-reversal and self-refutation of opinions, Hegel tries to open the path of science. Through the patience of the concept, the world has also proved to be a complete and reasonable unity. Due to the inappropriate use of the abstract concept of subjectivity, the modern world and its concept are caught in the opin-

---

① 〔德〕黑格尔：《逻辑学》（上卷），杨一之译，商务印书馆，1966，第 31 页。

ion. This kind of opinion is embodied in the subjective negative freedom theory. Hegel tried to re-establish a normative practical theory based on the self-determination of free thinking in the perspective of his foundationalism critique. From this, freedom also realized as a free world.

Keywords：Hegel；Opinion；Conception；Reason；Modern World

（责任编辑：宋维志）

《法律和政治科学》（2019 年第 1 辑·总第 1 辑）
第 274～286 页
© SSAP，2019

何谓良好的法学教育[*]

〔美〕庞　德著

姚　远　俞雪雷^{**}译

　　法学教育的良好是相对的：自 18 世纪的自然法时代以来，没有人会真正认为存在一种绝对良好的法学教育，即对于一切时代、一切地域和一切人来说都是良好的法学教育。法学教育改革计划的设计者们，是追求实践目标的务实人士。因此他们所谓良好的法学教育，并不是为理想世界（cloudcuckootown）设计的，在这个世界中有着完美的法律秩序、完美的法律制度以及运行完美的司法和行政过程，它们都是完美的教育体制的一部分。相反，这些人士心中所想的是：在 20 世纪未来 30 余年，在美利坚合众国的版图内，何谓良好的法学教育——这一教育要符合特定时空下经济、政治和法律秩序的本质及其迫切需要，也要与该时期美国

　　* 基金项目：国家社科基金重大专项项目"核心价值观融入法治建设研究：以公正司法为中心的考察"（17VHJ007）；南京师范大学教改项目"西方法律思想史教材改革研究"。本文译自"What Constitutes a Good Legal Education"，*The American Law School Review*，vol. 7，no. 10，1933，pp. 887 - 894。

　　** 姚远，法学博士，南京师范大学法学院副教授；俞雪雷，南京师范大学强化培养学院助理研究员。

可能建立的教育组织和教育制度相协调。

关于这一问题的讨论中有一个经久的难题，即作者或言说者易于按照自己所熟知的特定司法辖区的情况来辐射整个国家。诚然，美国已在经济上统一起来，并且这种经济一体化已经带来或正在带来愈加深入的法律一体化；但是这绝不意味着，国内各个地区对于法律人的要求如出一辙。基于政治经济一体化，假定各地需求和状况一致，并以此为基础对整个国家进行宏伟规划的情形十分常见。虽然我毫不怀疑，针对各种行为进行全国性统一规定越来越有可能，世界也似乎正朝着这个方向迈进；但是在未来很长一段时期，我们无论如何仍然是 48 个州的联合体，而且各个州在很大程度上都拥有自己的法律秩序、自己的法律规范、自己的司法和行政过程。更重要的是，在我们可以合理预见的时期内，国内仍会存在一些以乡村和农业为主的司法辖区，它们近似于美利坚开国时代的典型司法辖区；还会存在另一些以城市和工业为主的司法辖区，它们更加类似于我们在 20 世纪所熟悉的典型司法辖区；这两类辖区之间还存在形形色色的渐变发展形态。在当前的经济一体化时代，其中一部分司法辖区的执业律师不能忽视另一部分司法辖区所存在的问题、旨在处理这些问题的制度、制定法和法律传统。在当今已完成政治经济统一进程的美国，良好的法学教育必须具有全国性，这种全国性需要在国家和地方之间进行审慎妥协。

关于这一问题的讨论中另一个经久的难题，是把法律职业教育与其他教育经历割裂对待。这一难题源自这样一种假定，即我们的麻烦来自意欲获得律师资格之人表现出他已经接受过相关训练。如果法律人的教育确实没有止境，真正的法律人会穷其一生不断学习，那么同样真切的是，法律人的法学教育既不始于其正式法律学习的那一刻，也不止于被正式认定为熟练法律人的那一刻。我们不能把法律人的一般教育同他的职业教育完全分开。良好的法学教育需要特别注重在教育后期培养法律人承担起他在我们法律、政治和经济秩序中的重要角色。

但是，在此种意义上承认法律人的教育永无止境，并非我们这里所关注的问题。相反，我们这里探讨的是，美国法律人在进入法律职业之前所应当受到的良好的正式教育。可即便如此，我们也不仅要考虑其转向专业的法学教育之后的所学，还需要考虑他进入专业法律学习之前所经历的教育。

关于这一问题的讨论中还有另一个经久难题，即教育通常被假定为一种获取信息的过程，因此法律职业教育应当尽可能多地向法律人传授他们被认为应当知晓的各种知识。值得强调的是，教育的要旨并不在于获取信息，仅仅在偶然情况下才对信息有所获取。人们通常以为，除非经过正式的教育过程，否则一个人无法掌握任何知识；而且一旦得到正式的传授，那么意味着此人应当对知识有所掌握。由此得出的推论是：对于完美的法律人理应知晓的一切事项，法学院都须予以正式教授。但是，以上观点大错特错。鲜有东西比信息的生命更短暂——我们只需比较 20 世纪前 30 年间推出的四版《大英百科全书》（*Encyclopædia Brittannica*）中收录的同一主题词条，就能看到所谓的事实其实多么稍纵即逝。从我在法学院负笈求学至今，一晃 43 载。在我上学期间，格雷（Gray）教授被公认为精通不动产法的专家。当然，不动产法一直被认为是一个异常稳定的领域。我至今仍然保留着格雷授课内容的完备笔记，但是必须承认，当我现在重读这些笔记的时候，我感到有些震惊，不禁扪心自问，其中有多少东西还能够传授给 20 世纪的学子并对他们有所助益。一些学者或许认为，罗马法领域内的知识来源已长期固定，因此标准化的知识会代代相传。然而，我们只需把约 30 年之前作为教学基础的罗马法教材，与当下使用的罗马法教材作一番比较，就会发现 19 世纪教师的整套信息处理机制已遭湮灭。

当今世界，旨在将所有知识传授给个人的课程和机构不断扩张，这在一定程度上既是前述信息观念的结果，也在一定程度上是其重要原因。热衷于传承自己辛劳成果的教师们通力合作，维系着这种信息观念的生命力。我们不可小觑流行于美国的一种观点，即依照旧日美国乡村颇受赞誉的初等学校来看待一切教育体制。可是，当今世界信息规模之大，使得那种覆盖"法律人必备知识大全"的法学教育计划不可能实现。事实上，纵然在司法判决和行政行为产生的规范性文件这一较为狭小的领域内，法学院也不可能在其有效教学时间内覆盖法律人必备的一切知识。在罗马的法学教育中，同样不得不有所筛选——查士丁尼的法律教学方案就仅仅囊括了《学说汇纂》的某些部分。在中世纪，法学教授们也很快发现，没有哪位教师可以在其讲授中覆盖整套《民法大全》。就我们自己的经验而言，即使面对相对狭小的法律领域，案例教科书（casebooks）也只能局限于探讨部分主题下的部分问题。因此，将哪些部分排除在外，什么工作最适宜由教师的教学来完成，什么知识则适宜通过学生自己的经验和对前辈的模仿来获取，什么内容应当在教学中被强调，而什么内容应当留待学生主动习得？这些一直是法学教育中的棘手难题。

那么，好的法学教育应当持有怎样的宗旨呢？我们对一个20世纪的美国法律人的要求是怎样的呢？或者说，法律人群体在当前时空下的任务是什么（除非身处那些依旧保留着开国时代状况的共同体之中，否则单个法律人绝不可能胜任应由法律人群体完成的全部工作）？

从严格的法律职业层面而言，第一，我们需要优秀的初审出庭律师，因为这涉及一种非常专业化的活动。我国初审法院的有效运转，在很大程度上取决于这类执业律师的技能和专业化行为。

第二，我们需要投身于全席法官庭（in bank）的优秀诉讼代理人，此处涉及另一种高度专业化的活动。伟大的初审出庭律师兼伟大的上诉辩护律师的情况如今并不多见——这两种职责要求不同的才华和不同的经验。但在公众看来，后者的重要性与前者不相上下。边沁认为，法律不是法官所创制的，而是以法官为首的法律职业群体（judge and company）所创制的。在判例汇编中经常可以发现，法庭对于法律选取和适用的好坏，在很大程度上取决于出庭律师如何向繁忙的法庭呈交质询意见。如果呈交给上诉法院的辩护意见混乱不堪，那么其也必然承受混乱的判决以及其中使用的混乱不清的法律概念和规则所带来的苦果。

第三，我们需要优秀的顾问律师（office lawyers, or office advisers）——如今这已成为一个外延很宽的范畴。① 优秀的顾问律师能够及时遏制没有充分事实或法律依据的诉讼，从而提供良好的公共服务。在美国许许多多的司法辖区里，待审案件的目录（dockets）里充斥着各种本来不应提起的诉讼，这些诉讼在精明老练的顾问律师建议下，可能根本不会出现。有一类高度专业化的顾问律师，即工商业企业的法务人员，以及公司的组建者和改组者。在当下的经济组织中，只要他们真正胜任自己的工作，保持开阔的眼界，对自己向社会所承担的义务和其向委托人所承担的义务保有同样的专业自觉，他们也可以提供良好的公共服务。还有一类顾问律师，即产权证书和财产转移证书的查询者。与之密切相关的是托管人和信托公司的顾问，或曰托管律师。此外还有一类顾问律师，即商事调解人（理算师）。以上几类顾问律师对于我们经济秩序的平稳运行所具有的重要意义不言自明。

上述诸多类型的法律执业者，每一类都在提供或能够提供显著的公共服务，在提供服务的同时也为他们自己赢得声誉。但是，他们每一类都在某种程度上需要接受专门化的训练，无论在获得

---

① office lawyers 经常被译为事务律师。但是庞德这里的用语并不仅限于律师事务所内部的事务律师，也包括公司企业中的法律顾问，因而这里译为顾问律师。——译者注

职业准入许可之前或之后。法学教育的一大难题，就是为以上各色人等寻找到教育层面的共通之处。

前面所述根本无法穷尽法学教育方案所应考量的所有要求。法官们出身于各种层次的法律职业群体，因此我们必须在训练法律人的时候，把他当作潜在的法官，即在日后可能在重大社会经济事务方面发现或宣告法律的人。立法者们也多半遴选自法律职业群体，非法科出身的立法者们大多会听取法律人的意见。即便法律案是由外行人组织提交，这些议案也是由法律人起草的，其中的观点也经过了法律人的形塑。因此法学教育必须把法律人视为有能力明智有效地进行立法的潜在立法者。再者，在政治问题多半为法律问题、许多法律问题也是政治问题的政治体制下，法律人需要就法律事务向公众建言献策——法学教育同样不可忽视这方面的需要。此外，有些法律人还会担任法学教师和法学研究者，从而将推动法律科学和司法技艺的进步作为自己的奋斗目标之一——法律职业教育的总体规划也不应当忽视这些可能性。

不仅如此，还应当指出的是，针对法庭实务的训练必然是一种面向职业共同体的训练。这一点与前述几点一样重要。法律人是一群有着共同使命的人，这一使命既是一种技艺，也是一种公共服务（时而作为谋生手段这一点毫不妨碍法律的公共服务性质）——这样一种观念历经 19 世纪风行的极端个人主义和相互竞争的利己理想存活下来。法律的职业组织和职业精神，是维系正义机制正常运转的最佳保障，这一点如今几乎获得普遍认可。因此，未来的法律人不应该只是机敏的法匠。

从整体来看，法学教育总是倾向于仅仅强调上述纷繁复杂的要求之一。旧日的学徒制训练，以及由此派生的学徒制法学教育模式，旨在培养初审法院中的优秀执业者。上一代人的法学院教育，旨在培养出席上诉审的优秀执业者。人们曾经期待律师在初审法院习得辩护技艺，并在进入司法界之后凭靠阅历成为顾问专家。近来人们开始强调训练工商业的法律顾问，以及强调他们对业务部门的组织、改组和财务方面的了解。新近的转变显然反映出不同法律职业活动之间的相对重要性正在改变，这一评判的标准是执业者的薪酬待遇和经济地位。同样在 20 世纪，尤其是在头几十年的进步主义时代，时人力倡法学教育更多地面向培养潜在的法官、潜在的立法者、潜在的公共法律事务顾问和潜在的法学家，以期引领法律的改革。过去的两年间，无论就培养辩护技艺而言，抑或就培养顾问律师而言，人们都在强调司法和行政过程中的非法律（nonlegal）因素。世界上确实存在多元的目标，而且无论从法律人的角度还是从公众的角度，都不能武断地宣称其中某个目标至高无上。与处理类似问题一样，我们必须设法找到不同要求之间的有效权衡。这样的权衡总是取决于对相关价值的判断，因而在很大程度上取决于问题切入的视角。

我认为，我们这里不是在探讨推行良好法学教育的手段和方式，而仅仅是其内容。显然，后一个问题足以需要一场专门讨论会进行研讨，而前一个问题也需要另一场专门讨论会。既然将讨论限定在内容层面，我们不妨从霍姆斯大法官的命题开始，他在关于法学教育的一段著名讨论中指出："法律人的本分是认识法律。"大家或许据此认为，法学教育的任务就是培养认识法律的法律人。但是事实并非这句箴言所展示的那样简单，因为"法律"一词有多种含义。按照我们通常的用法，它可能指某三种事物中的一种，有时也可能兼指三种事物。

第一，法律可以指代法律秩序（legal order），即使人类活动和关系秩序化的机制——这种机制或者依赖在政治上有序架构之社会强制力的系统运作，或者依赖由此种强制力所支撑的此种社会中的社会压力。当我们谈论"尊重法律"或者"法律的目的"时，我们就是在这种意义上使用"法律"一词的。事实上，历史法学派习惯于更进一步，用"法律"指称整个社会控制的机制，法律秩序只是其中一个特殊的部分。

第二，法律可能指代法律规范或法令的集合，亦即司法和行政活动所依赖的，在政治上有序架构之社会中建立的权威性依据。在这里，我们可能指的是司法和行政决定赖以开展的，在历史中不断被接受并因此建立起来的规范资源。当我们谈论"法律体系"或者"依法审判"的时候，我们就是在这种意义上使用"法律"一词的。

第三，法律可能指代大法官卡多佐先生慨然称为"司法过程"的东西。在这里，我们可能指的是裁决纠纷的过程，无论这一过程是实际发生的真实过程，还是公众、法学家和出庭执业律师认为应当发生的过程。或许我们还应当在这一概念中补充所谓的"行政过程"，亦即实际发生或被认为应当发生的行政决定过程。当今多数新现实主义者在写作时都在这种意义上使用"法律"一词，例如弗兰克的《法律与现代精神》以及他的诸多其他著述，又如卢埃林教授等宣称将一切官方行为都纳入"法律"的范围。

第四，法律可能同时指代以上三种意思，例如许多关于"法律与道德"的讨论便是如此。这种讨论包括道德（或伦理，或道德＋伦理）与法律秩序，与指引司法和行政活动的权威规范资源，或与司法过程之间的关系，抑或道德与这三者之间的关系。

就本场讨论而言，我们到底在何种意义上使用"法律"一词呢？我认为应当兼指前述三种含义。理解法律秩序，精通司法和行政活动的权威规范资源，熟稔司法和行政过程本质与模式的应然与实然状态，都是法律人的本分。

19 世纪的法学教育深受分析法学将法律视为一套规则体系这一信念的影响。将法律视为主权者意志宣布的观念，在许多地方都导致了对地方立法和司法裁判异常之处的崇拜。这些异常之处被视为经过权威宣布的法律而被学习，因为它们恰恰就是构成法律的事实。上辈人中一位著名的律师资格考试主考官（bar exam-iner）认为，在法律中没有错误程度的问题。应试者要么知道权威性规则，要么不知道。按照这样的法学教育观念，法学院和律师资格考试很可能立足于本州中级上诉法院（intermediate appellate court）的最新案例，要求学生根据该法院在具体判决中似乎确立的"法律规则"作答。这到底意味着什么？我以亲身观察到的两个事例进行说明。有位律师资格考试主考官是"法律是一套规则体系"这一观点的主要倡导者，他推出了一部历经多版修订的考试习题集。在他所属司法辖区的一个过往案例中，衡平法院（Court of Chancery）确立了关于土地买卖契约中损害风险问题的适用规则，这一规则成为目前的主流规则。该习题集的早期版本据此对一个假想案例（hypothetical case）提供了答案。习题集出了几版之后，该州最高法院在一份附带意见（dictum）中暗含了不同的答案，于是在后续数版中，这种不同答案就被奉为唯一正解。可是最终，当损害风险问题被直接提交至该州最高法院审理时，法院却采用了主流规则，即回归到衡平法院在过往判例中所确立的规则。于是，接下来的数版又把该规则奉为唯一正解。换句话说，在那份附带意见和那项具有决定性的判决之间的时期，按照最终居于主流地位的观点作答的学生完全错误，而教条地主张那项最终未被承认的规则的学生则完全正确。强制实际履行中救济请求的相互性（mutuality of remedy in specific performance）这一假定规则，也遇到过类似的情况。在很长一段时间，某些法院极度严格地恪守该规则。近来，保障所承诺之对等义务的履行（counter performance）这一更优规则开始成为主流。能够论证支持该规则的学生，当然是更加优秀的法律人；但是，与教条地坚持救济相互性的学生相比，他极易在考试中被淘汰。

假定我的上述讨论全部为真，良好的法学教育应当着眼于法律人获得律师资格之前的全部教育过程，那么良好法学教育究竟应当包含哪些内容呢？我将从两方面展开讨论，即一般教育和直接的专业教育。首先来看后者，我认为应当包括如下内容：（1）法律秩序的形式架构，尤其是关于价值的理论，关于社会控制目标的理论，和（作为社会控制之特殊形式的）法律秩序目标的理论；（2）司法裁判与行政决定所依赖的权威规范资源的组织和内容，尤其是阐释和适用这些资源的技能；（3）公认的关于司法和行政过程的理想状态，以及两种过程出于哪些痼疾而无法在整体或局部上满足该理想状态的要求。

无论何时，我都不认为每个法学院的课程，均应当立刻按照某个将上述三项内容都纳入正式教学范畴的计划进行重建。有些东西通过正式的教学进行传授能够达到最好的效果。另一些（有时更加重要的）东西则最好由那些深知如何在对其他知识的正式教学过程中反复而有效地引入这些知识的教师进行，如此方能达到水到渠成之效。当然，我们当下探讨的是内容而非方法。

一般教育的重要性不亚于直接的专业教育。事实上，后者若非立足于健全的一般教育，很可能终究无力回应（法律人所需要承担的）公共使命。在此我们同样需要考虑多样化的需求，并根据对相关价值的判断作出调整。当代最迫切需要的东西是：大众文化，对社会科学的掌握（近年来特别是对经济秩序的掌握），以及对工商业组织形式和方法的了解。其中某些东西对于法律秩序的某一目的或法律人的某些任务而言，比其他一些更加重要。我记得约30年前，当我开始在某个司法辖区内教授法律的时候，这个辖区内律师的主要工作面向法院，而法院通常审理铁路事故和工业事故案件；于是大家极力敦促我开设法医学，将之作为法学课程的基本组成部分，以满足学生的需求，毕竟当时他们多半都会成为初审出庭律师。但是，我坚持相信自己的长远眼光，拒绝把法医学设为法学院的教学科目；此后，《劳工赔偿法》的出台以及律师工作重心的转换，让我的这一决定显得十分明智。

今后，真正的选择或许不得不在如下二者之间作出：一方面是一般的文化教育，另一方面是主要致力于教授社会科学内容——尤其是经济和企业管理——的一套专门的法学预科（prelegal）课程。有时，优秀的教师能够在讲授专业课程的许多瞬间，顺理成章地引入关于经济和企业的知识，这样的处理方式更能够为学生所接受。但有时也会出现如下问题：此类知识在多大程度上应当成为正式的法学预科课程的一部分，或者在多大程度上应当被纳入法律专业课程，抑或应当留待法律人在取得律师资格之后通过自己的经历进行学习。我个人认为一个学生应当在着手学习法律之前接受全方位的文化教育。有序社会的总体问题，以及法律秩序的各种具体问题，都越来越复杂难解。法律已经成为社会控制的首要媒介。各种试图建立新的社会经济秩序的宏图伟业，都需要更多的法律，而非更少的——这里的法律兼具前述三种含义。于是，我们所需要的就不限于当前被认为统摄于社会科学名义之下的那些信息。想要同司法打交道的人，必须接受全方位的文化教育。法学预科课程通常是按照信息理论来设计的。这些课程通常旨在传授所谓的"法律人必备知识"。具体来说，法学预科课程的构思基于这样一种观念，即学生唯有经过正式的教授才能掌握某一内容，并且一旦经过正式教授就能够掌握该内容。可是，我曾经这样尝试过，也观察过近 5000 名学生的情况，我发现前法学教育的本质而非内容才是紧要之事。真正重要的是推理、连贯思考、衡量和评价材料的能力，以及刨根问底、追根溯源和清晰思考与表达的习惯。学生可以在诸多场合习得这些能力和习惯，并不必然需要将其置于法学预科的课程计划中。

与一般的文化教育不同，在严格的专业教育中，我们必须更加侧重于信息。吉卜林（Kipling）① 说，无论清醒还是熟睡，酪

---

① 吉卜林，全名（约瑟夫）拉德亚德·吉卜林［（Joseph）Rudyard Kipling］（1865～1936），英国作家和诗人，1907 年诺贝尔文学奖获得者。——译者注

酊大醉还是灵台清明，水手都必须熟知航海的技艺。同样，作为一个法律人，他也必须清晰地知晓某些事情，无论身处何种境地、从事何种职业。良好的法学教育在处理这部分内容时，需要平衡技术、信息、法律论证和法律写作的操作层面以及最重要的法律思维。这种平衡并不易实现。人们曾经一度倾向于高估信息的价值。如今，人们则倾向于贬低确切的基础信息，但这些基础信息乃是任何有关价值的法律思考赖以展开的根基。同样，我们也不应当小觑历史知识的重要性，当然并不是将其作为正式教学的科目，而是在教授任何法学科目时都应当将历史知识纳入其中。关于法律体系、法律制度、法律原理、法律规范和法律技艺的历史，是理解这些法律事务本身不可或缺的部分。历史能让我们根据这些法律事务所要达至的目标，对它们进行评价并予以完善，进而将它们与新的目标有效地联结在一起。历史也能让法律人和法律改革者意识到他们所必须面对的规范资源的存在，并意识到这些规范资源在现实经验中的局限性。如果说维持法律在历史中的连续性不是义务，那么它至少在很大程度上是必需的——就算法律的历史连续性不如 19 世纪的历史法学派所认为的那么重要，也肯定远比当今许多人所认为的重要。

与此同时，我们也不能忘记培养法学教师和法学研究者的重任，如此才能推进法律科学和司法技艺的发展。没有人曾比我更加殷切地呼吁，美国法学院应当将此类任务纳入教学规划。但是普通执业律师的常规教育只能容纳其基础部分。培养法学教师和研究者的目标的实现，不是试图把每位执业律师塑造成法学家就可以达成，尤其无法通过那些既未习得法律技艺，又未掌握法律内容之人设立的某些宏大写作计划就可以达成。法学院应将培养法学研究者作为自己的目标之一。但是，如果法学院把培养优秀法律人（这里是褒义）作为首要目标，而且我们在此讨论的正是法学院的这样一种特征，那么其绝不可为了谋求尚未成熟的顶层设计而牺牲法律人的基础教育。

综上所述，我认为良好的法学教育应当包含如下内容。

（1）坚实全面的文化教育，传授该教育所涉重要知识，但更加着眼于对（学生）经验与该教育所涉知识评判能力的拓展和深化。

（2）传授社会科学的目的和技艺，仅此一项，比那些打着社会科学旗号所讲授的短命知识更加重要。

（3）传授普通法的历史和体系，法律秩序的框架和目的，司法和行政过程的理论与目的，以及法律职业的历史、组织和职业标准。

（4）系统全面地传授当下权威性法律规范资源的构成和内容，以及相关的阐释和适用技能。

一个人倘若习得以上内容，就足以适应社会对各种法律职业活动的迫切要求，以及公众对开明的法官、睿智的立法者、法律改革者和法学教师以及法学研究者的需要。

（责任编辑：张玉洁）

稿 约

　　《法律和政治科学》（*Law and Political Science*）是西南政法大学主管、西南政法大学期刊社指导、西南政法大学行政法学院和政治与公共管理学院联合主办的法学类学术集刊。

　　《法律和政治科学》旨在推动法学与政治学、社会学、公共政策学等跨学科、跨领域深度融合，倡导"大社会科学"理念，并鼓励人文社会科学与自然科学合作。本集刊坚持以习近平新时代中国特色社会主义思想为指导，恪守学术标准，坚持问题导向，扎根中国实践，瞄准国家和区域发展重大战略和学科前沿发展方向，在学术命题、学术思想、学术观点、学术标准、学术话语构建上着力，通过学科交叉、学术交融、学者交流互动实现集刊的特色发展、内涵发展。

　　《法律和政治科学》每年分两辑，由社会科学文献出版社出版，并纳入该社集刊方阵，严格按照集刊准入标准进行规范化建设。现诚挚向各位专家学者常年征集稿件。用稿范围包括但不限于论文、研究报告、译介、学术书评等。来稿请发送至：lps2019@126. com。稿件格式规范附后，供参考。

本刊编辑部

2019 年 5 月 8 日

《法律和政治科学》学术规范及注释体例

一、来稿请附 300～500 字的中英文"摘要"及 3～5 个"关键词"。

二、作者简介在稿件首页脚注中以如下顺序标出：姓名，学位，工作单位，职称。

三、注释采用脚注，序号用①，②，③……标识，每页单独排序。

四、提倡引用正式出版物，出版时间精确到年；第 2 版及以上注明版次。根据被引资料性质，可在作者姓名后加"主编""编译""编著""编选"等字样，但"著"则不加。作者或译者为三人以上者，署第一作者名加"等"字。

五、引用页码应明确到具体的页码。

六、非直接引用原文时，注释前加"参见"；非引用原始资料时，应注明"转引自"。

七、注释范例

（1）著作类

钱穆：《中国历代政治得失》，生活·读书·新知三联书店，2011，第 1 页。

（2）译著类

〔美〕布雷恩·Z. 塔马纳哈：《论法治——历史、政治和理论》，李桂林译，武汉大学出版社，2010，第 156 页。

（3）编著类

朱景文主编《中国法律发展报告——数据库和指标体系》，中国人民大学出版社，2007，第 58 页。

文正邦、付子堂主编《区域法治建构论——西部开发法治研究》，法律出版社，2006，第 58 页。

（4）文集类

《毛泽东文集》第 7 卷，人民出版社，1999，第 31 页。

张文显：《变革时代区域法治发展的基本共识》，载公丕祥主编《法制现代化研究》（2013 年卷），法律出版社，2014，第 28 页。

（5）辞书类

《辞海》，上海辞书出版社，1979，第 345 页。

（6）期刊类：期刊具体到期数即可，不到页数

周尚君：《地方法治竞争范式及其制度约束》，《中国法学》2017 年第 3 期。

（7）报纸类

姚建宗：《法治指数设计的思想维度》，《光明日报》2013 年 4 月 9 日，第 11 版。

（8）中文网站类

赖建平：《股权分置改革试点中急需澄清的若干法律问题》，http：∥business. sohu. com/20050711/n226265839. shtml，最后访问日期：2005 年 11 月 2 日。

（9）英文类

①论著类

Neil MacCormic，*Legal Reasoning and Legal Theory*，Oxford：Oxford University Press，1978，pp. 92 – 93.

②论文类

Richard A. Posner，"The Sociology of the Sociology of Law：A View From Economics"，*European Journal of Law and Economics*，vol. 2，1995，pp. 265 – 284.

若是译文，则依照原文的原有格式。

（10）转引类

江必新：《中国行政诉讼制度之发展——行政诉讼司法解释解

读》，金城出版社，2001，第 186 页，转引自胡建淼主编《行政诉讼法学》，高等教育出版社，2003，第 30 页。

（11）其他

张著良：《强制执行股权法律问题研究》，硕士学位论文，西南政法大学，2001，第 20 页。

李忠诚：《如何看待"测谎仪"》，中国诉讼法学研究会 1999 年会论文。

〔2001〕海知初字第 104 号民事判决书。

《国家税务总局关于出口货物退（免）税若干问题的通知》，国税发〔2003〕139 号。

图书在版编目（CIP）数据

法律和政治科学. 2019 年. 第 1 辑：总第 1 辑，国家
治理中的地方逻辑／周尚君主编. -- 北京：社会科学
文献出版社，2019.12
　ISBN 978 - 7 - 5201 - 5710 - 0

　Ⅰ. ①法…　Ⅱ. ①周…　Ⅲ. ①法学 - 政治学 - 研究
Ⅳ. ①D90 - 05

　中国版本图书馆 CIP 数据核字（2019）第 216312 号

法律和政治科学　（2019 年第 1 辑·总第 1 辑）
　　——国家治理中的地方逻辑

主　　编／周尚君

出 版 人／谢寿光
责任编辑／芮素平
文稿编辑／张　娇

出　　版／社会科学文献出版社·联合出版中心（010）59367281
　　　　　地址：北京市北三环中路甲 29 号院华龙大厦　邮编：100029
　　　　　网址：www. ssap. com. cn
发　　行／市场营销中心（010）59367081　59367083
印　　装／三河市尚艺印装有限公司

规　　格／开　本：787mm × 1092mm　1/16
　　　　　印　张：18.75　字　数：237 千字
版　　次／2019 年 12 月第 1 版　2019 年 12 月第 1 次印刷
书　　号／ISBN 978 - 7 - 5201 - 5710 - 0
定　　价／98.00 元

本书如有印装质量问题，请与读者服务中心（010 - 59367028）联系